판례·Q&A·상담사례로 알아보는

가정폭력 대응과 고소
이렇게 해결하세요

편저: 김만기

가정폭력 전반적인 내용과 가정폭력 피해에 대한 고소를 어떻게
진행해야 하는지 알기 쉽게 담았습니다.
이 책을 통하여 가정폭력 피해자분들이 스스로 소송을 진행하고
피해를 보상받을 수 있으실 것입니다.

📖 법문북스

판례·Q&A·상담사례로 알아보는

가정폭력 대응과 고소 이렇게 해결하세요

편저: 김만기

가정폭력 전반적인 내용과 가정폭력 피해에 대한 고소를 어떻게
진행해야 하는지 알기 쉽게 담았습니다.
이 책을 통하여 가정폭력 피해자분들이 스스로 소송을 진행하고
피해를 보상받을 수 있으실 것입니다.

법문북스

머 리 말

최근 각종 매스컴을 보면 가족을 대상으로 한 폭력, 즉 가정폭력이 종종 일어난다는 것을 볼 수가 있습니다. 특히 2020년 10월에 일어난 정인이 사건은 온 국민들을 분노하게 만들었고, 가정폭력의 가해자에 대한 엄벌을 요구하는 목소리가 커지게 되었습니다.

그런데 과거에는 이러한 가정폭력이 가장의 권위 때문에 수면 위로 드러나지 않는 경우가 많았습니다. 많은 사람들이 가정폭력을 당하더라도 으레 있는 일로 생각하고 지나가는 경우도 많았습니다.

그러나 지난 박근혜 정부 때에는 가정폭력을 학교폭력, 성폭력, 불량 식품과 함께 4대 악으로 규정한 바 있습니다. 그만큼 이제 가정폭력은 사회적으로 근절되어야 할 대상이 된 것입니다.

가정폭력의 당사자는 전 배우자, 사실혼 관계인 사람, 입양 후 파양한 자녀, 이혼한 배우자의 부모, 배우자의 형제자매, 배우자의 양부모, 배우자의 혼인 외 자녀로 그 범위가 매우 넓습니다. 그리고 신체적, 정신적, 재산상의 피해를 수반하는 범죄입니다. 또한 가정폭력죄에는 상해, 폭행, 유기, 학대, 아동혹사, 체포, 감금, 협박, 명예훼손, 주거수색, 신체수색, 강요, 공갈, 재물손괴 및 아동구걸 강요 등이 있습니다.

이처럼 가정폭력은 범위도 넓고, 다양한 범죄를 수반하는 경우도 많지만 다른 여타의 형사법규 위반보다 법적 죄의식이나 사회적 인식이 낮은 것이 현실입니다. 가정 내에서 익숙한 대상으로부터 벌어지는 범죄이다 보니 이것이 범죄라는 의식이 다른 범죄에 비해 상당히 낮은 것입니다.

따라서 이 책은 가정폭력 피해를 받으신 분들이 가정폭력에 대해 쉽게 이해를 하고, 어떤 방법으로, 어떤 구제를 받을 수 있을지 도움을 드리기 위해 집필되었습니다. 1부는 가정폭력 전반적인 내용에 대해 알기 쉽게 설명해놓았고, 2부는 가정폭력 피해를 받았다면 고소를 해야 하는데 고소란 것은 무엇이고 고소장은 어떻게 작성해야 하는지를 설명해놓았습니다. 이 책을 통하여 가정폭력 피해자분들이 스스로 소송을 진행하고 피해를 보상받을 수 있으실 것입니다.

  아무쪼록 이 책이 일반인이 가정폭력을 이해하는 데 미력하나마 도움이 되기를 바라며, 이 책이 만들어지기까지 도움을 주신 법문북스 김현호 대표님과 편집진에게 감사의 말씀을 전하고 싶습니다.

편저자

목 차

제1부 가정폭력 피해자
제1장 가정폭력이란?

제2장 가정폭력 발생 시 대처방법

제3장 가정폭력 피해자 지원 및 보호

제2부 고소는 어떻게 할까요?

부 록

제1부

가정폭력 피해자

제1장
가정폭력이란?

제1장 가정폭력이란?

제1절 가정폭력의 개념

1. 가정폭력

"가정폭력"이란 가정구성원 사이의 신체적, 정신적 또는 재산상 피해를 수반하는 행위를 말합니다.

2. 가정폭력의 당사자

- 가정폭력 당사자로서의 "가정구성원"이란 다음 중 어느 하나에 해당하는 사람을 말합니다.
  ① 배우자(사실상 혼인관계에 있는 사람포함) 또는 배우자였던 사람
  ② 자기 또는 배우자와 직계존비속관계(사실상의 양친자 관계 포함)에 있거나 있었던 사람
  ③ 계부모와 자녀의 관계 또는 적모(嫡母)와 서자(庶子)의 관계에 있거나 있었던 사람
  ④ 동거(同居)하는 친족
- "가정폭력 행위자(가해자)"란 가정폭력범죄를 범한 사람 및 가정구성원인 공범을 말합니다.
- "가정폭력 피해자"란 가정폭력범죄로 인해 직접적으로 피해를 입은 사람을 말합니다.

Q. 혼인신고 없이 몇 년간 함께 산 사실혼 관계인 남편도 가정폭력의 당사자에 해당되나요?

A. 네, 물론입니다. 이혼으로 이미 헤어졌던 전 배우자도 해당됩니다.

Q. 장성한 오빠가 함께 살고 있는데 걸핏하면 돈 달라고 수시로 돈을 요구하고 안 주면 구타까지 하는데 이 경우도 해당되나요?

A. 네, 물론입니다. 동거하고 있는 친족관계도 가정폭력특례법에 의한 처벌대 상에 포함이 됩니다.

Q. 가정폭력은 집안일인데 신고가 가능한가요?

A. 네 그렇습니다. 가정 내 폭력문제는 신체적 손상뿐만 아니라 정신적 황폐 화를 야기하고 극단적인 결과로는 사망에 이르게 하면서 심각한 가정해 체의 원인이 됩니다. 그래서 국가에서는 더 이상 가정의 문제가 아닌 범 죄행위로 인식하여 법을 만들어 신고하도록 하고 있습니다.

가정폭력 피해자들이 갖게 되는 징후들

<가정폭력의 피해 당사자>

가정폭력으로 학대당해 온 피해자들은 여러 가지 심리적, 정서적, 신체적 징후들을 나타냅니다. 다른 사람에게 자신의 노출을 꺼리게 되고, 삶의 전반에 걸쳐 무기력감을 느끼게 되거나, 직장이나 가사 일 등에 집중하지 못하며, 쌓인 분노로 인해 죽어야겠다거나 누군가를 죽이겠다는 말을 하기도 합니다. 또한 머리가 아프거나 만성적으로 몸이 아픈 증상을 보이며, 폭력으로 인해 신체적으로도 매우 약해진 상태일 수 있습니다. 따라서 가정폭력의 피해자들을 위해서는 여러 가지 특별한 도움이 필요하며, 자신의 신체적, 정신적 건강을 안전하게 돌보고 자녀들에게 있어서 부모로서의 역할을 잘 감당하고 생활을 영위할 수 있도록 하는 다면적 치유과정이 필요합니다.

<폭력가정의 자녀들>

가정폭력이 있는 가정의 아동이나 학대받은 아동의 경우, 다양한 정서적, 행동적, 사회적 문제를 가질 수 있습니다. 가정 안에서 부모간의 잦은 갈등 및 폭력을 목격한 자녀들은 우울과 불안수준이 높은 경우가 많고,. 심각한 경우 가정폭력을 목격한 초기 사춘기 자녀의 경우 자살충동을 느끼기도 합니다. 또한 폭력에 노출된 아동은 부모로부터 공격성을 학습하여 공격적인 행동이나 비행을 저지를 가능성이 높습니다. 가정폭력을 목격한 아동들은 일반 아동에 비해 문제 해결능력, 공감능력이나 사회적 능력이 떨어지는 경향이 있고, 자아존중감은 낮아지며, 등교거부나 성적저하가 두드러지는 등 학업에도 부정적인 영향을 받는 것으로 나타나고 있습니다. 가정폭력을 겪고 계시다면, 자신이 도움을 받는 것이 곧 자녀를 돕는 길이기도 합니다. 그리고, 아이들에게 부모의 폭력 또는 학대, 그리고 이어지는 이혼 등이 그들의 잘못이 아님을 거듭 알려주십시오. 아이들은 이러한 말을 자주 들을 필요가 있습니다.

3. 가정폭력범죄

가정폭력은 다른 형사법규 위반보다 폭력에 대한 법적 죄의식이 낮습니다. 그러나 가정폭력은 가출, 가정파탄 및 폭력성의 세습 등을 가져오는 근절되어야 할 것으로서 우리 법에서 금지하고 있는 범죄입니다.

가정폭력범죄는 가정폭력으로서 다음 중 어느 하나에 해당하는 죄를 말합니다.

구분	가정폭력범죄
상해와 폭행의 죄	- 상해, 존속상해(「형법」 제257조) - 중상해, 존속중상해(「형법」 제258조) - 특수상해(「형법」 제258조의2) - 폭행, 존속폭행(「형법」 제260조 제1항 및 제2항) - 특수폭행(「형법」 제261조) - 상해와 폭행의 죄에 대한 상습범(「형법」 제264조)
유기와 학대의 죄	- 유기, 존속유기(「형법」 제271조 제1항 및 제2항) - 영아유기(「형법」 제272조) - 학대, 존속학대(「형법」 제273조) - 아동혹사(「형법」 제274조)
체포와 감금의 죄	- 체포, 감금, 존속체포, 존속감금(「형법」 제276조) - 중체포, 중감금, 존속중체포, 존속중감금(「형법」 제277조) - 특수체포, 특수감금(「형법」 제278조) - 체포와 감금의 죄에 대한 상습범(「형법」 제279조) - 체포와 감금의 죄에 대한 미수범(「형법」 제280조)

협박의 죄	- 협박, 존속협박(「형법」 제283조 제1항 및 제2항) - 특수협박(「형법」 제284조) - 협박의 죄에 대한 상습범(「형법」 제285조) - 협박의 죄에 대한 미수범(「형법」 제286조)
강간과 추행의 죄	- 강간(「형법」 제297조) 및 그 미수범·상습범(「형법」 제300조 및 제305조의2) - 유사강간(「형법」 제297조의2) 및 그 미수범·상습범(「형법」 제300조 및 제305조의2) - 강제추행(「형법」 제298조) 및 그 미수범·상습범(「형법」 제300조 및 제305조의2) - 준강간, 준강제추행(「형법」 제299조) 및 그 미수범·상습범(「형법」 제300조 및 제305조의2) - 강간 등 상해·치상(「형법」 제301조) - 강간 등 살인·치사(「형법」 제301조의2) - 미성년자 등에 대한 간음(「형법」 제302조) - 미성년자에 대한 간음, 추행(「형법」 제305조)
명예에 관한 죄	- 명예훼손(「형법」 제307조) - 사자의 명예훼손(「형법」 제308조) - 출판물 등에 의한 명예훼손(「형법」 제309조) - 모욕(「형법」 제311조)
주거침입의 죄	- 주거·신체 수색(「형법」 제321조)

권리행사를 방해하는 죄	- 강요(「형법」 제324조) - 강요죄에 대한 미수범(「형법」 제324조의5)
사기와 공갈의 죄	- 공갈(「형법」 제350조) - 특수공갈(「형법」 제350조의2) - 공갈죄 및 특수공갈죄에 대한 미수범(「형법」 제352조)
손괴의 죄	- 재물손괴 등(「형법」 제366조)
	- 그 밖에 위의 죄로서 다른 법률에 따라 가중처벌 되는 죄

제2절 가정폭력의 종류

1. 신체적인 폭력

- 물리적인 힘이나 도구를 이용하여 신체를 직접적으로 때리는 것 외에 물건을 집어던지거나 어깨나 목 등을 꽉 움켜잡는 것도 신체적인 폭력에 해당합니다.
- 예를 들어, 밀치기, 때리기, 발로 차는 행위, 꼬집는 행위, 뺨을 때리는 행위, 사지를 비트는 행위, 가재도구와 가구를 부수는 행위, 담배 불로 지지는 행위, 머리채를 잡아당기거나 조르는 행위, 흉기를 휘두르는 행위가 있습니다.

2. 정서적인 학대

- 폭언, 무시, 모욕과 같은 언어폭력으로 기분을 상하게 하는 것도 가정폭력에 해당합니다. 직접적으로 때리지는 않았으나, 때리려고 위협을 하거나 물건을 던지거나 부수는 것은 가정폭력에 해당 합니다. 그리고 통제적으로 상대방을 고립시키고 의심하는 행위를 하는 것 역시 가정

폭력에 해당합니다.

- 예를 들어, 경멸하는 말투로 모욕을 주는 행위, 열등하고 무능력하다고 비난하는 행위, 큰 소리로 소리지르거나 비난하는 행위, 말로 공격·협박·위협하는 행위, 대화를 거부하는 행위, 희롱하는 행위, 무시하고 업신여기는 행위, 피해자의 의사결정권을 침해하는 행위가 있습니다.

사 례
욕쟁이 남편은 말끝마다 욕설이다. 사람들 앞에서도 아이들 앞에서도 나소심 아내를 무시한다. "머릿속에 무엇이 들었느냐! 친정에서 뭘 배웠느냐! 한시도 내 잔소리를 안들으면 넌 할 줄 아는게 아무것도 없다"면서 무시하는 소리를 들으면 정말 나 자신이 아무것도 할 줄 모르는 바보인가 싶다.

3. 경계적인 위협

- 생활비를 주지 않는 것은 가정폭력에 해당합니다. 동의 없이 임의로 재산을 처분하거나 생활비 지출을 일일이 보고하게 하는 것 역시 가정폭력에 해당할 수 있습니다.
- 예를 들어, 가정구성원(노인)의 소득, 재산 및 임금을 가로채거나 임의로 사용하는 행위, 재산에 관한 법률적 권리를 침해하는 행위, 재산의 사용 또는 관리에 대한 결정 통제행위, 금액에 상관없이 허락없는 금전사용 금지행위

사 례
왕소금 남편에게 생활비를 받아내는 것은 마치 거지가 구걸하는 것과 같은 심정으로 치사해서 정말 안받고 싶은 마음이지만, 밖에 나가서 일을 하고 싶어도 어린 아이들 때문에 그럴 수도 없고 정말 죽고만 싶다. 집구석에서 먹고 놀면서 내 피를 빨아먹는 거머리 같다며 무시하고 지출한 돈에 대해 일일이 간섭하고 잔소리한다.

4. 성적인 폭력

- 성적수치심을 유발하는 행위나 원치 않는 성관계를 요구하는 것은 가정폭력에 해당합니다.
- 예를 들어, 원하지 않은 성행위를 강요하는 행위, 상대방의 몸을 동의 없이 만지고 애무하고 움켜쥐고 꼬집는 등의 행위, 자신의 성기나 이물질을 상대방의 성기에 넣는 행위, 구강성교, 항문성교 등 그 밖의 유사 성행위를 강요하는 행위가 있습니다.

사 례
변강쇠 남편은 자신이 원할 때면 시도 때도 없이 요구를 들어주어야 하고 들어주지 않으면 폭력을 행사한다. 때때로 변태적인 성관계를 요구하거나 밤늦도록 야한 동영상을 보고 나에게 부부관계를 요구하기도 한다. 가장 참을 수 없는 일은 실컷 때려놓고 관계를 강제적으로 하는 행위이다. 내가 버러지가 된 느낌이다.

5. 방임

- 무관심과 냉담으로 대한다거나 위험상황에 방치하는 것은 가정폭력에 해당합니다.
- 예를 들어, 끼니를 주지 않는 행위, 불결한 생활환경에 장시간 놔두는 행위, 교육을 시키지 않는 행위, 아파도 병원에 데려가지 않는 행위, 문을 잠가놓고 나가는 행위 등이 있습니다.

사 례
아파서 병원에 좀 데려다 달라고 해도 무시해 버리고 밖에서 무슨 생활을 하는지 말 한마디 없이 외박을 하고 그것에 대해 뭐라고 하면 폭력이 시작된다. 아이들과 내가 어떻게 살고 있는지 관심도 없고 그저 하숙집 드나들 듯 필요에 따라 집을 드나든다.

6. 통제

상대방을 고립시키고 의심하는 행위를 한다.

사 례
나형사 남편은 내가 항상 어디에 있는지 누구와 있는지 알아야만 한다. 마치 형사가 범인 추적하듯이 내 행적에 대해 모든 것을 추적한다. 친구들이나 내 주변 사람과 만나지 못하게 하는 것은 물론이고 친정식구들 조차 못 만나게 한다. 더 기가 막히는 일은 걸핏하면 다른 남자와 만난다고 의심해서 의처증이 아닌가 걱정이 된다.

Q. 가정폭력은 어떤 특성이 있나요?

A. 가정폭력은 다음과 같은 특성이 있습니다.

- 은폐되는 폭력 : 가정 내 폭력, 사회적 묵인

- 반복되는 폭력 : 지속적, 반복적

- 중복되는 폭력 : 배우자, 자녀, 부모폭력

- 순환되는 폭력 : 세대간 전이

제2장
가정폭력 발생 시 대처방법

제2장 가정폭력 발생 시 대처방법

제1절 가정폭력의 상담

1. 가정폭력 상담

1) 가정폭력 상담

가정폭력 피해자(이하 "피해자"라 함)와 그 가족은 「가정폭력방지 및 피해자보호 등에 관한 법률」에 따라 설치된 가정폭력 관련 상담소(이하 "가정폭력 상담소"라 함)를 통해 가정폭력과 관련된 다음의 사항들에 대해 상담 받을 수 있습니다.

① 가정폭력 피해 관련 사항

② 피해자 긴급보호 및 피난처 관련 사항

③ 이혼을 비롯한 가정폭력 관련 법률문제 사항

④ 가정폭력 예방을 위한 각종 교육 및 치료 관련 사항

⑤ 그 밖에 가정폭력 관련 사항

※ 가정폭력 상담소는 여성가족부에서 위탁·운영하는 여성긴급전화(☎ 국번없이 1366)를 비롯해 경찰청 및 각종 단체 등에서 운영하고 있습니다.

기관	전화	홈페이지
여성긴급전화	국번없이 1366	https://www.women1366.kr/_main/main.html
안전Dream 아동·여성·장애인 경찰지원센터	국번없이 117	http://www.safe182.go.kr
한국남성의 전화	02-2653-1366	http://www.manhotline.or.kr
건강가정지원센터	1577-9337	http://www.familynet.

		or.kr
한국가정법률상담소	1644-7077	http://www.lawhome. or.kr

※ 한국어에 서툰 결혼이민자의 경우에는 다누리콜센터(☎ 1577-1366)
를 통하여 여러 나라의 언어(베트남어, 중국어, 타갈로그어, 크메르
어, 캄보디아어, 우즈벡어, 몽골어, 러시아어, 태국어, 일본어, 영
어, 네팔어, 라오스어)로 상담을 받거나, 통역 등의 서비스를 받을
수 있습니다.

2) 상담내용의 비밀엄수

- 가정폭력 상담소에서 근무하는 사람은 그 직무상 알게 된 비밀을
누설하지 말아야 할 의무가 있으므로, 상담내용은 법에 따라 비밀
이 유지됩니다. 가정폭력 상담소에서 근무하는 사람이 그 직무상
알게 된 비밀을 누설한 경우에는 1년 이하의 징역 또는 1천만원 이
하의 벌금에 처해집니다.

- 가정폭력 상담은 일반 피해자뿐만이 아니라 가정폭력 행위자(이하
"가해자"라 함) 및 그 배우자와 자녀, 부부갈등이나 알코올문제
등으로 고민하시는 분 모두 도움을 받을 수 있습니다.

2. 가정폭력 예방교육 등

1) 가정폭력 예방교육의 실시

- 국가기관, 지방자치단체 및 다음의 기관 또는 단체는 가정폭력의 예
방과 방지를 위해 해당 기관·단체에 소속된 사람 및 학생 등을 대
상으로 매년 1회 이상, 1시간 이상의 가정폭력 예방교육을 실시해야
합니다. 이에 따라 가정폭력 예방교육을 실시한 경우에는 교육일
시·방법, 교육을 받은 사람의 인적사항, 교육내용 등 교육 실시

관련 자료를 작성·관리해야 합니다.

① 「초·중등교육법」에 따른 각급 학교의 장

② 「고등교육법」에 따른 학교 및 그 밖에 다른 법령에 따라 설립·운영되는 학교

③ 「공직자윤리법 시행령」에 따라 인사혁신처장이 관보에 공직유관단체로 고시한 기관·단체(공직유관단체에서 제외된 것으로 보는 기관·단체는 제외)

- 여성가족부장관 또는 특별시장·광역시장·특별자치시장·도지사·특별자치도지사는 가정폭력 예방교육의 대상이 아닌 국민에게 가정폭력의 예방과 방지를 위하여 다음 중 어느 하나에 해당하는 기관에서 필요한 교육을 실시할 수 있습니다.

① 가정폭력 관련 상담소

② 국가나 지방자치단체가 설치·운영하는 여성정책 관련 기관이나 단체

③ 다음의 기관이나 단체 중 가정폭력 예방교육을 실시할 수 있는 인적·물적 자원 을 갖추고 있다고 여성가족부장관이 인정하는 기관이나 단체(「사회복지사업법」에 따른 사회복지법인, 정관이나 규약 등에 가정폭력방지 및 피해자보호를 사업 내용으로 하는 비영리법인이나 단체)

2) 가정폭력 예방 프로그램 이용

- 가정폭력에 관한 신고 또는 상담의 대부분은 가정폭력 행위가 여러 번 반복되어 더 이상 참을 수 없을 때 이루어집니다. 따라서 가정폭력 발생 이후에 가정폭력 예방 프로그램 등을 이용한다면 장래에 발생할 가정폭력을 미리 예방할 수 있습니다.

- 가정폭력 예방 프로그램과 관련된 기관으로는 가정폭력 상담소가 대

표적이며, 피해자뿐만 아니라 가해자 및 그 가족이 다음과 같은 프로그램을 이용할 수 있습니다.

가정폭력 예방 프로그램	주요 내용
가해자 교정치료 프로그램	가해자에 대한 전문적인 개입과 서비스 제공을 통해 폭력의 재발을 방지
가정폭력 예방교육	가정폭력에 대한 이해를 돕고 문제해결능력을 향상시켜 가정폭력을 예방
건강가정지원 프로그램	가족의 이해와 화합을 도와 가족관계 향상을 위한 프로그램
가정폭력 예방캠페인	가정폭력에 대한 공감대 형성과 심각성, 대처방법 등을 알리는 프로그램

3) 가정폭력 예방교육의 내용

가정폭력 예방교육은 다음의 사항에 대하여 강의, 시청각교육, 인터넷 홈페이지를 이용한 교육 등의 방법으로 실시할 수 있되, 대면(對面)에 의한 방법으로 하는 교육이 포함되어야 합니다. 이 경우 교육대상자가 아동인 경우에는 가정폭력 위기 상황에 대응할 능력을 향상시킬 수 있는 교육 내용이 포함되어야 합니다.

① 정상적인 가정생활의 영위와 가족구성원 관계의 유지 및 발전에 관한 사항

② 성인지(性認知) 관점에서의 가정폭력 예방에 관한 사항

③ 가정폭력 방지를 위한 관련 법령의 소개 및 홍보에 관한 사항

④ 그 밖에 정상적인 가정생활을 위한 건전한 가치관 함양과 가정폭력 예방에 필요한 사항

제2절 가정폭력의 신고

1. 가정폭력의 신고

1) 가정폭력 신고

가정폭력은 다른 가정의 사생활이 아닌 범죄입니다. 따라서 누구든지 가정폭력을 알게 된 경우에는 경찰(☎ 112)에 신고할 수 있습니다.

2) 가정폭력 신고의무

- 일반인의 경우에는 가정폭력에 대한 신고의무가 없습니다. 그러나 다음 중 어느 하나에 해당하는 교육기관, 의료기관, 보호시설의 종사자는 그 직무를 수행하면서 가정폭력범죄를 알게 된 경우에는 정당한 사유가 없으면 즉시 신고해야 합니다. 아래의 어느 하나에 해당하는 사람이 정당한 사유 없이 신고를 하지 않을 경우에는 300만원 이하의 과태료가 부과됩니다.

① 아동의 교육과 보호를 담당하는 기관의 종사자와 그 기관장

② 아동, 60세 이상의 노인 그 밖에 정상적인 판단능력이 결여된 사람의 치료 등을 담당하는 의료인 및 의료기관의 장

③ 노인복지시설, 아동복지시설, 장애인복지시설의 종사자와 그 기관장

④ 다문화가족지원센터의 전문인력과 그 장

⑤ 국제결혼중개업자와 그 종사자

⑥ 구조대 · 구급대의 대원

⑦ 사회복지 전담공무원

⑧ 건강가정지원센터의 종사자와 그 센터의 장

다음 중 어느 하나에 해당하는 기관에 근무하는 상담원과 그 기관장은 가정폭력 피해자(이하 "피해자"라 함) 또는 그 가

족 등과 상담을 하는 과정에서 가정폭력범죄 사실이 확인된 경우에는 피해자의 명시적인 반대의견이 없으면 즉시 이를 신고해야 합니다.

① 아동상담소

② 가정폭력 상담소 및 피해자 보호시설

③ 성폭력 피해 상담소 및 성폭력 피해자 보호시설

3) 신고자 보호

누구든지 가정폭력범죄를 신고한 사람에게 그 신고행위를 이유로 불이익을 주어서는 안 됩니다.

2. 가정폭력범죄를 신고 받은 경찰의 조치

1) 가정폭력범죄에 대한 응급조치

(1) 응급조치

- 가정폭력범죄 신고를 받은 경찰은 지체 없이 가정폭력의 현장에 출동하여 가정폭력 피해자(이하 "피해자"라 함)에게 다음의 조치를 해야 합니다.

① 폭력행위의 제지

② 가정폭력 행위자(이하 "가해자"라 함)·피해자의 분리 및 범죄수사

③ 피해자의 가정폭력 관련 상담소 또는 보호시설 인도(피해자의 동의가 있는 경우에 한함)

④ 긴급치료가 필요한 피해자의 의료기관 인도

⑤ 폭력행위의 재발 시 가해자의 접근금지 등과 같은 임시조치를 신청할 수 있음을 통보

- 또한, 이 경우 경찰은 피해자를 보호하기 위해 신고된 현장 또는 사건 조사를 위한 장소에 출입하여 조사를 하거나 질문을 할 수 있습니다.

2) 가정폭력범죄에 대한 긴급임시조치
  (1) 긴급임시조치
    - 경찰은 위의 응급조치에도 불구하고 가정폭력범죄가 재발될 우려가 있고, 상황이 긴급하여 가해자의 접근 등을 금지시키는 법원의 임시조치 결정을 받을 시간적 여유가 없을 경우에는 직권으로 다음 중 어느 하나에 해당하는 조치를 취할 수 있습니다.
      ① 피해자 또는 가정구성원의 주거 또는 점유하는 방실(房室)로부터의 퇴거 등 격리
      ② 피해자 또는 가정구성원의 주거, 직장 등에서 100미터 이내의 접근 금지
      ③ 피해자 또는 가정구성원에 대한 전기통신을 이용한 접근 금지
    - 위의 긴급임시조치는 피해자와 그 법정대리인이 직접 경찰에 신청할 수도 있습니다.
    - 정당한 사유 없이 긴급임시조치(검사가 「가정폭력범죄의 처벌 등에 관한 특례법」 제8조의3제1항에 따른 임시조치를 청구하지 않거나 법원이 임시조치의 결정을 하지 않은 때는 제외)를 이행하지 않은 사람에게는 300만원 이하의 과태료가 부과됩니다.

Q. 경찰에 가정폭력을 신고하면 어떤 도움을 받을 수 있나요?

A. 가정폭력을 신고하면 경찰이 즉시 현장에 출동하여 폭력행위를 제지하고, 가해자와 피해자를 분리하는 등 가정폭력범죄에 대한 응급조치를 받을 수 있습니다.

◇ 경찰의 가정폭력범죄에 대한 응급조치

☞ 가정폭력범죄를 신고 받은 경찰은 즉시 현장에 출동하여 다음의 응급조치를 합니다.

· 폭력행위의 제지, 가해자·피해자의 분리 및 범죄수사

· 피해자를 가정폭력 관련 상담소 또는 보호시설로 인도(피해자가 동의한 경우만 해당)

· 긴급치료가 필요한 피해자의 의료기관 인도

· 폭력행위의 재발 시 가해자의 접근금지 등과 같은 임시조치를 신청할 수 있음을 통보

☞ 또한, 가정폭력을 신고 받고 출동한 경찰은 피해자 보호를 위해 신고한 현장에 출입하여 조사를 할 수 있습니다.

◇ 가정폭력범죄에 대한 긴급임시조치

☞ 경찰은위의 응급조치에도 불구하고 가정폭력범죄가 재발될 우려가 있고, 긴급하여 가해자의 접근 등을 금지시키는 법원의 임시조치 결정을 받을 수 없을 때에는 직권으로 다음의 어느 하나에 해당하는 조치를 취할 수 있습니다.

· 피해자 또는 가정구성원의 주거 또는 점유하는 방실(房室)로부터의 퇴거 등 격리

· 피해자 또는 가정구성원의 주거, 직장 등에서 100미터 이내의 접근 금지

· 피해자 또는 가정구성원에 대한 전기통신을 이용한 접근 금지

Q. 신고의 의무가 있나요?

A. 가정폭력 범죄를 알게 된 사람은 누구든지 신고할 수 있습니다. 신고의 의무가 있는 사람은 아동의 교육과 보호를 담당하는 기관의 종사자, 아동, 60세 이상의 노인 기타 정상적인 판단능력이 결여된 자의 치료 등을 담당하는 의료인 및 의료기관의 장, 노인복지시설, 아동복지시설, 장애인복지 시설의 종사자와 그 기관장, 아동상담소·가정폭력상담소 및 보호시설·성폭력상담소 및 보호시설에 근무하는 상담원 및 그 기관장입니다.

Q. 가정폭력으로 고소하면 전과자가 되나요?

A. 보호처분을 받으면 전과자가 되지 않습니다. 가정폭력방지법에서는 가정폭력 범죄에 대하여 사건의 성질, 동기 및 결과, 행위자의 성행 등을 고려하여 행위자를 처벌하기보다 변화시키는 것에 중점을 두어 보호처분을 내리도록 되어 있습니다. 보호처분이란 일정기간 상담을 받도록 함으로써 가정폭력 행위자의 폭력행동을 교정하여 가정의 회복을 돕고 가정폭력의 피해자를 보호 지원함을 목적으로 하고 있습니다.3. 가정폭력 피해자에 대한 긴급구호

1) 범죄피해자 긴급구조

  (1) 범죄피해자 보호 및 지원기관

가정폭력범죄 발생 직후 긴급한 도움이 필요한 경우 다음의 범죄 피해자 보호·지원기관에 요청하면 응급조치, 병원후송, 친인척 연락 등 신속한 도움을 받을 수 있습니다.

기관	전화	홈페이지
법무부 인권구조과	02-2110-3263	http://www.moj.go.kr
대검찰청 피해자인권과	02-3480-2300	http://www.spo.go.kr
전국범죄피해자지원연합회	1577-1295	http://www.kcva.or.kr/
대한법률구조공단	국번없이 132	http://www.klac.or.kr
경찰서 민원실	각 민원실 또는 대표번호 112	http://www.police.go.kr

2) 여성폭력피해자를 위한 종합보호체계

  (1) 여성폭력피해자 ONE-STOP 지원센터

가정폭력 피해자(이하 "피해자"라 함)가 여성인 경우 ONE-STOP 지원센터를 통해 의료·상담·수사·법률 서비스를 이용할 수 있습니다. ONE-STOP 지원센터는 특별시장·광역시장·도지사 및 제주특별자치도지사, 지방경찰청장, 수탁병원장이 3자 공동협약을 통해 가정폭력 외에도 성폭력·성매매 피해자에게 의료·상담·수사·법률 서비스를 한 장소에서 ONE-STOP으로 통합하여 제공하는 종합보호체계입니다.

ONE-STOP 지원센터에는 여성경찰이 상주하고 전문상담원이 24시간 근무하며, 응급(야간) 의료진이 대기하고 있어 여러 가지 서비스를 한 번에 받을 수 있습니다. 이를 통해 피해자의 시간이나 비용을 절약하고, 상담 및 수사과정에서 반복 진술함으로 인한 2차 피해를 방지할 수 있습니다.

① 상담지원: 피해자의 심리 안정을 위한 전문 상담 실시
② 의료지원: 부인과, 응급의학과(응급실) 등 진료 가능, 필요 시 정신과 연계
③ 수사지원: 여성경찰의 진술녹화 등 피해자의 인권을 보호하고, 신속한 수사연계
④ 심리평가: 임상심리사가 면담, 심리검사, 행동관찰 등으로 심리 평가
⑤ 법률연계: 무료법률지원단의 법률자문 연계

Q. 가정폭력을 피해 집을 나왔는데, 당장 갈 곳이 없습니다. 어떻게 하나요?

A. 피해자가 원하면 1366이나 가정폭력 상담소 등에서 상담을 통해 가정폭력 피해자와 그 가정구성원은 보호시설에서 임시로 머물며 숙식제공, 전문적 상담 및 치료, 법률지원 등을 받을 수 있습니다.
임시보호 : 최대 7일까지, 단기쉼터 : 6개월, 장기쉼터 : 2년 이내
보호시설 퇴소 후 또는 가정복귀가 어려운 경우 자립지원을 위하여 심의를 거쳐 주거공간(그룹홈)을 지원받으실 수도 있습니다.

Q. 가정폭력을 피해 아이들과 집을 나와 따로 살고 있는데 남편이 아이들 학교로 찾아갈까봐 두렵습니다. 어떻게 하나요?

A. - 국가나 지방자치단체는 피해자나 피해자가 동반한 가정구성원 (「가정폭력범죄의 처벌 등에 관한 특례법」 제2조제2호의 자 중 피해자의 보호나 양육을 받고 있는 자를 말한다. 이하 같다)이 아동인 경우 주소지 외의 지역에서 취학(입학·재입학·전학 및 편입학을 포함한다. 이하 같다)할 필요가 있을 때에는 그 취학이 원활히 이루어지도록 지원하여야 합니다.

- 피해자가 보호하고 있는 아동이나 피해자인 아동의 교육 또는 보육을 담당하는 학교의 교직원 또는 보육교직원은 정당한 사유가 없으면 해당 아동의 취학, 진학, 전학 또는 입소(그 변경을 포함한다)의 사실을 가정폭력행위자인 친권자를 포함하여 누구에게든지 누설하여서는 안 됩니다.

Q. 가정폭력을 신고하면 경찰이 어떤 도움을 주나요?

A. 가정폭력 신고를 받은 경찰은 바로 현장에 도착해 다음과 같은 조치를 취해야 합니다(가정폭력범죄의처벌등에관한특례법 5조).

① 폭력행위의 제지, 가정폭력행위자·피해자의 분리 및 범죄수사

② 피해자를 가정폭력 관련 상담소 또는 보호시설로 인도(피해자가 동의한 경우만 해당한다)

③ 긴급치료가 필요한 피해자를 의료기관으로 인도

④ 폭력행위 재발 시 임시조치를 신청할 수 있음을 가해자에게 통보

⑤ 위와 같은 응급조치에도 불구하고 가정폭력 범죄가 재발할 우려가 있다고 인정될 때에는 검사에게 임시조치를 신청한다.

Q. 상습적인 가정폭력에는 어떻게 대처해야 하나요?

A. ① 가정폭력 전문 상담기관의 도움을 받는다. → 국번없이 1366으로 전화하세요.

② 맞은 상처는 병원에 가서 가정폭력임을 얘기하고 진료를 받아두고 상처부위를 날짜와 얼굴이 함께 나오도록 사진을 찍어둔다. 집안의 집기가 부서진 상태라면 부서진 가재도구를 그대로 놓고 날짜가 나오게 사진을 찍는다(병원치료를 받으면 진단서는 나중에도 발급받을 수 있습니다.)→가정폭력으로 고소할 경우나 폭력을 사유로 이혼할 경우 증거자료가 필요합니다.

③ 구타 발생 후 가족, 친지(친정)나 이웃에게 폭력 사실을 알린다.→ 가족이나 이웃에게 폭력 발생시 112로 신고해 줄것을 부탁해 두세요.

④ 평소에 주민등록증, 운전면허증, 비상금, 비상열쇠, 의료보험카드, 진단서나 치료확인서, 옷가지 등을 미리 준비해 둔다.

⑤ 상담소나 경찰서, 쉼터 등의 전화번호를 항상 메모해 둔다.(단, 가해자가 보기 쉬운 장소에는 메모를 남겨두지 않는 것이 좋습니다)

제3절 가정폭력범죄의 고소

1. 가정폭력범죄의 고소

1) 가정폭력범죄의 고소

(1) 고소의 개념

- 고소란 범죄의 피해자 또는 그와 일정한 관계가 있는 고소권자 (피해자의 법정대리인 등)가 수사기관에 대하여 범죄사실을 신고하여 범인의 처벌을 구하는 의사표시를 말합니다.

- 「형사소송법」에 따라 범죄피해자는 고소할 수 있으나, 자기 또는 배우자의 직계존속을 고소할 수는 없는 것이 원칙입니다.

(2) 가정폭력범죄의 고소

- 가정폭력 피해자(이하 "피해자"라 함) 또는 그 법정대리인은 다른 형사사건과 마찬가지로 가정폭력 행위자(이하 "가해자"라 함)를 고소할 수 있습니다. 피해자의 법정대리인이 가해자인 경우 또는 가해자와 공동하여 가정폭력범죄를 범한 경우에는 피해자의 친족(親族)이 고소할 수 있습니다.

- 가정폭력의 경우 예외적으로 가해자가 자기 또는 배우자의 직계존속인 경우에도 고소할 수 있습니다.

- 피해자에게 고소할 법정대리인이나 친족이 없는 경우에 이해관계인이 신청하면 검사는 10일 이내에 고소할 수 있는 사람을 지정해야 합니다.

Q. 가정폭력으로 신고하거나 고소하면 바로 이혼이 되나요?

A. 가정폭력에 대해 경찰에 신고하거나 고소했다고 해서 무조건 이혼이 되는 것은 아닙니다. 「가정폭력범죄의 처벌 등에 관한 특례법」은 가정의 안정을 회복하는 것을 목적으로 합니다. 이혼을 하려면 별도의 이혼절차를 따라야 합니다.

(3) 고소의 방법

고소는 경찰이나 검사에게 구술이나 서면으로 할 수 있습니다. 고소를 할 경우에는 다음과 같은 입증자료가 있으면 유리합니다.

① 가정폭력 피해 상담 사실 확인서(가정폭력 상담소 또는 보호시설 등에서 발급)

② 진단서(가정폭력에 의한 상해임을 증명할 수 있는 2주 이상의 상해진단서, 진단서 또는 소견서)

③ 증거 사진 및 목격자의 확인서

④ 그 밖에 피해사실을 입증할 수 있는 서류

2) 가정폭력범죄의 수사

(1) 여성경찰에 의한 조사

성폭력 피해여성을 특별한 사정이 없는 한 여성 성폭력범죄 전담 조사관이 조사하도록 하여야 합니다.

(2) 진술녹화실 등에서의 조사

경찰은 피해자를 조사할 때 피해자의 연령, 심리상태 또는 후유장애의 유무 등을 고려하여 가급적 진술녹화실 등 별실에서 조사하여 피해자의 인격이나 명예가 손상되거나 개인의 비밀이 침해되지 않도록 주의해야 합니다.

(3) 신속한 수사

경찰은 가정폭력범죄를 신속히 수사해서 사건을 검사에게 송치(送致)해야 합니다.

3) 가정폭력범죄 사건 처리

(1) 상담조건부 기소유예

- 검사는 가정폭력사건을 수사한 결과 가해자의 성행(性行) 교정을 위해 필요하다고 인정되는 경우에는 상담받는 것을 조건으로 하는 기소유예를 할 수 있습니다.
- 기소유예(起訴猶豫)란 피의사건에 관하여 범죄의 혐의가 인정되고 소송조건이 구비되었으나 범인의 연령, 성행, 지능과 환경, 범행의 동기, 수단과 결과, 범행 후의 정황 등을 고려하여 공소를 제기하지 않는 것을 말합니다.

(2) 가정보호사건으로 처리
- 검사는 가정폭력범죄로 다음 중 어느 하나에 해당하는 경우에는 해당 사건의 성질·동기 및 결과, 가해자의 성행(性行) 등을 고려하여 「가정폭력범죄의 처벌 등에 관한 특례법」에 따른 보호처분을 하는 것이 적절하다고 판단되면 가정보호사건으로 처리할 수 있습니다.
  ① 피해자의 고소가 있어야 공소를 제기할 수 있는 가정폭력범죄(사자명예훼손죄 및 모욕죄)에서 피해자의 고소가 없거나 취소된 경우
  ② 피해자의 의사에 반해 공소를 제기할 수 없는 가정폭력범죄(폭행죄, 존속폭행죄, 협박죄, 존속협박죄, 명예훼손죄 및 출판물 등에 의한 명예훼손죄)에서 피해자가 처벌을 희망하지 않는다는 명시적 의사표시가 있거나 처벌을 희망하는 의사표시가 철회된 경우
- 가정보호사건으로 처리하는 경우 검사는 피해자의 의사를 존중해야 합니다.
- 검사는 가정보호사건으로 처리하는 경우에는 그 사건을 관할 가정법원 또는 지방법원(이하 '법원'이라 한다)에 송치하여야 합

니다.

- 만약 가정폭력범죄와 그 외의 범죄가 경합(競合)하는 경우에는 가정폭력범죄에 대한 사건만을 분리하여 관할 법원에 송치할 수 있습니다.

(3) 공소제기

- 검사는 가해자의 행위가 형사처벌을 받아야 할 사안으로 판단 되는 경우에는 가해자를 기소(起訴)할 수 있습니다.

- 법원은 기소된 가해자에 대한 피고사건을 심리한 결과 「가정 폭력범죄의 처벌 등에 관한 특례법」에 따른 보호처분을 하는 것이 적절하다고 인정되는 경우에는 결정으로 사건을 가정보호 사건으로 처리하도록 가정보호사건 관할 법원에 송치할 수 있 습니다. 이 경우 법원은 피해자의 의사를 존중해야 합니다.

4) 가정폭력범죄 재발 방지를 위한 임시조치

(1) 임시조치 청구

검사는 가정폭력범죄가 재발될 우려가 있다고 인정되는 경우에는 직권으로 또는 경찰의 신청에 따라 법원에 가해자의 격리 또는 접 근금지와 같은 임시조치를 청구할 수 있습니다.

(2) 피해자의 임시조치 요청

피해자 또는 그 법정대리인은 검사나 경찰이 위의 임시조치를 하 기 전이라면 검사에게 임시조치를 청구하거나 경찰에게 신청하여 줄 것을 요청할 수 있고, 이에 관한 의견을 진술할 수도 있습니다.

2. 가정보호 사건으로의 처리

1) 가정보호사건으로의 처리

(1) 가정보호사건의 관할

가정보호사건의 관할은 가정폭력 행위자(이하 "가해자"라 함)의 행위지, 거주지 또는 현재지를 관할하는 가정법원입니다. 만약 가정법원이 설치되지 않은 지역이라면 해당 지역의 지방법원(지원을 포함)이 관할 법원이 됩니다.

(2) 가해자에 대한 처리

가정보호사건 중 관할 법원으로 송치결정이 있는 경우에는 가해자의 구금시설의 장은 검사의 이송지휘를 받은 때부터 관할 법원이 있는 시(특별시, 광역시 및 「제주특별자치도 설치 및 국제자유도시 조성을 위한 특별법」 제10조제2항에 따른 행정시를 포함)·군에서는 24시간 이내에, 그 밖의 시·군에서는 48시간 이내에 가해자를 관할 법원에 인도해야 합니다.

이 경우 법원은 피해자 보호를 위하여 아래에서 설명하는 가해자에 대한 임시조치 여부를 결정해야 합니다.

2) 가정보호사건의 조사·심리

(1) 조사·심리의 기본방향

법원은 가정보호사건을 조사·심리할 때에는 의학·심리학·사회학·사회복지학 그 밖의 전문적인 지식을 활용하여 가해자·가정폭력 피해자(이하 "피해자"라 함), 그 밖에 가정구성원의 성행(性行)·경력·가정 상황과 가정폭력범죄의 동기·원인 및 실태 등을 밝혀서 피해자와 가정구성원의 인권 보호 목적을 달성할 수 있는 적정한 처분이 이루어지도록 노력해야 합니다.

(2) 전문가의 의견 조회

법원은 정신건강의학과의사, 심리학자, 사회학자, 사회복지학자,

그 밖의 관련 전문가에게 가해자, 피해자 또는 가정구성원의 정신·심리상태에 대한 진단소견 및 가정폭력범죄의 원인에 관한 의견을 조회할 수 있으며, 이에 따른 조회의 결과를 가정보호사건을 조사·심리할 때 고려해야 합니다.

(3) 심리의 비공개

사생활의 보호나 가정의 평화와 안정을 위해 필요하거나 선량한 풍속을 해칠 우려가 있다고 인정하는 경우에는 판사의 결정으로 심리를 공개하지 않을 수 있습니다.

증인으로 소환된 피해자 또는 가정구성원은 사생활 보호나 가정의 평화와 안정의 회복을 이유로 하여 판사에게 증인신문(證人訊問)의 비공개를 신청할 수 있습니다.

(4) 피해자의 진술권 보장

법원은 다음 중 어느 하나에 해당하는 경우를 제외하고는 피해자가 신청하는 경우에는 피해자를 증인으로 신문해야 하고, 피해자를 신문하는 경우에는 해당 가정보호사건에 관한 의견을 진술할 기회를 주어야 합니다.

① 신청인이 이미 심리 절차에서 충분히 진술하여 다시 진술할 필요가 없다고 인정되는 경우

② 신청인의 진술로 인하여 심리 절차가 현저하게 지연될 우려가 있는 경우

법원은 심리를 할 때에 필요하다고 인정되는 경우에는 피해자 또는 가정보호사건조사관에게 의견 진술 또는 자료 제출을 요구할 수 있으며, 공정한 의견 진술 등을 위해 필요한 경우에는 가해자의 퇴장을 명할 수 있습니다.

위와 같이 법원의 요청에 따라 진술을 하게 된 피해자는 변호사,

법정대리인, 배우자, 직계친족, 형제자매, 상담소 등의 상담원 또는 그 기관장으로 하여금 대리하여 의견을 진술하게 할 수 있습니다.

(5) 결혼이민자에 대한 통역 및 번역

한국어에 능통하지 않은 결혼이민자가 법원에서 가정보호사건에 대한 진술을 하게 되는 경우에는 통역 또는 번역서비스를 받을 수 있습니다.

3) 피해자 보호를 위한 임시조치

(1) 임시조치 결정

가정보호사건의 원활한 조사·심리 또는 피해자 보호를 위해 필요하다고 인정하는 경우 법원은 결정으로 가해자의 퇴거 또는 접근금지와 같은 임시조치를 할 수 있습니다.

4) 가정보호사건에 대한 처분

(1) 불처분 결정

- 법원은 가정보호사건을 심리한 결과 다음 중 어느 하나에 해당하는 경우에는 처분을 하지 않는다는 결정을 해야 합니다.

① 보호처분을 할 수 없거나 할 필요가 없다고 인정되는 경우

② 사건의 성질·동기 및 결과, 가해자의 성행, 습벽(習癖) 등에 비추어 가정보호사건으로 처리하는 것이 적당하지 않다고 인정하는 경우

- 위의 불처분 결정을 한 경우에는 다음과 같이 처리됩니다.

① 검사가 송치한 사건인 경우에는 관할 법원에 대응하는 검사에게 송치

② 법원이 송치한 사건인 경우에는 송치한 법원에 이송
- 보호처분을 할 수 없거나 할 필요가 없다고 인정되는 경우로 불처분 결정이 되면 이미 행하여진 임시조치는 취소됩니다.
- 사건의 성질·동기 및 결과, 가해자의 성행, 습벽(習癖) 등에 비추어 가정보호사건으로 처리하는 것이 적당하지 않다고 인정되어 불처분 결정이 된 경우에는 이 결정이 확정된 때에 임시조치가 취소됩니다.

5) 보호처분 결정

법원은 심리 결과 보호처분이 필요하다고 인정되는 경우에는 결정으로 보호처분을 할 수 있습니다.

3. 피해자 보호를 위한 임시조치

1) 검사의 임시조치 청구

(1) 가정폭력범죄의 재발 방지를 위한 임시조치 청구

- 검사는 가정폭력범죄가 재발될 우려가 있다고 판단되는 경우에는 직권으로 또는 경찰의 신청으로 법원에 다음의 임시조치를 청구할 수 있습니다.
① 가정폭력 피해자(이하 "피해자"라 함) 또는 가정구성원의 주거 또는 점유하는 방실로부터의 퇴거 등 격리
② 피해자 또는 가정구성원의 주거, 직장 등에서 100미터 이내의 접근금지
③ 피해자 또는 가정구성원에 대한 전기통신을 이용한 접근금지
- 검사는 가정폭력 행위자(이하 "가해자"라 함)가 법원에서 결정한 임시조치를 위반하여 가정폭력범죄가 재발될 우려가 있다

고 인정되는 경우에는 직권으로 또는 경찰의 신청에 따라 법원
에 가해자의 유치장 또는 구치소의 유치를 청구할 수 있습니
다.

(2) 피해자의 임시조치 요청

- 임시조치가 이뤄지지 않은 상황이라면 피해자 또는 그 법정대
  리인은 먼저 검사에게 임시조치를 해 주도록 청구하거나 경찰
  에게 이를 신청해 주도록 요청하거나 이에 관하여 의견을 진술
  할 수 있습니다.

- 임시조치의 요청을 받은 경찰이 검사에게 임시조치 신청을 하
  지 않는 경우 검사는 경찰에게 그 사유를 보고하도록 해야 합
  니다.

(3) 신속한 임시조치 결정

청구를 받은 법원은 신속히 임시조치 여부를 결정하여야 하고, 임
시조치의 사유를 판단하기 위해 필요하다고 인정되는 경우에는 가
해자·피해자·가정구성원, 그 밖의 참고인을 소환하거나 동행영
장을 발부하여 필요한 사항을 조사·심리할 수 있습니다.

2) 법원의 임시조치 결정

(1) 가해자에 대한 임시조치 결정

- 법원은 가정보호사건의 원활한 조사·심리 또는 피해자 보호를
  위해 필요하다고 인정되는 경우에는 결정으로 가해자에게 다음
  중 어느 하나에 해당하는 임시조치를 할 수 있습니다.

  ① 피해자 또는 가정구성원의 주거 또는 점유하는 방실(房室)
     로부터의 퇴거 등 격리

  ② 피해자 또는 가정구성원의 주거, 직장 등에서 100미터 이

내의 접근 금지

③ 피해자 또는 가정구성원에 대한 「전기통신기본법」 제2조
제1호의 전기통신을 이용한 접근 금지

④ 의료기관이나 그 밖의 요양소에의 위탁

⑤ 국가경찰관서의 유치장 또는 구치소에의 유치

- 위의 임시조치는 중복하여 할 수 있습니다.

(2) 임시조치 기간

위의 임시조치 기간은 임시조치의 종류에 따라 다음과 같습니다.

임시조치	임시조치 기간	연장 여부
피해자 또는 가정구성원의 주거 또는 점유하는 방실로부터의 퇴거 등 격리	2개월	2회 연장, 최장 6개월까지 가능
피해자 또는 가정구성원의 주거, 직장 등에서 100미터 이내의 접근금지		
피해자 또는 가정구성원에 대한 전기통신을 이용한 접근금지		
피해자 또는 가정구성원에 대한 전기통신을 이용한 접근금지	1개월	1회 연장, 최장 2개월까지 가능
국가경찰관서의 유치장 또는 구치소에의 유치		

(3) 가해자의 임시조치 결정 취소 또는 변경 신청

가해자, 그 법정대리인이나 보조인은 임시조치 결정의 취소 또는
그 종류의 변경을 신청할 수 있습니다.

(4) 피해자의 임시조치 결정 변경 신청

피해자 또는 가정구성원은 위의 ① 및 ②의 임시조치 후 주거나
직장 등을 옮긴 경우 관할 법원에 임시조치 결정의 변경을 신청
할 수 있습니다.

Q. 가정폭력으로 남편을 고소했는데 반성은커녕 계속 직장으로 찾아 와 괴롭힙니다. 직장으로 오지 못하게 막을 수 없을까요?

A. 가정폭력범죄가 가정보호사건으로 처리되는 경우 가해자에게 피해자의 주 거나 직장으로부터 100미터 이내의 접근금지와 같은 임시조치를 할 수 있습니다.

◇ 가정폭력범죄 재발 방지를 위한 임시조치

☞ 검사는 가정폭력범죄가 재발될 우려가 있다고 판단되는 경우에는 직권으로 또는 경찰의 신청으로 법원에 다음의 임시조치를 청구 할 수 있습니다.

· 피해자 또는 가정구성원의 주거 또는 점유하는 방실로부터의 퇴거 등 격리

· 피해자 또는 가정구성원의 주거, 직장 등에서 100미터 이내의 접근금지

· 피해자 또는 가정구성원에 대한 전기통신을 이용한 접근금지

☞ 피해자 또는 그 법정대리인은 먼저 검사에게 임시조치를 해 주도 록 청구하거나 경찰에게 이를 신청해 주도록 요청하거나 이에 관하여 의견을 진술할 수 있습니다.

☞ 또한, 법원은 원활한 조사·심리 또는 피해자 보호를 위해 필요하 다고 인정되는 경우 결정으로 가해자에게 다음의 임시조치를 할 수 있습니다.

· 피해자 또는 가정구성원의 주거 또는 점유하는 방실(房室)로부 터의 퇴거 등 격리

· 피해자 또는 가정구성원의 주거, 직장 등에서 100미터 이내의 접근 금지

· 피해자 또는 가정구성원에 대한 전기통신을 이용한 접근 금지

· 의료기관이나 그 밖의 요양소에의 위탁

· 국가경찰관서의 유치장 또는 구치소에의 유치

4. 보호처분 결정

1) 가정보호사건에 대한 보호처분 결정

  (1) 보호처분 결정

     – 법원은 가정보호사건의 심리의 결과 보호처분이 필요하다고 인정되는 경우에는 결정으로 다음 중 어느 하나에 해당하는 보호처분을 할 수 있으며, 필요한 경우에는 중복하여 처분할 수 있습니다.

       ① 가정폭력 행위자(이하 "가해자"라 함)가 가정폭력 피해자(이하 "피해자"라 함) 또는 가정구성원에게 접근하는 행위의 제한

       ② 가해자가 피해자 또는 가정구성원에게 전기통신을 이용하여 접근하는 행위의 제한

       ③ 가해자가 친권자인 경우 피해자에 대한 친권 행사의 제한

       ④ 사회봉사 · 수강명령

       ⑤ 보호관찰

       ⑥ 보호시설에의 감호위탁

       ⑦ 의료기관에의 치료위탁

       ⑧ 상담소 등에의 상담위탁

     – 법원이 보호처분을 내린 경우에는 이미 행해진 경찰이나 검사의 임시조치는 그 효력을 잃게 됩니다.

  (2) 보호처분 기간

    가정보호사건에 대한 보호처분은 최대 6개월까지 할 수 있으며, 사회봉사 · 수강명령의 시간은 각각 200시간을 넘길 수 없습니다.

  (3) 피해자 배상명령

    법원은 보호처분 선고 시 직권으로 또는 피해자의 신청에 따라 피

해자에게 금전 지급이나 배상(이하 "배상"이라 함)을 명할 수 있습니다.

2) 보호처분의 취소
  (1) 보호처분 결정 미이행에 따른 보호처분의 취소
    사회봉사·수강명령, 보호관찰, 감호위탁, 치료위탁, 상담위탁의 보호처분을 받은 가해자가 보호처분 결정을 이행하지 않거나 그 집행에 따르지 않은 경우 법원은 직권으로 또는 검사, 피해자, 보호관찰관 또는 수탁기관의 장의 청구에 따라 결정으로 그 보호처분을 취소하고 다음과 같이 처리합니다.
    ① 검사가 송치한 사건인 경우에는 관할 법원에 대응하는 검찰청의 검사에게 송치
    ② 법원이 송치한 사건인 경우에는 송치한 법원에 이송

3) 보호처분의 변경 및 종료
  (1) 보호처분의 변경
    - 법원은 가해자에 대한 보호처분이 진행되는 동안 필요하다고 인정되는 경우에는 직권으로 또는 검사, 보호관찰관 또는 수탁기관의 장의 청구에 따라 결정으로 보호처분의 종류와 기간을 한 차례에 한해 변경할 수 있습니다.
    - 보호처분의 종류와 기간을 변경하는 경우 종전의 처분기간을 합산하여 보호처분의 기간을 최대 1년까지 변경할 수 있으며, 사회봉사·수강명령의 시간은 각각 400시간을 넘길 수 없습니다.

(2) 보호처분의 종료

법원은 가해자의 성행이 교정되어 정상적인 가정생활이 유지될 수 있다고 판단되거나 그 밖에 보호처분을 계속할 필요가 없다고 인정되는 경우에는 직권으로 또는 검사, 피해자, 보호관찰관 또는 수탁기관의 장의 청구에 따라 결정으로 보호처분의 전부 또는 일부를 종료할 수 있습니다.

Q. 남편이 처에게 폭력을 행사하여 처가 남편을 상대로 이혼소송을 제기하고 남편 또한 이혼하려고 한 경우에도 남편에게 보호처분을 할 수 있을까요?

A. 가정폭력범죄의 처벌 등에 관한 특례법(이하 '특례법'이라고만 한다)의 관련 규정에 비추어 볼 때, 남편의 가정폭력범죄 후 피해자가 남편을 상대로 이혼소송을 제기하였고 남편 또한, 피해자와 이혼하려고 마음먹었다고 하여 남편에게 특례법 소정의 보호처분을 할 수 없는 것은 아닙니다.

5. 피해자 보호명령

1) 피해자보호명령

 (1) 피해자보호명령

  - 법원은 가정폭력 피해자(이하 "피해자"라 함)의 보호를 위해 필요한 경우에는 피해자 또는 그 법정대리인의 청구에 따라 결정으로 가정폭력 행위자(이하 "가해자"라 함)에게 다음 중 어느 하나에 해당하는 피해자보호명령을 할 수 있습니다.

   ① 피해자 또는 가정구성원의 주거 또는 점유하는 방실로부터의 퇴거 등 격리

   ② 피해자 또는 가정구성원의 주거, 직장 등에서 100미터 이내의 접근금지

   ③ 피해자 또는 가정구성원에 대한 전기통신을 이용한 접근금지

   ④ 친권자인 가해자의 피해자에 대한 친권행사의 제한

  - 피해자보호명령은 중복하여 결정될 수 있습니다.

 (2) 피해자보호명령의 기간

  피해자보호명령은 최대 6개월까지 할 수 있습니다. 다만, 피해자 보호를 위해 피해자보호명령 기간의 연장이 필요하다고 인정되는 경우에는 법원의 직권이나 피해자 또는 그 법정대리인의 청구에 따라 결정으로 2개월 단위로 최대 2년까지 연장할 수 있습니다.

 (3) 피해자보호명령의 조사 · 심리

  - 법원은 피해자보호명령을 조사 · 심리할 경우 의학 · 심리학 · 사회학 · 사회복지학 그 밖의 전문적인 지식을 활용하여 가해자 · 피해자, 그 밖에 가정구성원의 성행(性行) · 경력 · 가정 상황과 가정폭력범죄의 동기 · 원인 및 실태 등을 밝혀서 피해자와 가정구성원의 인권 보호 목적을 달성할 수 있는 적정한 처

분이 이루어지도록 노력해야 합니다.

- 정신건강의학과의사, 심리학자, 사회학자, 사회복지학자, 그 밖의 관련 전문가에게 가해자, 피해자 또는 가정구성원의 정신·심리상태에 대한 진단소견 및 가정폭력범죄의 원인에 관한 의견을 조회할 수 있으며, 이에 따른 조회의 결과를 피해자보호명령사건을 조사·심리할 때 고려해야 합니다.

- 사생활의 보호나 가정의 평화와 안정을 위하여 필요하거나 선량한 풍속을 해칠 우려가 있다고 인정하는 경우에는 법원의 결정으로 심리를 공개하지 않을 수 있습니다.

- 한국어에 능통하지 않은 결혼이민자가 법원에서 피해자보호명령사건에 대한 진술을 하게 되는 경우에는 통역 또는 번역서비스를 받을 수 있습니다.

(4) 피해자보호명령의 취소 및 변경 청구

법원은 직권이나 피해자 또는 그 법정대리의 신청에 따라 피해자보호명령을 취소하거나 그 종류를 변경할 수 있습니다.

(5) 피해자보호명령의 미이행

피해자보호명령을 받고 이를 이행하지 않은 가해자는 2년 이하의 징역 또는 2천만원 이하의 벌금 또는 구류(拘留)에 처해 집니다.

(6) 신변안전조치

- 법원은 피해자의 보호를 위하여 필요하다고 인정되는 경우에는 직권으로 또는 피해자나 그 법정대리인의 청구에 따라 일정기간 동안 피해자에게 다음 중 어느 하나에 해당하는 신변안전조치를 하도록 검사에게 요청할 수 있습니다.

① 가정폭력행위자를 상대방 당사자로 하는 가정보호사건, 피해자보호명령사건 및 그 밖의 가사소송절차에 참석하기 위

하여 법원에 출석하는 피해자에 대한 신변안전조치

② 자녀에 대한 면접교섭권을 행사하는 피해자에 대한 신변안전조치

③ 피해자를 보호시설이나 치료시설 등으로 인도

④ 참고인 또는 증인 등으로 법원 출석 · 귀가 시 또는 면접교섭권 행사 시 동행

⑤ 피해자의 주거에 대한 주기적 순찰 및 폐쇄회로 텔레비젼의 설치

⑥ 그 밖에 피해자의 신변안전에 필요하다고 인정되는 조치

- 검사는 피해자의 주거지 또는 현재지를 관할하는 경찰서장에게 신변안전조치를 하도록 요청할 수 있으며, 해당 경찰서장은 특별한 사유가 없으면 이에 따라야 합니다.

2) 임시보호명령
  (1) 임시보호명령
  - 피해자 또는 그 법정대리인이 피해자보호명령 청구를 한 경우 법원은 피해자의 보호를 위해 필요하다고 판단되면 결정으로 격리조치, 접근금지, 친권행사 제한 등의 임시보호명령을 할 수 있습니다.
  - 임시보호 기간은 피해자보호명령의 결정 시까지로 합니다. 다만, 법원이 필요하다고 인정하는 경우에는 그 기간을 제한할 수 있습니다.
  - 위의 임시보호명령은 필요한 경우 중복하여 결정할 수 있습니다.
  - 임시조치와 피해자보호명령은 모두 가해자에 대한 피해자와의 격리 또는 접근금지 등이 주된 내용으로 피해자 보호에 있어

서는 유사합니다. 그러나 이 둘은 별개의 심리 절차에 따른 것으로서 가정보호사건으로 처리할 경우에는 임시조치를, 그렇지 않은 경우에는 피해자보호명령을 하게 됩니다.

Q. 가정폭력으로 남편을 고소했는데, 앙갚음을 할까 걱정입니다. 저나 아이들에게 접근하거나 연락하는 것을 금지하도록 할 수 있을까요?

A. 가정폭력 피해자와 그 가족은 가해자에게 보복당할 우려가 있는 경우 직접 법원에 가해자가 접근하거나 연락하는 것을 금지하도록 임시조치나 피해자보호명령을 청구할 수 있습니다.

이 둘은 피해자 보호에 있어 유사하나 가정보호사건으로 처리할 경우에는 임시조치를, 그렇지 않은 경우에는 피해자보호명령을 하게 됩니다.

◇ 피해자보호명령

☞ 법원은 가정폭력 피해자의 보호를 위해 필요한 경우에는 피해자 또는 그 법정대리인의 청구에 따라 결정으로 가해자에게 다음 중 어느 하나에 해당하는 피해자보호명령을 할 수 있습니다.

· 피해자 또는 가정구성원의 주거 또는 점유하는 방실로부터의 퇴거 등 격리

· 피해자 또는 가정구성원의 주거, 직장 등에서 100미터 이내의 접근금지

· 피해자 또는 가정구성원에 대한 전기통신을 이용한 접근금지

· 친권자인 가해자의 피해자에 대한 친권행사의 제한

☞ 피해자보호명령은 최대 6개월까지 할 수 있습니다. 다만, 피해자 보호를 위해 피해자보호명령 기간의 연장이 필요하다고 인정하는 경우에는 판사의 직권이나 피해자 또는 그 법정대리인의 청구에 따른 결정으로 2개월 단위로 최대 2년까지 연장할 수 있습니다.

6. 피해자 배상명령

1) 피해자 배상명령

  (1) 배상명령

    - 가정폭력 피해자(이하 "피해자"라 함)는 피해자 배상명령을 통해 가정폭력범죄에 대한 재판이 진행되는 법원에서 별도의 민사소송을 제기하지 않고 가정폭력 행위자(이하 "가해자"라 함)로부터 치료비와 부양료 등 민사적인 손해배상을 받을 수 있습니다.

    - 피해자는 법원이 제1심의 가정보호사건 심리 절차에서 보호처분을 선고할 경우 법원의 직권 또는 피해자의 신청에 따라 다음의 금전 지급이나 배상(이하 "배상"이라 함)을 받을 수 있습니다.

      ① 피해자 또는 가정구성원의 부양에 필요한 금전의 지급

      ② 가정보호사건으로 인해 발생한 직접적인 물적 피해 및 치료비 손해의 배상

    - 법원은 가정보호사건에서 가해자와 피해자 사이에 합의된 배상액에 관해서도 이러한 배상을 명할 수 있습니다.

  (2) 배상명령 신청

    - 배상명령은 다음 중 어느 하나에 해당하는 사유가 없는 경우에 한하여 신청할 수 있으며, 그 신청은 가정보호사건을 심리하는 법원에 신청해야 합니다.

      ① 피해자의 성명·주소가 분명하지 않은 경우

      ② 피해금액이 특정되지 않은 경우

      ③ 피고인의 배상책임의 유무 또는 그 범위가 명백하지 않은 경우

④ 배상명령으로 공판절차가 현저히 지연될 우려가 있거나 형
   사소송절차에서 배상명령을 함이 타당하지 않다고 인정되는
   경우
- 배상신청이 부적법한 경우 또는 그 신청이 이유 없거나 배상명
  령을 하는 것이 적절하지 않다고 인정되는 경우에는 결정으로
  배상신청이 각하(却下)됩니다.
- 각하(却下)란 소송이나 배상신청을 함에 있어 필요한 요건을 갖
  추지 못하였을 때에 그 본안심리를 거절하는 것을 말합니다.
(3) 배상명령 선고
- 배상명령은 보호처분의 결정과 동시에 내려지게 됩니다.
- 배상명령은 일정액의 금전지급이 명해지고, 배상의 대상과 금액
  이 보호처분 결정서의 주문(主文)에 표시됩니다. 이 경우 배상
  명령의 이유는 특히 필요하다고 인정되는 경우가 아니면 보호
  처분 결정서에 적혀있지 않을 수 있습니다.

2) 피해자 배상명령의 효력
(1) 배상명령 효력
   확정된 배상명령 또는 가집행선고가 있는 배상명령이 적혀 있는
   보호처분 결정서의 정본은 「민사집행법」에 따른 강제집행에 관
   하여는 집행문이 있는 민사판결 정본과 같은 효력이 있습니다. 따
   라서 「민사집행법」에 따른 강제집행을 할 수 있습니다.
   배상명령이 확정된 경우 피해자는 다른 절차를 제기하여 그 인용
   금액의 범위 내에 해당하는 손해배상을 청구할 수 없습니다.
(2) 배상명령에 대한 항고
   가해자는 보호처분 결정에 대하여 항고하지 아니하고 배상명령에

대해서만 항고할 수 있습니다. 이 경우 항고는 7일 이내에 해야
합니다.

Q. 가정폭력으로 남편을 고소했는데요. 치료비와 부양료 같은 손해배상을 받으려면 별도로 민사소송을 제기해야 하나요?

A. 가정폭력 피해자는 피해자 배상명령을 통해 가정폭력범죄에 대한 재판이 진행되는 법원에서 별도의 민사소송을 제기하지 않고도 가해자로부터 치료비와 부양료 등의 민사적인 손해배상을 받을 수 있습니다.

◇ 피해자 배상명령 신청

☞ 피해자 배상명령은 다음의 어느 하나에 해당하는 사유가 없는 경우에 한하여 신청할 수 있으며, 그 신청은 가정보호사건을 심리하는 법원에 신청해야 합니다.

· 피해자의 성명·주소가 분명하지 않은 경우

· 피해금액이 특정되지 않은 경우

· 피고인의 배상책임의 유무 또는 그 범위가 명백하지 않은 경우

· 배상명령으로 공판절차가 현저히 지연될 우려가 있거나 형사소송절차에서 배상명령을 함이 타당하지 않다고 인정되는 경우

◇ 피해자 배상명령의 효력

☞ 확정된 배상명령 또는 가집행선고가 있는 배상명령이 적혀 있는 보호처분 결정서의 정본은 「민사집행법」에 따른 강제집행에 관하여는 집행문이 있는 민사판결 정본과 같은 효력이 있습니다. 따라서 「민사집행법」에 따른 강제집행을 할 수 있습니다.

☞ 배상명령이 확정된 경우에는 그 인용금액의 범위에서 피해자는 다른 절차에 의한 손해배상을 청구할 수 없습니다.

※ 가정폭력 구체적인 상담사례

가정폭력을 신고해 보셨나요?

- 가족관계 : 아내(재혼) 30대, 남편(초혼) 30대, 아들(6세:전남편의
자), 딸(4세)
- 상담내용 : 내담자는 재혼이고 남편은 초혼으로 남편의 지극한 사랑
으로 결혼을 하였다. 부부관계는 원만한 편이었지만 결혼
초 재혼녀란 사실로 시댁과 마찰을 일으켰고 이것이 빌
미가 되어 시댁의 대소사에 경제적인 지원과 무리한 책임
을 져야하는 생활이 이어졌다. 원만했던 부부관계는 이것
이 도화선이 되어 남편과 심한 말다툼 끝에 남편의 폭력
이 발생했고 순종적이고 착한 남편은 1년에 1~2차례 폭
력을 행사할 때마다 자신의 분노를 자제하지 못하고 이
성을 잃는 행동을 한다고 하였다. 이러한 상황에서 아내
는 용기를 내어 1366에 전화를 했고 끝날 것 같지 않은
남편의 폭력을 참는 것이 능사가 아님을 1366과 상담
후 인지하고 진심으로 남편을 위하고 가정을 지키기 위해
서는 경찰에 신고하고 폭력에 대한 바른 대처 및 인식의
전환이 있어야하며 또한 남편에게 경종이 되도록 하여야
한다는 것을 알게 되었다.

<조치 및 결과>
- 피해자인 아내와 행위자인 남편 모두 가정폭력에 대한 인식을 재점
검, 개선하는데 목적을 두고 상담을 진행함
- 아내는 자존감 향상, 남편은 폭력행동 교정을 통한 폭력재발방지 및
분노관리 프로그램에 참여함
- 긍정적 부부관계회복을 위한 지속상담이 진행됨
- "가정폭력으로 신고하면 남편을 전과자로 만든다고 오해할 수 있습
니다.그렇지 않습니다. 가정폭력은 집안문제가 아닌 사회적 범죄입니
다. 더 이상 폭력을 사용하지 않도록 하는 인식의 전환이 필요합니
다."

<지원체계>
1366, 경찰서, 가정폭력상담소, 건강가정지원센터

나의 명령에 절대 복종만이 살길

- 가족관계 : 아내(초혼) 37세, 남편(초혼) 40세, 딸(11세)
- 상담내용 : 어린 시절 가정폭력을 당하며 성장한 아내는 친정아버지
의 모습과 닮아 있는 남편을 만나 자신이 사랑으로 감싸
면 치유가 가능할 수 있을 것 같아 결혼을 하였다. 남편
은 밖에서 스트레스를 받는 일이 있으면 귀가하여 무언
가 꼬투리를 잡아 폭력을 일삼고, 돈 관리를 아내와 상
의 없이 독단적으로 하여 아내는 가정경제가 어떻게 되는
지도 모른 채, 단돈 1,000원도 남편의 허락하에 써야 하
고, 친구들은 물론, 친정식구도 만나는 것을 일일이 간섭
하여 자유롭게 만나지 못했다. 한마디로 남편은 폭군 그
자체이자 법이었다. 또한 남편은 자신의 말에 절대복종하
라며 그것만이 너희들이 살길이라며, 만일 자신의 말을
듣지 않거나 신속하게 행동하지 않으면 때려야 말을 듣
는다며 폭력을 행사 하여 기절한 적이 수차례 있었다. 딸
에게도 예외는 아니어서 하루에 영어단어 수백개씩 외우
라고 강요하여 외우지 못했을 경우 폭력을 가했고, 컴퓨
터를 한다고, TV를 본다고 도구(몽둥이, 망치, 쇠파이프
등)를 이용하여 훈육이라는 이름으로 체벌 아닌 폭력을
행사하였다. 남편은 자신의 말을 듣지 않아 폭력을 한다
며 폭력의 원인이 모두 아내와 딸에게 있다며 책임을 전
가하였다.

<조치 및 결과>
- 1366센터에 긴급입소. 현장상담원이 동행하여 의료지원(외상치료)과
법률자문을 지원함
- 딸의 학교 담임교사에게 가정폭력 피해에 대한 조치 중임을 알리고
결석에 대한 적절한 조치를 요청
- 가정폭력피해자 보호시설 연계 및 가정폭력에 따른 아동의 취학지원,
심리적 안정과 사회적응을 위한 상담지원. 남편은 행위자 교정치료
프로그램에 참가권유 및 프로그램 정보안내
- "한가정의 가장이 내 식구를 훈육하기 위해서 매를 드는데 당신이
무슨 상관이야?". 이것은 아내와 아이를 자신의 소유물로 생각하는

가부장적 사회의 산물입니다. "남편이 화가 나면 손찌검 정도는 해도 괜찮다."는 잘못된 사회통념 때문에 아내구타가 용납되고 정당화되어서는 안됩니다.

<지원체계>
1366, 경찰서, 가정폭력상담소, 가정폭력 보호시설

내마음을 어떻게 보여주죠?

- 가족관계 : 아내(초혼) 40대, 남편(초혼) 40대, 아들(대학생), 아들(고등학생)
- 상담내용 : 갈수록 심해지는 남편의 의처증으로 활동에 통제가 심해지고 주변사람들과 왕래가 끊어졌으며 남편의 뜻에 따르지 않으면 폭언과 폭력이 반복되는 힘든 시간을 보내고 있는 아내는 이혼을 해서 해결된다면 이혼이라도 하고 싶은데 아마도 남편은 지구 끝까지 따라올 것 같아 이혼도 못한다며 푸념을 털어놓았다. 처음에는 나를 너무 사랑해서 잠시도 떨어지지 않으려는 마음이라며 이해했는데 이젠 남편과 동행이 아닌 이상에는 외출에 어려움이 있으며 남자라면 친인척, 이웃사람 상관없이 관계를 의심하고 오해를 해 그 사람들에게도 피해를 주고 있다. 무조건 원하는 답이 나올 때까지 집요하게 추적하고 조금이라도 어긋나면 주먹이 날라왔다. 목에 칼이 들어와도 아닌 것은 아니라고 해야 하는데 너무 무서워 원하는 대답을 해주면 그것이 또 빌미가 되어 발목을 잡는다.

<조치 및 결과>
- 남편의 통제로 외출이 어려운 아내를 위해 1366 현장상담원이 출동. 상담을 통해 남편의 폭력원인(열등감과 의사소통의 부재)을 탐색, 문제해결을 위한 계기마련
- 남편의 폭력 재발생시 경찰신고 등 대처방안에 대한 안내와 1366긴급피난처와 피해자 보호시설 관련 정보안내

- 지속상담을 위한 가정폭력상담소 연계(폭력의 원인 탐색, 자기이해, 의사소통훈련 등)
- 배우자에 대한 질투나 소유욕이 요인이 되는 의처증의 문제는 마음 속 깊이 아내가 날 떠날지도 모른다는 두려움 때문에 자신의 약함을 숨기기 위해 오히려 폭력을 통제의 수단으로 사용하고 있는 것입니다. 아내를 포함한 가족들이 끈기와 애정을 가지고 치료할 수 있도록 돕는 것이 중요하며 원하는 답 보다는 단호하게 진실을 말하는 것이 도움이 됩니다.

<지원체계>
1366, 건강가정지원센터

내가 남편을 어떻게 할까봐 두려워요

- 가족관계 : 아내(초혼) 40대, 남편(초혼) 50대, 아들, 딸(20대)
- 상담내용 : 결혼생활 24년차인 아내는 무능력한 남편 대신 생활전선에 나가 생계를 유지할 수 밖에 없었는데 남편은 자신이 내키면 노동일을 하다가 내키지 않으면 몇날 며칠을 술로 시간을 보냈다. 밤이면 밤마다 술에 중독되어 있는 남편은 폭력과 입에 담을 수 없는 욕설로 결혼생활 내내 아내를 힘들게 했었다. 아내는 힘들게 하루 일을 마치고 오는데 조금이라도 밥상이 늦거나 마음에 들지 않으면 이상한 트집으로 폭력을 휘둘렀고, 다음 날은 어김없이 술을 먹으면 개가 되니까 건드리지 말고 비위를 잘 맞추라며 말도 안되는 핑계를 댄다. 폭력에 무방비한 상태의 아내는 속절없이 남편에게 맞고 살 수 밖에 없었고 예전에는 아이들 때문에 참고 살았지만 이젠 아이들도 다 컸고 무엇보다 남편의 알코올중독과 가정폭력으로 인해 심신이 지치고 황폐해져간 자신의 처참한 모습을 마주할 때면 남편을 어떻게 할 것 같은 불안한 생각이 든다며 남편과 분리되어 쉴 수 있는 곳으로 가 이혼을 하고 싶다고 하였다.

<조치 및 결과>

- 경찰연계로 1366긴급피난처에 입소. 심리적 안정과 남편의 폭력으로 인해 무기력해진 자존감 회복을 목표로 상담지원
- 이혼결정 전에 지역 내 알코올상담센터와 알코올 전문병원에 상담과 치료연계
- 현재 남편은 알코올치료를 위해 입원. 가족은 술로부터 벗어나 잠시나마 평온의 상태에 있음
- 술은 가정폭력의 직접적인 원인은 아니지만, 폭력과 높은 상관관계가 있습니다. 술을 핑계로 한 폭력을 허용하기보다 중독이 되기 전에 보다 적극적인 치료를 받아야 합니다. 알코올중독은 자신뿐 만 아니라 가족들에게도 상처를 줍니다. 술 때문에 당신의 소중한 가정이 무너질 수 있습니다.

<지원체계>

1366, 알코올상담센터, 알코올치료를 위한 전문병원, 가정폭력상담소

폭력의 악순환에서 벗어나고파

- 가족관계 : 아내(초혼) 50대, 남편(재혼) 50대, 딸(전처의 자, 25세), 아들(15세)
- 상담내용 : 늦은 나이에 많은 우여곡절 끝에 결혼하였는데 신혼의 단꿈도 잠시, 사소한 의견차이가 있을 때마다 손이 먼저 올라가는 남편을 보면서 절망하였다. 전처와 폭력으로 이혼했음을 꼼꼼히 살펴보지도 못하고 결혼했는데 시댁의 상황 또한 미처 알지 못했다. 시아버지의 폭력으로 시어머니는 남편이 초등학교 2학년 때 집을 나가버렸고 새어머니 밑에서 자라면서 고등학교 때부터 가족과 분리되어서 혼자 살아온 남편은 자신이 가장 미워했던 아버지의 모습을 고스란히 닮아 똑같은 행동을 반복하면서도 자신의 행동이 가족에게 어떤 영향을 끼치는지 몰랐던 것이다. 감정이 충동적이어서 기분이 좋다가도 언제 어떻게 돌변할지 몰라 항상 불안하고 때때로 아이들한테 폭

력을 행사할 때 보면 마치 분풀이 하는 사람처럼 제정신이 아닐 때가 있다.

<조치 및 결과>
- 남편에 대한 절망감으로 이혼 결정. 아내의 욕구는 이혼소송을 위한 법적 절차의 지원. 기관의 개입으로 사회적 안정망 확보와 남편의 행동변화를 위한 교정치료 연계
- 남편의 입장에서 또 다시 실패라는 두려움으로 상담에 대한 제안 수용. 전문상담기관의 행위자 교정치료 프로그램(폭력에 대한 책임수용, 비폭력 기술 습득)에 참가. 변화를 경험 중임
- 성장기에 부모의 폭력을 경험한 사람은 학습된 폭력을 성인이 되어서 그대로 답습하여 폭력을 행사할 확률이 높습니다. 물론 자신도 어린 시절 폭력피해자 이기도 했지만 갈등 해결을 위한 긍정적 모델을 배운 적이 없기 때문에 자신이 증오했었던 그 방법을 그대로 사용할 수 밖에 없습니다.

<지원체계>
1366, 경찰서, 가정폭력상담소

"바보야, 너는 할 수 있는 게 아무 것도 없어!"

- 가족관계 : 아내(36세), 전 남편(40세), 아들(8세), 아들(5세)
- 상담내용 : 병원에 입원한 내담자가 이혼 후에도 전 남편에게 지속적인 폭력을 당하고 있다는 사실을 알고 의료사회복지사가 상담을 의뢰하였다. 전 남편은 일을 할 수 있음에도 취직을 하지 않고 놀면서 폭음을 일삼고 음주 후에는 폭력을 행사해서 결국은 이혼을 하게 되었다. 이혼 후에 같은 지역에 살면서 수시로 찾아와 약 3년을 사실혼관계로 지냈는데 과거의 버릇은 여전하여 수급비가 나오는 통장까지 전 남편이 관리를 하면서 여전히 돈을 갈취하고 아이들에게도 신체뿐만 아니라 정서적인 폭력까지 행사하였다. 이혼을 했지만, 남편은 아직도 아내와 아이가 자신의 소유물인 양 당당하게 자신 마음대로 통제하고 자신의 손아귀에서 벗어나지 못하도록 협박하였다. 이혼

을 하면 벗어날 줄 알았는데 지속적인 폭력의 굴레에서 여전히 벗어나지 못하고 있다가 폭력으로 인해 병원에 입원하면서 위기개입이 시작되었다. "바보야, 너는 할 수 있는 게 아무 것도 없어"늘 하던 남편의 말이다.

<조치 및 결과>
- 경찰에 신고 후 접근금지 신청. 긴급피난처에 입소해서 전 남편의 폭력으로부터 피해자와 자녀들을 안전하게 보호조치
- 내담자의 주변 네트워크를 통해 내담자 상황 고지후 안전망을 구축. 심리·정서적 지원과 아이들의 외상 후 스트레스 증후군의 우려로 아동보호 전문기관과 연계조치
- 공권력의 개입 후 전 남편의 태도변화(가정폭력을 범죄로 다루는 것에 대한 인식, 폭력 중단에 대한 각서)
- 위기상황 시 어디에 도움을 요청해야 할지 많은 여성들이 잘 모릅니다. 피해자를 지원하는 사회적 안전망이 구축되어 있음을 적극적으로 알려주시기 바랍니다. 또한 지속적인 폭력의 고리는 이혼 후라고 할지라도 피해자의 대처 방법이 변화하지 않는 한 계속될 수 밖에 없습니다. 폭력에 보다 적극적인 대처가 필요합니다.

<지원체계>
1366, 경찰서, 아동보호전문기관, 해바라기 여성·아동센터

말이 안통해서 무서워요

- 가족관계 : 아내(베트남, 20세), 남편(42세)
- 상담내용 : 국제결혼으로 입국하여 혼인생활을 한지 1년 3개월차인 이주여성이 경찰에 연계되어 상담의뢰된 사례로 결혼 두 달이 지나지 않아서부터 시작된 남편의 폭력으로 인하여 수차례 이혼을 생각해 보았지만, 일단은 언어소통이 잘 되지 않아 자신의 문제를 상의할 사람도 없고 아는 자국의 친구 도움을 받으려 해도 서로 여의치 않아 하루하루 고통 속에서 살고 있었다. 남편은 여권과 외국인 등

록증을 숨겨두고 집을 나가면 당장 불법체류자가 되어 강제출국 당하게 된다며 협박하고 이혼 이야기를 어렵게 꺼내면 비자 연장 절차에 협조하지 않겠다며 힘들게 하였다. 지역에서 한국어를 배우게 해주었는데도 일단 집 밖으로 나가는 것을 싫어해서 꼼짝 못하게 하니 창살없는 감옥이 따로 없다며 힘들어 하고 폭력을 당하고도 언어가 소통이 안되니 남편이 장황하게 이야기하면 주변사람들이 남편 말만을 믿는 것 같아 더 불안하고 무섭다.

<조치 및 결과>
- 1366에 연계 후 긴급피난처에 입소. 일과시간이 끝난 밤 시간이어서 이주여성 긴급전화의 통역 서비스로 자국민 상담원과 연계. 피해자 욕구파악(이혼보다 남편과의 관계개선, 원만한 부부생활을 통한 우리나라의 생활적응)
- 이주여성긴급지원센터에 연계, 그곳에서 보호시설과 협조하여 남편 상담에 개입
- 다문화가정이 늘어나면서 문화적, 언어적 차이로 인한 부부갈등이 심해지고 가정폭력 실태도 증가하고 있습니다. 위기시 위기상담과 체류, 국적취득, 가정문제에 대한 법률상담 및 한국사회 정착을 위한 생활법률정보 안내 등 이주여성을 위한 전문상담기관 및 보호시설이 도움을 드립니다.

<지원체계>
1366, 경찰서, 이주여성 긴급지원센터(1577-1366)

무서울 것 없는 꼬마 무법자

- 가족관계 : 아내(초혼) 40대, 남편(초혼) 40대, 아들(9세), 딸(8세), 딸(7세)
- 상담내용 : 결혼 9년차. 남편의 실직으로 경제활동을 책임져 온 아내는 자신과의 부부갈등보다 남편의 자녀에 대한 폭력문제로 3년 전부터 상담을 해왔다. 큰 아들이 돌이 되기 전부터 운다고 따귀를 때리는 것으로부터 시작해서 두돌도

되지 않은 아이가 말을 듣지 않는다는 이유로 감정적인 대처로 욕설과 함께 마구잡이로 폭력을 휘둘렀다. 아내가 말리면 말렸다는 이유로 아들에게 더 큰 보복으로 폭력을 행사했다. 지속적인 폭력의 결과로 아이는 과잉행동장애 뿐만 아니라 대소변을 가리지 못하게 되었고 이것은 또 다른 학대의 이유가 되었다. 더 심각한 것은 아버지에게 학습된 폭력으로 아버지를 제외한 모든 사람들에게 욕설은 물론 실제로 칼을 들고 공격적인 행동을 하며 자신의 욕구가 충족되지 않으면 아무 곳에서나 난동을 피우거나 자신의 머리를 벽에 부딪히며 자해적 행동을 했다. 점점 난폭해지는 아들의 행동으로 내담자는 어떻게 양육을 해야할지 몰라 상담을 의뢰했다.

<조치 및 결과>
- 1366에 의뢰되어 아동보호전문기관과 함께 가족개입, 어머니와 아이들을 아버지로부터 분리해서 심리치료 병행하기로 결정
- 아동보호전문기관에서 아버지와 부모상담 진행하고 아버지의 환경에 변화가 생기면 가족이 합치기로 함
- 보호시설과 연계된 정신병원에서의 심리치료(어머니의 양육훈련, 아들 뿐만 아니라 두 딸들에 대한 심리치료 병행)
- 가정폭력에는 부모의 자녀에 대한 폭력도 포함됩니다. 자녀에 대한 체벌은 교정의 수단이 될 수 없으며 폭력으로 변질될 수 있습니다. 신체적인 고통을 주기보다 자녀와 대화하고 공감대를 형성하여 마음이 통하도록 노력하셔야 합니다.

<지원체계>
1366, 아동보호전문기관, 피해자보호시설, 정신병원

이 집에서 저는 투명인간이에요

- 가족관계 : 내담자(초혼) 80대, 당뇨와 퇴행성 관절염으로 거동이 불편, 아들(50대), 며느리(50대), 딸(40대)
- 상담내용 : 딸이 어머니의 문제로 상담을 했는데 최근 들어 어머니

가 식사도 잘 못하시고 매사에 의욕이 없이 죽겠다고만 하신다며 상담을 의뢰하였는데 이유는 같이 살고 있는 아들과 며느리의 언어 및 정서적인 학대로 하루하루 버거운 시간을 보내고 계시다는 것이다. 아들은 아예 어머니의 존재 자체를 무시해서 전혀 소통을 하지 않고 어쩌다 마주쳐도 소 닭 보듯 투명인간 취급을 하고 며느리는 제때 밥도 차려주지 않고 귀찮아하며 집안일을 할 때면 아예 노골적으로 투덜대며 마치 무위도식하는 노인 취급을 했다. 며느리의 눈치가 보이는 것은 당연하고 무엇보다 당신의 아들이 자신을 무시하는 태도가 혹시 자신이 스스로 사라지기를 바라는 것은 아닌가 해서 죽고 싶은 심정이라고 신세한탄을 했다. 딸이 오빠에게 여러 번 어머니의 호소를 전달했으나 집안 일에 상관하지 말라며 만약 간섭할거면 차라리 어머니를 모셔가라며 어머니를 모실 수 없는 자신의 처지를 알면서도 오히려 억지를 부렸다. 어머니는 차라리 방을 따로 얻어서 혼자 사는 편이 더 낫겠다며 창살 없는 감옥으로부터 벗어나길 희망하였다.

<조치 및 결과>
- 딸의 상담의뢰로 어머니의 심리적 상태에 대한 정보제공, 전문적 서비스를 제공할 수 있는 노인 보호전문기관으로 연계
- 노인보호전문기관에서의 지속상담 진행(이웃을 통해 상세 정보취합 후 당사자 상담 시도, 부양자로서의 스트레스 및 어머니에 대한 어린 시절의 부정적 경험을 표현기법을 통해 표출)
- 노인은 신체적 경제적 능력이 저하되어 스스로가 독립된 생활을 하기가 어렵습니다. 일반적으로 자녀에게 의존하게 되는 경향이 있는데 이런 이유로 신체적 정서적 폭력 피해자가 될 가능성이 높습니다. 또한 폭력의 행위자가 대부분 자녀이기 때문에 다른 폭력의 대상자보다 은폐되어 드러나지 않는 경우가 많아 이웃의 관심이 더 필요합니다.

<지원체계>
1366, 노인보호전문기관

제 이야기도 들어주세요

- 가족관계 : 아내(초혼) 50대, 남편(초혼) 50대, 딸(20대), 딸(20대), 아들(10대)
- 상담내용 : 자신의 이야기를 어디에 하소연할 곳이 없어서 전화했다며 남자인데 상담이 가능하겠냐며 조심스럽게 전화상담을 의뢰했다. 자신은 평범한 가장이며 자그마한 회사를 다니고 있는데 아내의 심한 언어폭력과 때때로 폭발하는 분노로 인한 폭력을 어떻게 감당해야하는지 모르겠다며 자신의 고민을 상담했다. 회식이나 친구모임 등 귀가 시간이 늦거나 경제적인 이유로 쪼들릴 때면 그에 대한 스트레스를 막무가내식의 고함과 욕설, 그래도 분이 풀리지 않으면 달려들어 손톱으로 잡히는 대로 긁어놓거나 물어 뜯으려 한다. 그러다 보면 제지하려는 자신과 한바탕 몸싸움이 벌어지는데 아내가 감정을 폭발시킬 때면 그 힘을 자신도 감당하기 어렵다고 했다. 가장 참기 어려운 것은 회사로 전화하거나 친구들에게 전화해서 자신의 뒷조사를 하고 자신의 험담을 해대는 통에 얼굴을 들고 다닐 수가 없다고 했다. 그러면서 이런 자신이 법에 호소하거나 누군가에게 고민을 털어놓으면"오죽이 못났으면... 맞고 사느냐. 설마 남잔데 힘으로 당한다는 게 이해되지 않는다. 뭔가 큰 잘못이 있으니까 그런 것이 아닌가!"하는 오해를 받을까 무서워 말도 못하고 그래서 남성이란 이유로 자신은 피해자 취급을 받지 못한다며 호소했다.

<조치 및 결과>
- 1366에서 경청과 공감을 통해 1차 초기상담을 함
- 앞으로 반복되는 부부싸움의 패턴을 변화시키고 관계개선을 위한 전문상담기관에 대한 정보제공
- 폭력의 피해대상은 누구나 될 수 있습니다. 다만, 우리나라의 실태를 보면 남성에 의한 여성폭력이 대부분이고 아직까지 생명의 위협정도에 이르는 남성 폭력피해자가 많지 않기 때문에 지금까지는 매맞는 아내들에게 초점이 맞추어졌습니다. 그렇기 때문에, 이렇게 아내로부

터 피해를 당하는 소수의 남편들은 마음 놓고 자신들의 이야기를 할 곳이 많지 않은 것도 사실입니다.

<지원체계>
1366, 전문상담기관, 가정폭력상담소

제3장
가정폭력 피해자 지원 및 보호

제3장 가정폭력 피해자 지원 및 보호

제1절 생계지원

1. 피해자에 대한 긴급지원

1) 긴급지원

 - 가정폭력 피해자(이하 "피해자"라 함) 또는 피해자와 생계 및 주거를 같이 하는 가구구성원이 가정폭력으로 생계유지 등이 어렵게 된 경우에는 긴급지원대상자로서 긴급지원을 받을 수 있습니다.
 - 대한민국 국적을 취득하지 못한 외국인 중 대한민국 국민과 혼인 중인 사람 및 대한민국 국민인 배우자와 이혼하거나 그 배우자가 사망한 사람으로서 대한민국 국적을 가진 직계존비속을 돌보고 있는 사람도 긴급지원대상자가 됩니다.

2) 긴급지원 요청

긴급지원대상자와 친족, 그 밖의 관계인은 구술 또는 서면 등으로 관할 시장·군수·구청장(자치구의 구청장을 말함, 이하 같음)에게 「긴급복지지원법」에 따른 지원을 요청할 수 있습니다.

3) 긴급지원 내용

긴급지원대상자는 시장·군수·구청장으로부터 금전 또는 현물 등으로 생계지원·의료지원·주거지원·사회복지시설 이용지원·교육지원 및 그 밖의 지원을 받을 수 있습니다.

① 생계지원: 식료품비·의복비 등 생계유지에 필요한 비용 또는 현물 지원

② 의료지원: 각종 검사 및 치료 등 의료서비스 지원

③ 주거지원: 임시거소(臨時居所) 제공 또는 이에 해당하는 비용 지원

④ 사회복지시설 이용 지원: 사회복지시설 입소(入所) 또는 이용 서비스 제공이나 이에 필요한 비용 지원

⑤ 교육지원: 초·중·고등학생의 수업료, 입학금, 학교운영지원비 및 학용품비 등 필요한 비용 지원

⑥ 그 밖의 지원: 연료비나 그 밖에 위기상황의 극복에 필요한 비용 또는 현물 지원

- 「가정폭력방지 및 피해자보호 등에 관한 법률」 등 다른 법률에 따라 위의 지원을 이미 받고 있는 경우에는 중복하여 지원되지 않습니다.

4) 긴급지원 기간

생계지원·주거지원·사회복지시설 이용 지원, 교육지원 및 그 밖의 지원은 1개월간 지원되며, 시장·군수·구청장이 긴급지원대상자의 위기상황이 계속된다고 판단되는 경우에는 1개월씩 두 번의 범위에서 기간연장이 가능합니다.

2. 피해자에 대한 한부모가족지원

1) 피해자에 대한 한부모가족지원

- 가정폭력으로 다음 중 어느 하나에 해당하게 된 모(母) 또는 부(父)로서 자녀[18세(취학 중인 경우에는 22세 미만을 말하되, 병역의무를 이행하고 취학 중인 경우에는 병역의무를 이행한 기간을 가산한 연령) 미만]를 양육하는 사람은 「한부모가족지원법」에 따라 지원받을 수 있습니다.

① 배우자로부터 유기(遺棄)된 사람

② 배우자의 생사가 분명하지 않은 사람

③ 배우자 또는 배우자 가족과의 불화 등으로 가출한 사람
- 지원대상자의 범위는 여성가족부장관이 매년 기준 중위소득, 지원대상자의 소득수준 및 재산정도 등을 고려하여 지원의 종류별로 정하는 기준에 해당하는 한부모가족으로 합니다.

2) 한부모가족지원 내용

한부모가족은 생계비 · 아동교육지원비 · 아동양육비 등의 복지 급여를 받을 수 있습니다. 다만, 지원대상자가 「국민기초생활 보장법」, 「긴급복지지원법」 등 다른 법령에 따라 지원을 받고 있는 경우에는 그 범위에서 「한부모가족지원법」에 따른 급여를 받을 수 없습니다.

(1) 한부모가족의 의의

"한부모가족"이란 모자가족 또는 부자가족을 말합니다.

① 모자가족이란 모가 세대주(세대주가 아니더라도 세대원을 사실상 부양하는 자 포함)인 가족을 말합니다.

② 부자가족이란 부가 세대주(세대주가 아니더라도 세대원을 사실상 부양하는 자 포함)인 가족을 말합니다.

(2) 한부모가족 지원대상자의 범위

만 18세 미만(취학 시 만 22세 미만을 말하되, 「병역법」에 따른 병역의무를 이행하고 취학 중인 경우에는 병역의무를 이행한 기간을 가산한 연령 미만의 자)의 아동을 양육하고 소득인정액이 다음에 해당하는 경우 「한부모가족지원법」에 따른 한부모가족 지원대상자로 선정됩니다.

① 한부모가족 및 조손가족(부 또는 모의 연령이 만 25세 이상)
- 선정기준(한부모가족증명서 발급대상): 기준 중위소득 60% 이하

- 복지급여 지급기준: 기준 중위소득 52% 이하

② 청소년한부모 가족(부 또는 모의 연령이 만 24세 이하)

- 선정기준(한부모가족증명서 발급대상): 기준 중위소득 72% 이하

- 복지급여 지급기준: 기준 중위소득 60% 이하

(3) 한부모가족 지원

- 경제적 지원

① 복지급여

한부모가족 지원대상자는 생계비, 아동교육지원비(고등학교의 입학금·수업료, 학용품비와 그 밖에 교육에 필요한 비용), 아동양육비 등의 복지 급여를 받을 수 있습니다. 그리고 청소년 한부모가족은 아동양육비 외에도 청소년 한부모가 학업을 할 수 있도록 교육비를 지원받을 수 있습니다.

② 복지자금 대여

저소득 한부모가족은 생활안정과 자립을 위해 사업운영 등에 필요한 자금을 대여할 수 있습니다.

③ 그 밖의 지원

한부모가족 지원대상자는 이동통신 요금 감면, 민원서류 발급 수수료 면제, 과태료 경감, 통합문화이용권 지급 등의 지원을 받을 수 있습니다.

- 주거지원

① 주택분양·임대

한부모가족은 「주택법」에서 정하는 바에 따라 국민주택을 분양하거나 임대할 때 우선 분양받을 수 있습니다.

② 한부모가족복지시설

한부모가족은 일정기간 주거와 생계를 지원해주는 한부모가족복지시설을 이용할 수 있으며, 입소대상별로 모자가족복지시설, 부자가족복지시설, 미혼모자가족복지시설, 일시지원복지시설 등에 입소할 수 있습니다.

- 법률지원

아동을 양육하고 있는 이혼가족, 별거가족, 미혼모·미혼부 가족 등 한부모가족 및 조손가족은 인지청구 및 자녀양육비 청구 등을 위한 법률상담, 소송대리 등 법률구조서비스를 받을 수 있습니다.

- 상담 및 정서지원

① 가족지원서비스

한부모가족은 가족기능 회복과 정서적 자립 강화를 위해 아동의 양육 및 교육 서비스, 장애인·노인·만성질환자 등의 부양 서비스, 취사·청소·세탁 등 가사 서비스, 교육·상담 등 가족 관계 증진 서비스, 한부모가족에 대한 상담·심리치료와 같은 가족지원서비스를 제공하고 있습니다.

② 상담전화서비스

한부모가족은 한부모가족 상담전화를 통해 한부모가족 지원에 관한 종합정보의 제공과 지원기관 및 시설의 연계 등에 관한 전문적이고 체계적인 상담서비스를 제공받을 수 있습니다.

제2절 교육지원

1. 가정폭력 피해아동의 취학 지원

1) 주소지 외 지역에서의 학교 취학

가정폭력 피해자(이하 "피해자"라 함)나 피해자가 동반한 가정구성
원(피해자의 보호나 양육을 받고 있는 사람을 말함)이 만 18세 미만의
아동인 경우에는 주소지 외의 지역에서 학교를 다닐 수 있습니다.

2) 초등학교 입학 및 전학

가정폭력이 발생한 사실이 인정되면 피해자인 아동 또는 피해자가 동
반한 가정구성원인 아동(이하 "피해아동"이라 함)은 주소지 외의 지
역에 있는 초등학교에 입학할 수 있습니다.
초등학교의 장은 가정폭력이 발생한 사실이 인정되는 경우에는 피해아
동의 보호자 1명의 동의를 받아 교육감에게 그 피해아동의 전학을 추
천하여야 하며, 이 경우 교육감은 전학할 학교를 지정하여 전학시켜야
합니다.

3) 중학교 및 고등학교 전학

중학교 또는 고등학교에 다니는 피해아동의 가정폭력 발생한 사실이
인정될 경우 해당 학교장은 피해아동이 다른 학교로 전학 또는 편입학
할 수 있도록 추천해야 하고, 교육감은 전학 또는 편입학이나 재입학
할 학교를 지정하여 배정해야 합니다.

2. 전학·편입 사실 등에 대한 비밀엄수 의무

1) 비공개 관리 · 감독 의무

읍 · 면 · 동의 장, 학교의 장, 교육장 또는 교육감은 가정폭력을 원인

으로 하여 아동의 주소지 외의 학교로의 입학·전학 등의 조치한 사실
이 취학업무 관계자가 아닌 사람에게 공개되지 않도록 관리·감독해야
합니다.

2) 피해아동의 취학·진학·전학 또는 입소 사실 누설 금지 의무
　피해자가 보호하고 있는 아동이나 피해자인 아동의 교육 또는 보육을
담당하는 학교의 교직원 또는 보육교직원은 정당한 사유가 없이 해당
아동의 취학, 진학, 전학 또는 입소(그 변경을 포함)의 사실을 가정폭
력 행위자인 친권자를 포함하여 누구에게든지 누설하여서는 안 됩니
다.

A. 가정폭력의 피해자인 아동이나 피해자가 동반한 가정구성원(피해자의 보호나 양육을 받고 있는 사람)인 만 18세 미만 아동의 경우에는 주소지 외의 지역 학교에 다닐 수 있습니다.

이때에 가정폭력을 행사한 사람이면 아버지나 어머니를 비롯하여 친권자라 하더라도 학교에서 아이들의 입학이나 전학 간 사실을 알 수 없습니다.

◇ 초·중·고등학생의 입학·전학·편입

☞ 가정폭력이 발생한 사실이 인정되면 피해아동은 주소지 외의 지역에 있는 초등학교에 입학할 수 있습니다. 또한, 초등학교의 교장은 가정폭력이 발생한 사실이 인정되는 때에는 피해아동의 보호자 1명의 동의를 받아 다른 학교로 전학을 추천해야 합니다.

☞ 중·고등학교의 교장은 가정폭력이 발생한 사실이 인정되는 때에는 피해아동이 다른 학교로 전학 또는 편입학할 수 있도록 추천해야 합니다.

◇ 비밀엄수 의무

☞ 피해자가 보호하고 있는 아동이나 피해자인 아동의 교육 또는 보육을 담당하는 학교의 교직원 또는 보육교직원은 정당한 사유가 없으면 해당 아동의 취학, 진학, 전학 또는 입소(그 변경을 포함)의 사실을 가정폭력 행위자인 친권자를 포함하여 누구에게든지 누설하여서는 안 됩니다.

제3절 의료지원

1. 치료보호

1) 치료보호의 실시

의료기관은 가정폭력 피해자(이하 "피해자"라 함) 본인·가족·친지
나 긴급전화센터, 상담소 또는 보호시설의 장 등이 요청하면 피해자에
대하여 다음의 치료보호를 실시해야 합니다.

① 보건에 관한 상담 및 지도
② 신체적·정신적 피해에 대한 치료
③ 임산부의 심리적 안정을 위한 각종 치료 프로그램의 실시 등 정신치료
④ 임산부 및 태아보호를 위한 검사나 치료
⑤ 피해자 가정의 신생아에 대한 의료

2) 치료보호 비용 청구

- 피해자는 치료보호에 필요한 일체의 비용(이미 납부한 의료비 포함.
  이하 "치료비용"이라 함)을 가정폭력 행위자(이하 "가해자"라
  함)의 주소지를 관할하는 특별자치시장·특별자치도지사·시장·군
  수·구청장(자치구의 구청장을 말함, 이하 같음)에게 청구할 수 있
  습니다.
- 치료비용 청구는 의료기관에서 청구할 수 있으며, 피해자 본인 또는
  대리인이 청구하는 경우에는 의료기관에 이미 지불한 의료비(진료
  비) 영수증(간이영수증은 불가)과 가정폭력 피해 상담사실 확인서
  등을 첨부하여 보호시설, 해바라기 센터 또는 특별자치도지사·시
  장·군수·구청장에 청구하면 됩니다.
- 청구를 받은 특별자치시장·특별자치도지사·시장·군수·구청장은
  피해자가 가정폭력에 의한 피해자인지 여부를 확인하여 가정폭력피

해자라고 인정되는 경우에는 치료비용을 지급해야 합니다.

3) 치료비용 구상권 행사
- 치료비용은 원칙적으로 가해자가 부담해야 합니다.
- 피해자의 청구에 따라 특별자치도지사 · 시장 · 군수 · 구청장이 치료
  비용을 지급한 경우에는 구상권(求償權)을 행사할 수 있습니다.
- 다만, 피해자가 보호시설 입소 중에 치료보호를 받은 경우나 가해자
  가 국민기초생활보장의 수급자인 경우, 「장애인복지법」에 따라
  등록된 장애인인 경우는 예외로 합니다.
- 구상권(求償權)은 채무를 변제한 사람이 채무자에게 그 채무의 상환
  을 요구할 수 있는 권리를 말합니다.

2. 무료진료

1) 전국 지방의료원 무료진료
가정폭력과 관련한 피해자와 그 동반자녀는 가정폭력으로 발생된 질병
에 대해 지방의료원에서 무료로 진료를 받을 수 있습니다

2) 무료진료 신청
무료진료는 다음과 같은 방법으로 신청할 수 있습니다.
① 피해자가 직접 경찰 · 검찰 등 수사기관에 사건(고소 · 고발 · 진정
   등) 접수증 사본을 진료 받을 의료기관에 제출하는방법
② 피해자와 동행한 경찰관 등이 의료기관에 사실 확인(확인서 작성
   후 서명)을 하는 방법
③ 피해자가 해바라기센터, 전담의료기관을 방문하여 진료받은 경우(해
   당 병원은 진료기록을 자체 보관하고 상담소 등 혹은 시 · 도,
   시 · 군 · 구에 의료비 청구서만 제출)

Q. 아빠에게 맞아 여기저기 아픈데, 병원비를 달라는 말을 못하겠어요.

A. 가정폭력으로 인해 치료를 받아야 하는 피해자는 의료기관에서 치료보호를 받을 수 있습니다. 가정폭력 피해자가 치료비를 신청하면 국가나 지방자치단체가 대신하여 치료비를 지급해야 합니다.

또한, 일부 병원에서는 폭력피해로 발생한 질병에 대해 무료로 진료를 받을 수 있습니다.

◇ 치료보호

☞ 의료기관은 가정폭력 피해자 본인·가족·친지나 긴급전화센터, 상담소 또는 보호시설의 장 등이 요청하면 피해자에 대하여 다음의 치료보호를 실시해야 합니다.

· 보건에 관한 상담 및 지도

· 신체적·정신적 피해에 대한 치료

· 임산부의 심리적 안정을 위한 각종 치료 프로그램의 실시 등 정신치료

· 임산부 및 태아보호를 위한 검사나 치료

· 피해자 가정의 신생아에 대한 의료

☞ 치료보호에 필요한 일체의 비용은 원칙적으로 가해자가 부담해야 하지만 가정폭력 피해자가 치료보호비를 신청하는 경우 특별자치시장·특별자치도지사·시장·군수·구청장이 가해자를 대신하여 치료보호에 필요한 비용을 의료기관에 지급합니다.

◇ 무료진료

☞ 가정폭력과 관련한 피해자와 그 동반 자녀는 가정폭력으로 발생한 질병에 대해 지방의료원에서 무료로 진료를 받을 수 있습니다.

제4절 주거지원

1. 단기 주거지원

1) 가정폭력 피해자 보호시설

(1) 임시거처 이용

가정폭력 피해자(이하 "피해자"라 함)는 가정폭력을 피해 피해자 보호시설(이하 "보호시설"이라 함)에서 임시로 머무를 수 있습니다.

(2) 보호시설

피해자는 임시거처로 이용할 수 있는 보호시설에서 다음의 지원을 받을 수 있습니다.

① 숙식의 제공

② 심리적 안정과 사회적응을 위한 상담 및 치료

③ 질병치료와 건강관리(입소 후 1개월 이내의 건강검진을 포함)를 위한 의료기관에의 인도 등 의료지원

④ 수사·재판과정에 필요한 지원 및 서비스 연계

⑤ 법률구조기관 등에 필요한 협조와 지원의 요청

⑥ 자립자활교육의 실시와 취업정보의 제공

⑦ 다른 법률에 따라 보호시설에 위탁된 사항

⑧ 그 밖에 피해자 등의 보호를 위하여 필요한 일

(3) 보호시설 입소

보호시설의 입소대상은 피해자 또는 그 가정구성원으로서 다음 중 어느 하나에 해당하는 사람입니다.

① 입소를 희망하거나 입소에 동의하는 사람

② 지적장애인이나 정신장애인, 그 밖에 의사능력이 불완전한 사람으로서 가정폭력 행위자(이하 "가해자"라 함)가 아닌 보호자

가 입소에 동의한 사람

③ 지적장애인이나 정신장애인, 그 밖에 의사능력이 불완전한 사람
으로서 상담원의 상담 결과 입소가 필요하나 보호자의 입소 동
의를 받는 것이 적절하지 못하다고 인정되는 사람

(4) 보호시설의 보호기간

- 보호시설에 입소하지 않은 경우에는 3일 이내(필요 시 7일까지
연장 가능)의 범위에서 잠깐 동안 머물 수 있습니다.

- 보호시설에 머무를 수 있는 기간은 보호시설의 종류에 따라 다
음과 같습니다.

종류	보호기간	비고
단기보호시설	6개월 이내 (최대 1년)	피해자의 심리적 안정이 필요하거나 치료를 받고 있는 등의 사유가 있는 경우에는 각 3개월의 범위에서 2차례 연장 가능
장기보호시설	2년 이내	부득이한 경우를 제외하고 시설입소 후 6개월 이내에 미취업하는 경우에는 퇴소 조치 할 수 있음
외국인보호시설	2년 이내	* 입소대상 : 외국인 피해자
장애인보호시설	2년 이내	* 입소대상 : 장애인인 피해자

2) 주민등록표 열람·교부 제한

피해자는 가해자와 주민등록지를 달리하는 경우 세대주의 배우자·직
계혈족·배우자의 직계혈족 또는 직계혈족의 배우자 중에서 대상자를

지정하여 시장(특별시장·광역시장은 제외하고, 특별자치도지사는 포함)·군수 또는 구청장에게 본인과 세대원의 주민등록표의 열람 또는 등본·초본의 교부를 제한하도록 신청할 수 있습니다.

피해자가 위 주민등록표의 열람 또는 등·초본 교부 제한 신청을 하려면 시장·군수 또는 구청장에게 신분증명서를 제시하고, 주민등록표 열람 또는 등·초본 교부제한 신청서 및 다음 중 어느 하나에 해당하는 증거서류를 제출해야 합니다.

① 가정폭력 관련 상담소의장 또는 긴급전화센터의 장이 발급한 상담 사실확인서

② 가정폭력피해자 보호시설의 장이 발급한 가정폭력피해자 보호시설 입소 확인서 또는 긴급전화센터의 장이 발급한 긴급피난처 입소 확인서

③ 보호시설의 장이 발급한 상담사실확인서 또는 입소 확인서

④ 성폭력피해상담소의 장이 발급한 상담사실확인서

⑤ 성폭력피해자보호시설의 장이 발급한 성폭력피해자 보호시설 입소 확인서

⑥ 일시지원복지시설의 장이 발급한 일시지원복지시설 입소 확인서

⑦ 임시보호명령결정서의 등본 또는 초본이나 피해자보호명령결정서의 등본 또는 초본

⑧ 고소·고발사건처분결과통지서

⑨ 사건처분결과증명서

다만, 위의 ①과 ③부터 ⑤까지의 서류를 제출하는 경우에는 의료기관이 발급한 진단서 또는 경찰관서에서 발급한 가정폭력 피해사실을 소명할 수 있는 서류를 함께 제출해야 합니다.

Q. 가정폭력을 피해 집을 나왔는데, 당장 갈 곳이 없습니다. 어떡하면 좋을까요?

A. 가정폭력 피해자와 그 가정구성원은 가정폭력을 피해 가정폭력 보호시설에서 임시로 머물며 숙식 제공, 전문적 상담 및 치료, 법률지원 등을 받을 수 있습니다.

◇ 가정폭력 보호시설에서 받을 수 있는 지원

☞ 가정폭력 피해자는 보호시설에서 다음과 같은 지원을 받을 수 있습니다.

· 숙식의 제공

· 심리적 안정과 사회적응을 위한 상담 및 치료

· 질병치료와 건강관리를 위한 의료기관에의 인도 등 의료지원

· 수사·재판과정에 필요한 지원 및 서비스 연계

· 법률구조기관 등에 필요한 협조와 지원의 요청

· 자립자활교육의 실시와 취업정보의 제공

· 다른 법률에 따라 보호시설에 위탁된 사항

· 그 밖에 피해자 등의 보호를 위해 필요한 일

◇ 가정폭력 보호시설의 입소 대상

☞ 보호시설의 입소대상은 피해자 또는 그 가정구성원으로서 다음 중 어느 하나에 해당하는 사람입니다.

· 입소를 희망하거나 입소에 동의하는 사람

· 지적장애인이나 정신장애인, 그 밖에 의사능력이 불완전한 사람으로서 가해자가 아닌 보호자가 입소에 동의한 사람

· 지적장애인이나 정신장애인, 그 밖에 의사능력이 불완전한 사람으로서 상담원의 상담 결과 입소가 필요하나 보호자의 입소 동의를 받는 것이 적절하지 못하다고 인정되는 사람

2. 장기 주거지원

1) 공동생활가정(그룹홈)

(1) 공동생활가정(그룹홈)

정부는 가정폭력·성폭력 등 폭력피해여성의 자립을 지원하고 사회 적응 여건을 조성하기 위해 피해여성과 그 가족들이 공동으로 생활할 수 있는 주거공간(이하 "그룹홈"이라 함)을 제공하고 있습니다.

(2) 그룹 홈 입주

가정폭력 피해여성으로서 자립·자활을 원하며 의지가 있는 사람은 다음의 우선순위에 따라 그룹홈에 입주할 수 있습니다.

구분	입주대상
1순위	보호시설장, 가정폭력상담소장 또는 1366센터장의 추천을 받은 자로서, 만 10세 이상 남자아동을 동반하여 보호시설 입소가 곤란한 자
2순위	보호시설에 입소하지 않은 친족 성폭력 피해아동·청소년
3순위	기타 지자체 공무원, 주거지원사업 운영기관장, 전문가 등으로 구성된 위원회의 심의를 거쳐 주거지원시설 우선 입소 필요성이 인정되는 자

입주 우선순위 결정에 있어 보호시설 입소 기준은 현재 입소해 있는지, 이미 퇴소했는지를 구분하지 않습니다.

(3) 입주 비용

그룹홈에 대한 임대보증금은 면제되나, 관리비 체납 등에 대비하여 입주 시에 입주자부담금을 70만원의 범위에서 1회 납부(퇴거 시

반환)해야 합니다.

관리비 및 각종 공과금은 인근 영구임대아파트 관리비 수준으로 그룹홈에서 함께 생활하는 입주자가 부담하게 됩니다.

(4) 입주 기간

신규 입주자에 대한 주거지원 기간은 2년으로 하며, 1차에 한해 2년 연장 가능합니다.

(5) 입주방식

임대주택 1호당 2가구 이상 입주를 원칙으로 하되, 가구구성원이 2인 이상(피해자 포함)인 경우 심의를 거쳐 임대주택 1호에 1가구 입주도 가능합니다.

(6) 입주 신청

그룹홈에 입주하려는 피해자는 그룹홈을 운영하는 보호시설(이하 "운영기관"이라 함) 또는 1366센터에 상시 주거지원신청할 수 있으며, 해당 운영기관 또는 1366센터는 시·군·구를 거쳐 시·도에 신청하게 됩니다.

2) 임대주택의 지원

(1) 임대주택 우선공급 대상

가정폭력 피해자(이하 "피해자"라 함)는 국가·지방자치단체·한국토지주택공사 또는 지방공사가 건설하는 국민임대주택의 우선공급 대상에 해당합니다.

(2) 입주 신청 자격

- 국민임대주택 우선공급대상자에 해당하기 위해서는 우선 다음의 구분에 따른 무주택세대구성원, 소득기준의 입주자격을 충족해야 합니다.

임대주택 규모	입주자격
50m² 미만	① 무주택세대구성원으로서 해당 세대의 월평균소득이 전년도 도시근로자 가구당 월평균소득(태아를 포함한 가구원수가 4명 이상 세대는 가구원수별 가구당 월평균소득을 말함. 이하 같음)의 50% 이하인 사람 ② ①에 따른 공급 후 남은 주택에 대해 전년도 도시근로자 가구당 월평균소득 70% 이하인 사람 ③ 단독세대주는 전용면적 40m² 이하의 주택에 한정하여 공급함 (입주자 모집공고 당시 해당 시·군·자치구에 공급되는 주택 중 전용면적 40m² 이하의 주택이 없는 경우는 제외)
50m² 이상 60m² 미만	무주택세대구성원(단독세대주는 제외)으로서 해당 세대의 월평균소득이 전년도 도시근로자 가구당 월평균소득의 70% 이하인 사람
60m² 초과	무주택세대구성원(단독세대주는 제외)으로서 해당 세대의 월평균소득이 전년도 도시근로자 가구당 월평균소득 이하인 사람

- 국민임대주택 우선 공급을 받으려는 피해자는 위의 「주택공급에 관한 규칙」에 따른 조건을 충족하고 다음 중 어느 하나에 해당해야 합니다.

① 보호시설에 6개월 이상 입소한 피해자로서 그 퇴소일부터 2

년이 지나지 않은 사람(거짓이나 그 밖의 부정한 방법으로 입소하여 퇴소한 사람은 제외)

② 여성가족부장관이 지원하는 피해자를 위한 주거지원시설(그룹홈)에 2년 이상 입주한 피해자로서 그 퇴거일부터 2년이 지나지 않은 사람(거짓이나 그 밖의 부정한 방법으로 입주하여 퇴거하게 된 사람은 제외)

(3) 입주 신청

국민임대주택에 입주하려는 피해자는 가정폭력피해자 보호시설에 6개월 이상 입소 확인서와 여성가족부의 「폭력피해여성 주거지원사업」의 주거지원시설에 2년 이상 입주 사실확인서를 발급 받은 후 국민임대주택 모집공고에 따라 해당 입주신청을 하면 됩니다.

Q. 아이들은 학교도 다시 다녀야 하고, 언제까지 보호시설이나 다른 사람 집에 얹혀살 수 없습니다. 앞으로는 어디서 살아야 하나, 막막합니다.

A. 가정폭력 피해자와 그 가족은 공동가정생활(그룹홈) 형태로 생활할 수 있는 저가임대주택에서 생활할 수 있으며, 그 밖에 국민임대주택의 우선입주권을 받을 수 있습니다.

◇ 공동가정생활(그룹홈)의 입주

☞ 공동가정생활(그룹 홈)의 입주 우선순위는 다음과 같으며, 입주 우선순위 결정에 있어 보호시설 입소 기준은 현재 입소해 있는지, 이미 퇴소했는지를 구분하지 않습니다.

· 1순위: 보호시설장, 가정폭력상담소장 또는 1366센터장의 추천을 받은 자로서, 만 10세 이상 남자아동을 동반하여 보호시설 입소가 곤란한 자

· 2순위: 보호시설에 입소하지 않은 친족 성폭력 피해아동·청소년

· 3순위: 기타 지자체 공무원, 주거지원사업 운영기관장, 전문가 등으로 구성된 위원회의 심의를 거쳐 주거지원시설 우선 입소 필요성이 인정되는 자

☞ 그룹홈에 대한 임대보증금은 면제되나, 관리비 체납 등에 대비하여 입주 시에 입주자부담금을 70만원의 범위에서 1회 납부(퇴거 시 반납)해야 합니다. 관리비 및 각종 공과금은 인근 영구임대아파트 관리비 수준으로 그룹홈에서 함께 생활하는 입주자가 부담하게 됩니다.

◇ 국민임대주택의 지원

☞ 국민임대주택의 우선공급대상자에 해당하기 위해서는 다음의 구분에 따른 무주택세대구성원, 소득기준의 입주자격을 충족해야 합니다.

· 50㎡ 미만

　1. 무주택세대구성원으로서 해당 세대의 월평균소득이 전년도 도시근로자 가구당 월평균소득(태아를 포함한 가구원수가 4명 이상 세대는 가구원수별 가구당 월평균소득을 말함. 이하 같음)의 50% 이하인 사람

　2. 1.에 따른 공급 후 남은 주택에 대해 전년도 도시근로자 가구당 월평균소득 70% 이하인 사람

　3. 단독세대주는 전용면적 40㎡ 이하의 주택에 한정하여 공급함(입주자 모집공고 당시 해당 시·군·자치구에 공급되는 주택 중 전용면적 40㎡ 이하의 주택이 없는 경우는 제외)

· 50㎡ 이상 60㎡ 미만: 무주택세대구성원(단독세대주는 제외)으로서 해당 세대의 월평균소득이 전년도 도시근로자 가구당 월평균소득의 70% 이하인 사람

· 60㎡ 초과 : 무주택세대구성원(단독세대주는 제외)으로서 해당 세대의 월평균소득이 전년도 도시근로자 가구당 월평균소득 이하인 사람

제5절 법률지원

1. 법률구조

1) 법률구조 대상자

- 가정폭력 피해자(국내 거주 외국인 여성 포함. 이하 "피해자"라 함)는 가정폭력과 관련된 민사·가사사건 외에도 형사사건에 대해 무료법률구조를 신청할 수 있습니다.
- "법률구조"란 경제적으로 어렵거나 법을 몰라서 법의 보호를 충분히 받지 못하는 사람에게 법률상담, 변호사 또는 공익법무관에 의한 소송대리 및 형사변호 등의 법률적 지원을 함으로써 정당한 권리를 적법한 절차에 의해 보호하고 국민의 기본적 인권을 옹호하는 사회복지제도를 말합니다.

2) 무료법률구조

(1) 목적 및 기대효과

- 가정폭력·성폭력피해자에게 무료로 법률지원을 함으로써 폭력으로부터 스스로 방어·보호 능력이 부족한 피해자의 기본적 인권 보호
- 가정폭력·성폭력 피해자에 대한 무료법률지원 및 홍보사업을 통해 사회문제로 대두한 폭력범죄의 위해성에 대한 국민적 공감대 형성
- 소송수행에 따른 시간적 기회비용 및 인지대, 송달료, 변호사보수 등 소송비용 면제로 사회적 약자인 피해자에 대한 경제적 수혜
- 법률계몽활동으로 가정평화 구현 및 피해자의 인권침해 방지
- 폭력피해로 인한 손해배상소송 등의 법률구조활동으로 피해자의 경제적 손실을 보전함으로써 피해자의 인권보호 및 권익증진에 기여

(2) 피해자 법률지원

대한법률구조공단(전국 18개 지부 및 41개 출장소), 한국가정법률상담소(본부 및 전국 27개 지부), 대한변협법률구조재단

(3) 사업 대상 및 지원 절차

- 구조대상 : 가정폭력 피해자

---

* 입증자료(구비 가능한 아래 자료 중 1개 이상 제시)
- 「가정폭력방지 및 피해자보호 등에 관한 법률」, 「성폭력방지 및 피해자보호 등에 관한 법률」에 의해 설치된 상담소 및 보호시설에서 발급한 확인서[서식 34]
- 진단서 : 폭력에 의한 상해임을 증명할 수 있는 2주 이상 진단서
- 고소장 사본 및 고소장 접수증 등
※ 대한법률구조공단의 경우, 법률구조대상자는 기준 중위소득 125%이하므로, 기준 중위소득 125%임을 소명하기 위한 주민등록표 등본, 건강보험료 납부확인서 등을 추가 제출

- 구조 대상 사건 : 가정폭력·성폭력 등의 피해와 관련된 민사·가사, 형사 사건 등
- 구조비 지원 기준 : 변호사 수임료, 소송비용 등을 포함하여 심급당 사건 120만원 이내 지원

(4) 사업 내용

- 민사·가사 소송대리 : 가정폭력·성폭력 피해자에 대한 무료 법률상담과 법률구조 지원 결정 시 변호사에 의해 소송대리
- 형사소송 지원 : 가정폭력·성폭력 피해자의 형사사건과 관련하여 변호사가 법률상담과 피해자의 무료변호, 수사의뢰, 수사기관 사건조사 동ᄎ행, 고소대리 등을 지원, 특히 피해자가 아동·청소년인 경우 공판절차 출석, 증거보전절차 청구 및 참여, 증

거물 열람·등사 등이 가능하며 소송행위에 대한 포괄적인 대리
권 행사
- 법률상담 : 면접, 전화, 사이버, 출장, 서신상담 등의 방법으로
실시

제2부

고소는 어떻게 할까요?

1. 고소

① 「고소」란 범죄의 피해자 또는 그와 일정한 관계에 있는 고소권자가 수사기관에 대하여 범죄사실을 특정하여 신고하고, 범인의 처벌을 구하는 의사표시입니다. 수사기관에 대하여 하는 것이므로 법원에 대하여 진정서를 제출하는 것은 고소가 아닙니다. 고소는 그 주체가 피해자 등 고소권자에 한한다는 점에서 고발과 구별됩니다. 고소는 친고죄가 아닌 일반범죄에서는 단순히 수사의 단서가 됨에 불과하지만 친고죄에서는 소송조건이 됩니다.

② 인터넷 명예훼손의 피해자나 일정한 관계에 있는 고소권자는 서면이나 구술로써 검사 또는 사법경찰관에게 고소할 수 있습니다.

③ 고소는 제1심 판결선고전까지 취소할 수 있는데, 고소를 취소한 자는 다시 고소하지 못합니다.

2. 고소권자

① 범죄로 인한 피해자는 고소할 수 있습니다(형사소송법 제223조).

② 비피해자인 고소권자

  ㉠ 피해자의 법정대리인은 독립하여 고소할 수 있습니다(형사소송법 제225조제1항).

  ㉡ 피해자가 사망한 때에는 그 배우자, 직계친족 또는 형제자매는 고소할 수 있습니다. 단, 피해자의 명시한 의사에 반하지 못합니다(형사소송법 제225조제2항).

ⓒ 피해자의 법정대리인이 피의자이거나 법정대리인의 친족이 피의자인 때에는 피해자의 친족은 독립하여 고소할 수 있습니다(형사소송법 제226조).

* 「피의자」란 어느 형사사건에 관하여 형사책임을 져야 할 사람이라는 혐의를 받고 수사기관의 수사의 대상으로 되어 있는 사람으로서 공소가 제기되지 아니한 사람을 말합니다. 이러한 피의자와 구별하여야 할 것으로 피고인이 있는데 피고인은 검사에 의하여 형사책임을 져야 할 사람으로서 공소가 제기된 사람을 말합니다.

ⓓ 고소는 대리인으로 하여금 하게 할 수 있습니다(형사소송법 제236조).

③ 수인(數人)의 고소권자

고소할 수 있는 자가 수인인 경우에는 1인의 기간의 해태(懈怠)는 타인의 고소에 영향이 없습니다(형사소송법 제231조).

3. 고소의 제한

자기 또는 배우자의 직계존속은 고소하지 못합니다(형사소송법 제224조).

4. 고소의 방식

① 고소는 서면 또는 구술로써 검사 또는 사법경찰관에게 하여야 합니다(형사소송법 제237조제1항).

② 검사 또는 사법경찰관이 구술에 의한 고소를 받은 때에는 조서를 작성하여야 합니다(형사소송법 제237조제2항).

5. 고소와 사법경찰관의 조치

사법경찰관이 고소를 받은 때에는 신속히 조사하여 관계서류와 증거물을 검사에게 송부하여야 합니다(형사소송법 238조).

6. 고소의 취소

① 「고소의 취소」란 고소인이 고소의 효력을 소멸시키는 의사표시를 말합니다.

② 고소는 제1심 판결선고전까지 취소할 수 있습니다(형사소송법 제232조제1항).

③ 고소를 취소한 자는 다시 고소하지 못합니다(형사소송법 제232조제2항).

④ 피해자의 명시한 의사에 반하여 죄를 논할 수 없는 사건에 있어서 처벌을 희망하는 의사표시의 철회에 관하여도 「형사소송법」 제232조제1항과 제2항의 규정을 준용합니다(형사소송법 제232조제3항).

* 「반의사불벌죄」란 피해자가 그 처벌을 희망하지 않는다면 처벌을 할 수 없는 죄를 말합니다. 이는 피해자의 고소가 없이도 처벌할 수 있으나 피해자가 적극적으로 처벌하지 않기를 희망하는 의사를 표시한 때에는 형벌권이 소멸하기 때문에 해제조건부 범죄라고도 합니다. 국가형벌권의 작용을 피해자의 의사에 매이게 하는 점에서 친고죄와 같으나 고소가 없어도 공소를 제기할 수 있는 점에서 친고죄와 다릅니다.

7. 대리인의 고소 취소

고소의 취소는 대리인으로 하여금 하게 할 수 있습니다(형사소송법 제236조).

8. 고소 취소의 방식

① 고소 취소는 서면 또는 구술로써 검사 또는 사법경찰관에게 하여야 합니다(형사소송법 제239조 및 제237조제1항).

② 검사 또는 사법경찰관이 구술에 의한 고소 취소를 받은 때에는 조서를 작성하여야 합니다(형사소송법 제239조 및 제237조제2항).

9. 고소 취소와 사법경찰관의 조치

사법경찰관이 고소 취소를 받은 때에는 신속히 조사하여 관계서류와 증거물을 검사에게 송부하여야 합니다(형사소송법 제239조 및 제238조).

10. 허위로 고소하는 경우의 처벌

① 만약 타인으로 하여금 형사처벌 받게 할 목적으로 허위로 고소한 것이 밝혀지면 「형법」 상 무고죄가 성립할 수 있습니다(형법 제156조).

② 무고죄가 성립하게 되면 10년 이하의 징역, 1천 5백만원 이하의 벌금에 처하게 되고 실무상으로도 매우 엄하게 처벌되고 있습니다. 따라서 무고죄 성립 여부를 고려해서 신중하게 판단해야 하겠습니다.

■ 고소장 작성 사례

[서식 예] 고소장 표준서식

고 소 장

(고소장 기재사항 중 * 표시된 항목은 반드시 기재하여야 합니다.)

1. 고소인

성 명 (상호·대표자)		주민등록번호 (법인등록번호)	-
주 소 (주사무소 소재지)		(현 거주지)	
직 업	사무실 주소		
전 화	(휴대폰) (사무실)	(자택)	
이메일			
대리인에 의한 고소	▢ 법정대리인 (성명 : , 연락처) ▢ 고소대리인 (성명 : 변호사 ,연락처)		

※ 고소인이 법인 또는 단체인 경우에는 상호 또는 단체명, 대표자,
법인등록번호(또는 사업자등록번호), 주된 사무소의 소재지, 전화
등 연락처를 기재해야 하며, 법인의 경우에는 법인등기부 등본이
첨부되어야 합니다.

※ 미성년자의 친권자 등 법정대리인이 고소하는 경우 및 변호사에
의한 고소대리의 경우 법정대리인 관계, 변호사 선임을 증명할
수 있는 서류를 첨부하시기 바랍니다.

2. 피고소인

성 명		주민등록번호	-
주 소	(현 거주지)		
직 업	사무실 주소		
전 화	(휴대폰) (사무실)	(자택)	
이메일			
기타사항			

※ 기타사항에는 고소인과의 관계 및 피고소인의 인적사항과 연락처
를 정확히 알 수 없을 경우 피고소인의 성별, 특징적 외모, 인상
착의 등을 구체적으로 기재하시기 바랍니다.

3. 고소취지
(죄명 및 피고소인에 대한 처벌의사 기재)
고소인은 피고소인을 ○○죄로 고소하오니 처벌하여 주시기 바랍니다.*

4. 범죄사실
※ 범죄사실은 형법 등 처벌법규에 해당하는 사실에 대하여 일시, 장
소, 범행방법, 결과 등을 구체적으로 특정하여 기재해야 하며,
고소인이 알고 있는 지식과 경험, 증거에 의해 사실로 인정되는
내용을 기재하여야 합니다.

5. 고소이유
※ 고소이유에는 피고소인의 범행 경위 및 정황, 고소를 하게 된 동
기와 사유 등 범죄사실을 뒷받침하는 내용을 간략, 명료하게 기
재해야 합니다.

6. 증거자료
(■ 해당란에 체크하여 주시기 바랍니다)

□ 고소인은 고소인의 진술 외에 제출할 증거가 없습니다.

□ 고소인은 고소인의 진술 외에 제출할 증거가 있습니다.

☞ **제출할 증거의 세부내역은 별지를 작성하여 첨부합니다.**

7. 관련사건의 수사 및 재판 여부*

(■ 해당란에 체크하여 주시기 바랍니다)

① 중복고소여부	□ 본 고소장과 같은 내용의 고소장을 다른 검찰청 또는 경찰서에 제출하거나 제출하였던 사실이 있습니다
	□ 없습니다
② 관련 형사 사건 수사 유무	□ 본 고소장에 기재된 범죄사실과 관련된 사건 또는 공범에 대하여 검찰청이나 경찰서에서 수사 중에 있습니다
	□ 수사 중에 있지 않습니다
③ 관련 민사 소송 유무	□ 본 고소장에 기재된 범죄사실과 관련된 사건에 대하여 법원에서 민사소송 중에 있습니다
	□ 민사소송 중에 있지 않습니다

기타사항

※ ①, ②항은 반드시 표시하여야 하며, 만일 본 고소내용과 동일한 사건 또는 관련 형사사건이 수사·재판 중이라면 어느 검찰청, 경찰서에서 수사 중인지, 어느 법원에서 재판 중인지 아는 범위에서 기타사항 난에 기재하여야 합니다.

8. 기타

(고소내용에 대한 진실확약)

본 고소장에 기재한 내용은 고소인이 알고 있는 지식과 경험을 바탕으로 모두 사실대로 작성하였으며, 만일 허위사실을 고소하였을 때에는 형법 제156조 무고죄로 처벌받을 것임을 서약합니다.

2013년   월   일*

고소인 _____ (인)*

제출인 _____ (인)

※ 고소장 제출일을 기재하여야 하며, 고소인 난에는 고소인이 직접 자필로 서명 날(무)인 해야 합니다. 또한 법정대리인이나 변호사에 의한 고소 대리의 경우에는 제출인을 기재하여야 합니다.

○○지방검찰청 귀중

※ 고소장은 가까운 경찰서에 제출하셔도 되며, 경찰서 제출시에는 '○○경찰서 귀중'으로 작성하시기 바랍니다.

별지 : 증거자료 세부 목록

(범죄사실 입증을 위해 제출하려는 증거에 대하여 아래 각 증거별로 해당 난을 구체적으로 작성해 주시기 바랍니다)

1. 인적증거 (목격자, 기타 참고인 등)

성 명		주민등록번호		-	
주 소	자택 : 직장 :			직업	
전 화	(휴대폰) (사무실)		(자택)		

입증하려는 내용	

※ 참고인의 인적사항과 연락처를 정확히 알 수 없으면 참고인을 특
정할 수 있도록 성별, 외모 등을 '입증하려는 내용'란에 아는 대
로 기재하시기 바랍니다.

2. 증거서류 (진술서, 차용증, 각서, 금융거래내역서, 진단서 등)

순번	증거	작성자	제출 유무
1			□ 접수시 제출 □ 수사 중 제출
2			□ 접수시 제출 □ 수사 중 제출
3			□ 접수시 제출 □ 수사 중 제출
4			□ 접수시 제출 □ 수사 중 제출
5			□ 접수시 제출 □ 수사 중 제출

※ 증거란에 각 증거서류를 개별적으로 기재하고, 제출 유무란에는
고소장 접수시 제출하는지 또는 수사 중 제출할 예정인지 표시
하시기 바랍니다.

3. 증거물

순번	증거	소유자	제출 유무
1			□ 접수시 제출 □ 수사 중 제출
2			□ 접수시 제출 □ 수사 중 제출
3			□ 접수시 제출 □ 수사 중 제출
4			□ 접수시 제출 □ 수사 중 제출
5			□ 접수시 제출

※ 증거란에 각 증거물을 개별적으로 기재하고, 소유자란에는 고소
장 제출시 누가 소유하고 있는지, 제출 유무란에는 고소장 접수
시 제출하는지 또는 수사 중 제출할 예정인지 표시하시기 바랍
니다.

4. 기타 증거

제출기관	범죄지, 피고인의 주소, 거소 또는 현재지의 경찰서, 검찰청	공소시효	○년 (☞공소시효일람표)
고소권자	피해자(형사소송법 223조) (※ 아래(1)참조)	소추요건	
제출부수	고소장 1부	관련법규	검찰 권장 표준 서식 (2006.5. 15.)
불기소처분 등에 대한 불복절차 및 기간	(항고 및 재항고) · 근거 : 검찰청법 10조 · 기간 : 처분결과의 통지를 받은 날부터 30일(검찰청법 10조4항) (헌법소원) · 근거 : 헌법재판소법 68조 · 기간 : 그 사유가 있음을 안 날로부터 90일 이내에, 그 사유가 있은 날로부터 1년 이내에 청구하여야 한다. 다만, 다른 법률에 의한 구제절차를 거친 헌법소원의 심판은 그 최종결정을 통지받은 날로부터 30일 이내에 청구(헌법재판소법 69조)		

※ (1) 고소권자
(형사소송법 225조)
1. 피해자가 제한능력자인 경우의 법정대리인
2. 피해자가 사망한 경우의 배우자, 직계친족, 형제, 자매.
   단, 피해자의 명시한 의사에 반하여 고소할 수 없음
(형사소송법 224조)
자기 또는 배우자의 직계존속은 고소할 수 없음(단, 성폭력범

죄의처벌및피해자보호등에관한법률 제7조에서는 "친족관계에 의한 강간 등은 친고죄에 해당되지 아니할 뿐만 아니라 직계존속에 대하여 고소할 수 있다."고 규정함)

[서식 예] 고소장 표준서식 작성례(배임)

고 소 장
(예시 / 배임죄)

1.고소인

성 명	김 갑 동	주민등록번호	5△△△△△ - ××××××
주 소	서울 00구 00길 00		
직 업	회사원	사무실 주소	서울 00구 00길 00빌딩 000호
전 화	(휴대폰) 010-100-0000 (자택) 02-100-0000 (사무실) 02-200-0000		
이메일	kimgd@◇◇.co.kr		
고소대리인	변호사 김○○, 연락처 02-100-0000, 010-000-0000		

2.피고소인

성 명	이 배 임	주민등록번호	4△△△△△ - ××××××
주 소	서울 00구 00길 00		
직 업	상업	사무실 주소	서울 00구 00길 00빌딩 00호 00리테일
전 화	(휴대폰) 010-100-0000, (사무실) 02-200-0000		
이메일	leeby@◇◇.com		
기타사항	피고소인은 고소인의 부동산 거래상대방으로서 친·인척 관계는 없음		

3. 고소취지

고소인은 피고소인을 배임죄로 고소하오니 처벌하여 주시기 바랍니다.

4. 범죄사실

○ 피고소인은 2013.2.10. 10:00경 서울 00구 00길 0번지에 있는 00부동산 사무실에서, 피고소인 소유의 서울 00구 00길 00빌딩 00호를 매매대금 3억원에 매도하기로 고소인과 계약을 체결하고 그 자리에서 계약금으로 금 1억원을, 2013.2.25. 잔금으로 2억원을 고소인으로부터 받았습니다.

○ 피고소인은 이와 같이 00빌딩 00호에 대한 매매대금 전액을 받았으면 고소인에게 위 부동산에 대한 소유권이전등기를 해 주어야 할 임무가 있음에도 불구하고, 2013.3.5.경 위 부동산을 최00에게 금 5억원에 매도한 후 2013.3.10.경 최00으로부터 5억원을 받음과 동시에 소유권이전등기를 경료해 주어 금 5억원 상당의 재산상 이익을 취득하고 고소인에게 동액 상당의 재산상 손해를 가하였습니다.

5. 고소이유

○ 고소인은 00회사 이사로 근무 중이며 퇴직을 앞두고 있어 개인사업을 해 볼 생각으로 사무실을 구하고 있었습니다.

○ 그러던 중, 00부동산을 통해 00빌딩 00호 소유자인 피고소인을 소개받아 알게 되었습니다.

○ 마침 피고소인은 대출금 상환을 위해 00빌딩 00호를 매도하려고 하고 있어 고소인과 피고소인은 2013.2.10. 10:00경 범죄사실 기재 부동산 사무실에서 부동산 대표 박00이 입회한 가운데 금 3억원에 부동산매매계약을 체결하였습니다.

○ 그리고 범죄사실에 기재한 바와 같이 매매대금 3억원을 2013.2.25.까지 모두 지급하였는데 피고소인은 갑자기 고소인과의 연락을

피하여 고소인은 소유권이전등기를 위한 서류를 받을 수가 없었습니다.

○ 그런데 부동산중개업소 대표로부터 제가 산 부동산을 피고소인이 다른 사람에게 다시 팔아버린 것 같다는 말을 듣고 2013.3.20.경 등기부를 확인해 보니 피고소인이 제가 샀던 00빌딩 00호를 금 5억원에 최00에게 팔았다는 것을 알게 되었습니다.

○ 이에 고소인은 피고소인에게 찾아가 그 경위를 묻자 대출금 상환 독촉 때문에 어쩔 수 없이 매매대금을 더 받을 수 있는 최00에게 팔아버렸다고 하기에 본 고소에 이르렀습니다.

6. 증거자료

□ 고소인은 고소인의 진술 외에 제출할 증거가 없습니다.

■ 고소인은 고소인의 진술 외에 제출할 증거가 있습니다.

   ☞ **증거자료의 세부내역은 별지를 작성하여 첨부합니다.**

7. 관련사건의 수사 및 재판 여부

① 중복고소여부	□ 본 고소장과 같은 내용의 고소장을 다른 검찰청 또는 경찰서에 제출하거나 제출하였던 사실이 있습니다
	□ 없습니다
② 관련 형사사건 수사 유무	□ 본 고소장에 기재된 범죄사실과 관련된 사건 또는 공범에 대하여 검찰청이나 경찰서에서 수사 중에 있습니다
	□ 수사 중에 있지 않습니다
③ 관련 민사소송 유무	□ 본 고소장에 기재된 범죄사실과 관련된 사건에 대하여 법원에서 민사소송 중에 있습니다
	□ 민사소송 중에 있지 않습니다

※ 고소인이 피고소인에 대하여 2006.4.20. 00법원에 2006가합000호로 매매대금 반환청구소송을 제기하였으며, 위 소송은 변호사 김○○을 선임하여 소송중에 있음

본 고소장에 기재한 내용은 고소인이 알고 있는 지식과 경험을 바탕으로 모두 사실대로 작성하였으며, 만일 허위사실을 고소하였을 때에는 형법 제156조 무고죄로 처벌받을 것임을 서약합니다.

20xx년   0월   00일

고소인 <u>김 갑 동</u> (인)

제출인 <u>변호사 김○○</u> (인)

○○경찰서 귀중

별지 : 증거자료 세부 목록

1. 인적증거

성 명	박OO	주민등록번호	6△△△△ - ×××××××
주 소	직장 : 서울 OO구 OO길 OO빌딩 OO호	직업	00부동산 대표
전 화	(휴대폰) 010-100-0000 (사무실) 02-200-0000		
입증하려는 내용	피고소인이 금 3억원에 OO빌딩 OO호를 고소인에게 매도한 사실 및 매매대금 전액을 받은 사실, 피고소인이 위 부동산을 최OO에게 이중으로 매도한 사실		

성 명	최OO	주민등록번호	5△△△△ - ×××××××
주 소	자택 : 서울 OO구 OO길 OO	직업	모름
전 화	(휴대폰) 010-200-0000		
입증하려는 내용	피고소인으로부터 OO빌딩 OO호를 금 5억원에 매수한 사실		

2. 증거서류

순번	증거	작성자	제출 유무
1	부동산매매계약서(사본)	피고소인	■ 접수시 제출 □ 수사 중 제출
2	부동산등기부등본	OO등기소	■ 접수시 제출 □ 수사 중 제출
3	매매대금 영수증(사본)	피고소인	■ 접수시 제출 □ 수사 중 제출

3. 증거물 및 기타 증거

○ 없음

제출기관	범죄지, 피고인의 주소, 거소 또는 현재지의 경찰서, 검찰청	공소시효	○년(☞공소시효일람표)
고소권자	피해자(형사소송법 223조) (※ 아래(1)참조)	소추요건	※ 아래(2) 참조 (형법361조,328조)
제출부수	고소장 1부	관련법규	형법 355조2항/ 검찰 권장 표준 서식
범죄성립 요건	타인의 사무를 처리하는 자가 그 임무에 위배하는 행위로써 재산상의 이익을 취득하거나 제3자로 하여금 이를 취득하게 하여 본인에게 손해를 가한 때		
형 량	· 5년 이하의 징역 · 1,500만원 이하의 벌금 (10년 이하의 자격정지를 병과할 수 있음 : 형법 358조)		
불기소처분 등에 대한 불복절차 및 기간	(항고 및 재항고) · 근거 : 검찰청법 10조 · 기간 : 처분결과의 통지를 받은 날부터 30일(검찰청법 10조4항) (헌법소원) · 근거 : 헌법재판소법 68조 · 기간 : 그 사유가 있음을 안 날로부터 90일 이내에, 그 사유가 있은 날로부터 1년 이내에 청구하여야 한다. 다만, 다른 법률에 의한 구제절차를 거친 헌법소원의 심판은 그 최종결정을 통지받은 날로부터 30일 이내에 청구(헌법재판소법 69조)		

※ (1) 고소권자

(형사소송법 225조)

1. 피해자가 제한능력자인 경우의 법정대리인

2. 피해자가 사망한 경우의 배우자, 직계친족, 형제, 자매. 단, 피해자의 명시한 의사에 반하여 고소할 수 없음

(형사소송법 224조)

자기 또는 배우자의 직계존속은 고소할 수 없음(단, 성폭력범죄의 처벌 등에 관한 특례법 제18조에서는 "성폭력범죄에 대하여는 「형

사소송법」제224조(고소의 제한) 및 「군사법원법」제266조에도 불구하고 자기 또는 배우자의 직계존속을 고소할 수 있다."고 규정함)

※ (2) 친족간의 범행과 고소
1. 직계혈족 ,배우자, 동거친족, 호주, 가족 또는 그 배우자간의 제323조의 죄는 형을 면제
2. 제1항 이외의 친족간에 제323조의 죄를 범한 때에는 고소가 있어야 공소를 제기할 수 있음
3. 전2항의 신분관계가 없는 공범에 대하여는 전2항을 적용하지 아니함

[서식 예] 고소장 표준서식 작성례(사기)

고 소 장
(예시 / 사기죄)

1. 고소인

성 명	최 0 0	주민등록번호	4△△△△△ - ××××××
주 소	서울 00구 00길 00		
직 업	상업	사무실 주소	서울 00구 00길 00빌딩 00호 00리테일
전 화	(휴대폰) 010-100-0000, (사무실) 02-200-0000		
이메일	leeby@◇◇.com		
기타사항	피고소인은 고소인의 부동산 거래상대방으로서 친·인척 관계는 없음		

2. 피고소인

성 명	이 사 기	주민등록번호	5△△△△△ - ××××××
주 소	서울 00구 00길 00		
직 업		사무실 주소	
전 화	(휴대폰) 010-900-0000		
이메일	leesagi@◇◇.com		
기타사항	고소인과의 관계 : 거래상대방으로서 친·인척 관계는 없음		

3. 고소취지

고소인은 피고소인을 사기죄로 고소하오니 처벌하여 주시기 바랍니다.

4. 범죄사실

○ 피고소인은 분양대행사인 (주)00부동산컨설팅 분양팀장으로 행세하는 자입니다.

○ 2013.3.2. 16:00경 서울 강남구 00길 00번지에 있는 00커피숍에서, 피고소인은 서울 00구 00길 00상가를 고소인에게 분양받도록 해 줄 의사나 능력이 없음에도 고소인에게 "00상가를 급하게 팔려는 사람이 있으니 컨설팅비 1,000만원을 주면 시세보다 20%정도 싼 가격에 상가를 분양받도록 해 주겠다"고 거짓말하여 이에 속은 고소인으로부터 2013.3.10.경 컨설팅비로 금 1,000만원을 받아 편취하였습니다.

5. 고소이유

○ 고소인은 00주식회사 00부에서 근무 중이며, 피고소인은 고소인의 친구 강00으로부터 2013.2.초에 소개받아 알게 되었습니다.

○ 피고소인은 자신이 (주)00부동산컨설팅 분양팀장으로 근무한다고 하면서 투자를 할 만한 좋은 부동산이 있으면 소개해 주겠다고 한 후 2013.2.말경 고소인의 직장으로 전화를 걸어 방금 나온 좋은 매물이라면서 00상가를 추천하였습니다.

○ 이에 고소인은 2013.3.2. 16:00경 서울 강남구 00길 00번지에 있는 00커피숍에서 피고소인을 만났는데 그 자리에서 피고소인은 "00상가의 주인이 다른 사업자금 조달을 위해 상가 101호를 급히 매물로 내 놓았다. 컨설팅비 1,000만원을 주면 00상가를 시세보다 20%정도 싼 가격에 상가를 분양받도록 해 주고 피고소인이 근무하는 회사에서 금융기관 대출도 알선해 주겠다"고 하기에 이를 믿고 피고소인과 컨설팅계약서를 작성하였습니다.

○ 고소인은 2013.3.10.경 00은행에 있던 고소인의 예금 중 1,000만 원을 100만원권 수표로 인출하여 그 날 14:00경 위 00커피숍에서 피고소인에게 컨설팅비조로 주었습니다.

○ 그런데 그로부터 한 달이 지나도록 연락이 없어 (주)00부동산컨설팅으로 피고소인을 찾아갔더니 그 회사에서는 피고소인이 분양팀장으로 근무한 바도 없고 전혀 모르는 사람이라고 하면서 이전에도 유사한 일로 문의전화가 여러 통 왔었다고 하였습니다.

○ 이에 고소인은 00상가 관리사무소에 들러 확인해 보니 101호는 상가 주인이 팔려고 한 사실도 없음을 확인하였고 피고소인은 그 후 연락도 되지 않고 있어 이건 고소에 이르게 되었습니다.

6. 증거자료

☐ 고소인은 고소인의 진술 외에 제출할 증거가 없습니다.

■ 고소인은 고소인의 진술 외에 제출할 증거가 있습니다.

☞ **증거자료의 세부내역은 별지를 작성하여 첨부합니다.**

7. 관련사건의 수사 및 재판 여부

① 중복고소여부	☐ 본 고소장과 같은 내용의 고소장을 다른 검찰청 또는 경찰서에 제출하거나 제출하였던 사실이 있습니다
	☐ 없습니다
② 관련 형사사건 수사 유무	☐ 본 고소장에 기재된 범죄사실과 관련된 사건 또는 공범에 대하여 검찰청이나 경찰서에서 수사 중에 있습니다
	☐ 수사 중에 있지 않습니다
③ 관련 민사소송 유무	☐ 본 고소장에 기재된 범죄사실과 관련된 사건에 대하여 법원에서 민사소송 중에 있습니다
	☐ 민사소송 중에 있지 않습니다

본 고소장에 기재한 내용은 고소인이 알고 있는 지식과 경험을 바탕으로 모두 사실대로 작성하였으며, 만일 허위사실을 고소하였을 때에는 형법 제156조 무고죄로 처벌받을 것임을 서약합니다.

2013년   9월   5일
고소인   김 갑 동 (인).

○○지방검찰청 귀중

별지 : 증거자료 세부 목록

1. 인적증거

성 명	강00	주민등록번호	6△△△△△ - ×××××××
주 소	자택 : 서울 00구 00길 00 직장 : 서울 00구 00길 00	직업	회사원
전 화	(휴대폰) 010-100-0000 (자택) 02-200-0000 사무실) 02-100-0000		
입증하려는 내용	강00은 고소인의 친구이며, 피고소인이 고소인에게 컨설팅비를 요구하면서 00상가를 싸게 분양받도록 해 주겠다는 말을 2006.3.2. 고소인과 같이 들었음		

성 명	이00	주민등록번호	5△△△△△ - ×××××××
주 소	자택 : 서울 00구 00길 00 직장 : 서울 00구 00길 00 주)00부동산컨설팅	직업	(주)00부동산컨설팅 총무과장
전 화	(휴대폰) 010-200-0000 (사무실) 02-600-0000		
입증하려는 내용	피고소인이 (주)00부동산컨설팅 직원도 아니면서 마치 위 회사 분양팀장으로 근무한 것처럼 거짓말한 사실		

성 명	박00	주민등록번호	6△△△△△ - ×××××××
주 소	직장 : 서울 00구 00길 00상가 관리사무소	직업	00상가 관리 사무소장
전 화	(휴대폰) 010-300-0000 (사무실) 02-200-0000		
입증하려는 내용	00상가 101호는 상가 소유자가 팔려고 한 적도 없다는 사실		

2. 증거서류

순번	증거	작성자	제출 유무
1	컨설팅 계약서(사본)	피고소인	■ 접수시 제출 □ 수사 중 제출
2	예금통장(사본)	고 소 인	■ 접수시 제출 □ 수사 중 제출
3	영수증(사본)	피고소인	■ 접수시 제출 □ 수사 중 제출

※ 예금통장 사본은 고소인이 피고소인의 컨설팅비 1,000만원을 2006.3.10. 수표로 인출한 사실을 입증하고자 하는 것이며 증거서류 원본은 고소인이 소지하고 있음

3. 증거물

순번	증거	소유자	제출 유무
1	피고소인의 명함(사본)	고소인	■ 접수시 제출 □ 수사 중 제출
2			□ 접수시 제출 □ 수사 중 제출
3			□ 접수시 제출 □ 수사 중 제출

4. 기타 증거
○ 없음

제 출 기 관	범죄지, 피의자의 주소, 거소 또는 현재지의 경찰서, 검찰청	공 소 시 효	10년(☞공소시효일람표)
고소권자	피해자(형사소송법 223조) (※ 아래(1)참조)	소추요건	※ 아래(2) 참조 (형법 354조, 328조)
제출부수	고소장 1부	관련법규	형법 347조/ 검찰 권장 고소장 표준 서식(2006. 5. 15.)
범죄성립 요 건	· 사람을 기망하여 재물의 교부를 받거나 재산상의 이익을 취득한 때 · 사람을 기망하여 제3자로 하여금 재물의 교부를 받거나 재산상 의 이익을 취득하게 한 때		
형 량	· 10년 이하의 징역 · 2,000만원 이하의 벌금 (10년 이하의 자격정지를 병과할 수 있음 : 형법 353조)		

불기소처분등
에대한
불복절차
및 기간
	(항고)
	· 근거 : 검찰청법 10조
	· 기간 : 처분결과의 통지를 받은 날부터 30일(검찰청법 10조4항)
	
	(재정신청)
	· 근거 : 형사소송법 제260조
	· 기간 : 항고기각 결정을 통지받은 날 또는 동법 제260조 제2항
	  각 호의 사유가 발생한 날부터 10일(형사소송법 제260조 제3
	  항)
	
	(헌법소원)
	· 근거 : 헌법재판소법 68조
	· 기간 : 그 사유가 있음을 안 날로부터 90일 이내에, 그 사유가
	  있은 날로부터 1년 이내에 청구하여야 한다. 다만, 다른 법률에
	  의한 구제절차를 거친 헌법소원의 심판은 그 최종결정을 통지받
	  은 날로부터 30일 이내에 청구(헌법재판소법 69조)		

※ (1) 고소권자
(형사소송법 225조)
1. 피해자가 제한능력자인 경우의 법정대리인

2. 피해자가 사망한 경우의 배우자, 직계친족, 형제, 자매. 단, 피
   해자의 명시한 의사에 반하여 고소할 수 없음

(형사소송법 224조)

자기 또는 배우자의 직계존속은 고소할 수 없음(단, 성폭력범죄의
처벌및피해자보호등에관한법률 제7조에서는 "친족관계에 의한 강
간 등은 친고죄에 해당되지 아니할 뿐만 아니라 직계존속에 대하
여 고소할 수 있다."고 규정함)

※ (2) 친족간의 범행과 고소

1. 직계혈족 ,배우자, 동거친족, 동거가족 또는 그 배우자간의 제
   323조의 죄는 형을 면제
2. 제1항 이외의 친족간에 제323조의 죄를 범한 때에는 고소가 있
   어야 공소를 제기할 수 있음
3. 전2항의 신분관계가 없는 공범에 대하여는 전2항을 적용하지
   아니함

고 소 장
(예시 / 횡령죄)

1. 고소인

성 명	김 갑 동	주민등록번호	4△△△△△ - ×××××××
주 소	서울 00구 00길 00		
직 업	상업	사무실 주소	서울 00구 00길 00빌딩 00호 00리테일
전 화	(휴대폰) 010-100-0000, (사무실) 02-200-0000		
이메일	leeby@◇◇.com		

2. 피고소인

성 명	이 횡 령	주민등 록번호	5△△△△△ - ×××××××
주 소	서울 00구 00길 00		
직 업	부동산중개업 소 직원	사무실 주소	
전 화	(휴대폰) 010-900-0000		
이메일	leesagi@◇◇.com		
기타사항	피고소인은 고소인이 아파트 매입시 알게 된 부동산중개업소 직원임		

3. 고소취지

고소인은 피고소인을 횡령죄로 고소하오니 처벌하여 주시기 바랍니다.

4. 범죄사실

○ 피고소인은 '00부동산' 직원으로 근무하던 자입니다.

○ 피고소인은 2013.3.2.경 자신이 근무하는 서울 00구 00길 00빌딩 00호에 있는 00부동산 사무실에서, 고소인이 피고소인의 소개로 매입한 00아파트 00호 계약금 1,000만원을 고소인으로부터 건네받아 보관하던 중 다음 날 피고소인의 신용카드 대금을 갚는데 전액 사용하여 횡령하였습니다.

5. 고소이유

○ 고소인은 00회사에서 과장으로 근무 중이며, 피고소인은 서울 00구 00길 00빌딩 00호에 있는 00부동산 직원으로서, 고소인이 00아파트 00호를 위 00부동산을 통하여 매입하면서 알게 되었습니다.

○ 고소인은 2013.2. 초순경 00부동산에 아파트 구입 문의를 하였으며, 2013.2.25.경 00부동산 직원이던 피고소인을 통하여 00아파트 00호를 금 0억원에 구입하는 매매계약을 아파트 소유자 000과 체결하였습니다.

○ 계약 당시 계약금을 2013.3.2. 00부동산에서 소유자에게 직접 주기로 하였는데 마침 그 날 소유자의 개인 사정으로 소유자가 나오지 못하게 되어 피고소인에게 소유자에게 전해달라며 계약금 1,000만원을 맡기게 되었습니다.

○ 그런데 피고소인은 고소인으로부터 받은 계약금을 아파트 소유자에게 전달하지 아니하였고, 고소인은 수일 후 아파트 소유자와 함께 피고소인을 만나 추궁하니 계약금을 받은 다음 날 피고소인의 00카드 연체대금을 갚는데 전액 사용하였다고 횡령사실을 시인하였습니다.

○ 이에 고소인은 피고소인에게 계약금 상당을 다시 돌려줄 것을 요

구하였으나 자신은 현재 돈이 없다면서 고소인에게 돈을 반환할
수 없다고 하기에 고소에 이르렀습니다.

6. 증거자료

◻ 고소인은 고소인의 진술 외에 제출할 증거가 없습니다.

■ 고소인은 고소인의 진술 외에 제출할 증거가 있습니다.

☞ **증거자료의 세부내역은 별지를 작성하여 첨부합니다.**

7. 관련사건의 수사 및 재판 여부

① 중복고소여부	◻ 본 고소장과 같은 내용의 고소장을 다른 검찰청 또는 경찰서에 제출하거나 제출하였던 사실이 있습니다.
	◻ 없습니다.
② 관련 형사사건 수사 유무	◻ 본 고소장에 기재된 범죄사실과 관련된 사건 또는 공범 에 대하여 검찰청이나 경찰서에서 수사 중에 있습니다.
	◻ 수사 중에 있지 않습니다.
③ 관련 민사소송 유무	◻ 본 고소장에 기재된 범죄사실과 관련된 사건에 대하여 법원에서 민사소송 중에 있습니다.
	◻ 민사소송 중에 있지 않습니다.

※ 고소인이 피고소인에 대하여 2006.3.15. 00법원에 2006가단000호
로 00청구소송을 제기하여 현재 소송 중에 있음

본 고소장에 기재한 내용은 고소인이 알고 있는 지식과 경험을 바탕으
로 모두 사실대로 작성하였으며, 만일 허위사실을 고소하였을 때에는
형법 제156조 무고죄로 처벌받을 것임을 서약합니다.

2013년   9월   5일

고소인   김 갑 동   (인)

○○경찰서 귀중

별지 : 증거자료 세부 목록

1. 인적증거

성 명	강OO	주민등록번호	6△△△△△ - ××××××
주 소	직장 : 서울 OO구 OO길 OO	직업	OO부동산중개사무소 대표
전 화	(휴대폰) 010-100-0000 (자택) 02-200-0000 (사무실) 02-100-0000		
입증하려는 내용	피고소인이 고소인에게 OO아파트를 중개하고, 2006. 3. 2. 계약금 000만원을 고소인으로부터 받은 사실		

성 명	이OO	주민등록번호	5△△△△△ - ××××××
주 소	자택 : 서울 OO구 OO길 OO 직장 : 서울 OO구 OO길 OO(주)OO부동산컨설팅	직업	OO상사 이사
전 화	(휴대폰) 010-200-0000 (사무실) 02-600-0000		
입증하려는 내용	OO아파트 OO호 소유자이며, 계약금을 피고소인이 신용카드 대금채무에 사용하였다는 것을 고소인과 같이 들어 알고 있음		

2. 증거서류

순번	증거	작성자	제출 유무
1	부동산매매계약서 (사본)	피고소인	■ 접수시 제출 □ 수사 중 제출
2	예금통장(사본)	고 소 인	■ 접수시 제출 □ 수사 중 제출
3	보관증(사본)	피고소인	■ 접수시 제출 □ 수사 중 제출

※ 예금통장 사본은 고소인이 계약금 1,000만원을 인출한 것을 입증하고
자 하는 것이며 보관증 사본은 피고소인이 계약금을 고소인으로부터
받은 후 그 증거로 고소인에게 작성해 준 것임(증거서류 원본은 고소
인이 가지고 있음)

3. 증거물

순번	증거	소유자	제출 유무
1	피고소인의 명함(사본)	고소인	■ 접수시 제출 □ 수사 중 제출
2			□ 접수시 제출 □ 수사 중 제출
3			□ 접수시 제출 □ 수사 중 제출

4. 기타 증거
○ 없음

제출기관	범죄지, 피의자의 주소, 거소 또는 현재지의 경찰서, 검찰청	공소시효	7년(☞공소시효일람표)
고소권자	피해자(형사소송법 223조) (※ 아래(1)참조)	소추요건	※ 아래(2) 참조 (형법 361조, 328조)
제출부수	고소장 1부	관련법규	형법 355조1항/검찰 관장 표 준 서식
범죄성립 요 건	타인의 재물을 보관하는 자가 그 재물을 횡령하거나 그 반환을 거부한 때		
형 량	· 5년 이하의 징역 · 1,500만원 이하의 벌금 (10년 이하의 자격정지를 병과할 수 있음 : 형법 358조)		
불기소처분등 에대한	(항고) · 근거 : 검찰청법 10조		

불복절차 및 기간	· 기간 : 처분결과의 통지를 받은 날부터 30일(검찰청법 10조4항) (재정신청) · 근거 : 형사소송법 제260조 · 기간 : 항고기각 결정을 통지받은 날 또는 동법 제260조 제2항 각 호의 사유가 발생한 날부터 10일(형사소송법 제260조 제3항) (헌법소원) · 근거 : 헌법재판소법 68조 · 기간 : 그 사유가 있음을 안 날로부터 90일 이내에, 그 사유가 있은 날로부터 1년 이내에 청구하여야 한다. 다만, 다른 법률에 의한 구제절차를 거친 헌법소원의 심판은 그 최종결정을 통지받은 날로부터 30일 이내에 청구(헌법재판소법 69조)

※ (1) 고소권자

(형사소송법 225조)

1. 피해자가 제한능력자인 경우의 법정대리인
2. 피해자가 사망한 경우의 배우자, 직계친족, 형제, 자매. 단, 피해자의 명시한 의사에 반하여 고소할 수 없음

(형사소송법 224조)

자기 또는 배우자의 직계존속은 고소할 수 없음(단, 성폭력범죄의 처벌및피해자보호등에관한법률 제7조에서는 "친족관계에 의한 강간 등은 친고죄에 해당되지 아니할 뿐만 아니라 직계존속에 대하여 고소할 수 있다."고 규정함)

※ (2) 친족간의 범행과 고소

1. 직계혈족 ,배우자, 동거친족, 동거가족 또는 그 배우자간의 제323조의 죄는 형을 면제
2. 제1항이외의 친족간에 제323조의 죄를 범한 때에는 고소가 있어야 공소를 제기할 수 있음
3. 전2항의 신분관계가 없는 공범에 대하여는 전2항을 적용하지 아니함

[서식 예] 감금죄

고 소 장

고 소 인 : ○○○ (주민등록번호 :　　　　-　　　　)
주　　소 :　○○시 ○○구 ○○길 ○○
직　　업 :　　　　사무실 주소 :
전화번호 : (휴대폰:　　) (자택:　　) (사무실:　　)
이 메 일 :

피고소인 : △△△ (주민등록번호 :　　　　-　　　　)
주　　소 :　○○시 ○○구 ○○길 ○○
직　　업 :　　　　사무실 주소 :
전화번호 : (휴대폰:　　) (자택:　　) (사무실:　　)
이 메 일 :

고 소 요 지

피고소인은 고소인을 피고소인 주소지에 소재한 가옥에 20○○.○.○. ○○:○○- 20○○.○.○. ○○:○○까지 ○시간 ○분 동안 감금한 자이니 법에 의해 엄중히 처벌하여 주시기 바랍니다.

고 소 내 용

1. 고소인과 피고소인과의 관계
　피고소인은 ○○시 ○○구 ○○길 ○○번지에서 "○○양행"라는 상호로 사채업을 하는 자이며 고소인은 20○○.○.○. 피고소인에게서 ○○○원을 월 ○부 이자를 주기로 하고 차용한 사실이 있습니다.

2. 피고소인의 범죄사실
　가. 고소인은 피고소인에게 금년 ○월까지는 이자를 지급하여 왔으나 물품대금으로 받은 어음이 부도처리되는 바람에 금년 ○월 이후부터는 이자를 지급하지 못하고 있었습니다. 그러자 피고소

- 127 -

인이 20○○.○.○. ○○:○○경 고소인의 집을 찾아와 잠깐 이야기를 하자며 피고소인의 집으로 데려가 원금과 연체이자 합계 ○○○원을 모두 갚으라고 요구하였습니다.

나. 고소인은 물품대금으로 받은 어음이 부도났기 때문에 빌린 돈을 갚지 못하고 있는 형편을 이야기하며 말미를 줄 것을 사정하였으나 피고소인은 돈을 갚기 전에는 나갈 수 없다며 같은 날 ○○:○○ 고소인을 피고소인의 집 지하실에 감금하였습니다. 그리고 이 지하실은 창문도 없어 밖에서 문을 잠그면 어느 곳으로도 나갈 수 없는 장소였습니다.

다. 고소인이 피고소인과 같이 나간 후 밤 ○○시가 넘도록 돌아오지 않자 걱정이 된 고소인의 처가 경찰에 신고를 하였으며 결국 다음날인 20○○.○.○. ○○:○○경에야 고소인은 출동한 경찰의 도움으로 감금상태에서 풀려날 수 있었습니다.

위와 같은 피고소인의 범죄사실에 대해 고소하오니 법에 의해 엄중 처벌하여 주시기 바랍니다.

20○○년 ○월 ○일

고 소 인 ○○○ (인)

○○경찰서장(또는 ○○지방검찰청 검사장) 귀 중

제출기관	범죄지, 피의자의 주소, 거소 또는 현재지의 경찰서, 검찰청	공소시효	○년(☞공소시효일람표)
고소권자	피해자(형사소송법223조) (※ 아래(1)참조)	소추요건	
제출부수	고소장 1부	관련법규	형법 276조
범죄성립 요건	사람을 감금한 때		
형 량	· 5년 이하의 징역 · 700만원 이하의 벌금 (10년이하의 자격정지를 병과할 수 있음:형법 282조)		
불기소처분 등에 대한 불복절차 및 기간	(항고) · 근거 : 검찰청법 10조 · 기간 : 처분결과의 통지를 받은 날부터 30일(검찰청법 10조4항) (재정신청) · 근거 : 형사소송법 제260조 · 기간 : 항고기각 결정을 통지받은 날 또는 동법 제260조 제2항 각 호의 사유가 발생한 날부터 10일(형사소송법 제260조 제3항) (헌법소원) · 근거 : 헌법재판소법 68조 · 기간 : 그 사유가 있음을 안 날로부터 90일 이내에, 그 사유가 있은 날로부터 1년 이내에 청구하여야 한다. 다만, 다른 법률에 의한 구제절차를 거친 헌법소원의 심판은 그 최종결정을 통지받은 날로부터 30일 이내에 청구(헌법재판소법 69조)		

※ (1) 고소권자

(형사소송법 225조)

1. 피해자가 제한능력자인 경우의 법정대리인
2. 피해자가 사망한 경우의 배우자, 직계친족, 형제, 자매. 단, 피해자의 명시한 의사에 반하여 고소할 수 없음

(형사소송법 224조)

자기 또는 배우자의 직계존속은 고소할 수 없음[단, 성폭력범죄의 처벌 등에 관한 특례법 제18조에서는 "성폭력범죄에 대하여는 형사소송법 제224조(고소의 제한) 및 군사법원법 제266조에 불구하고 자기 또는 배우자의 직계존속을 고소할 수 있다."고 규정함]

[서식 예] 강간 등 상해치상죄

고 소 장

고 소 인 : ○○○ (주민등록번호 :   -   )
주   소 : ○○시 ○○구 ○○길 ○○
직   업 :   사무실 주소 :
전화번호 : (휴대폰:) (자택:) (사무실:)
이 메 일 :

피고소인 : △△△ (주민등록번호 :   -   )
주   소 : ○○시 ○○구 ○○길 ○○
직   업 :   사무실 주소 :
전화번호 : (휴대폰:) (자택:) (사무실:)
이 메 일 :

고소인은 다음과 같이 피고소인을 고소하오니, 법에 따라 조사하여 처벌하여 주시기 바랍니다.

고 소 사 실

피고소인은 ○○시 ○○구 ○○길 ○○번지에 사는 자인데 20○○. ○.○. ○○:○○경에 ○○시 ○○구 ○○길 ○○번지 소재 고소인 경영의 술집에서 혼자 영업을 하고 있는 고소인을 손으로 밀쳐 바닥에 눕힌 다음 하의와 속옷을 벗기고 "말을 듣지 않으면 죽여버린다."고 협박하고 이에 반항하는 고소인의 목을 조르고 얼굴을 주먹으로 수회 강타한 후 강제로 자신의 성기를 고소인의 질내에 삽입하여 고소인을 ○회 강간하였습니다. 이로 인하여 피고소인은 고소인으로 하여금 약 ○주간의 치료를 요하는 안면부 타박상 및 외음부 찰과상 등의 상해를 입게 한 사실이 있습니다.

위와 같은 사실을 들어 고소하오니 조사하여 엄벌하여 주시기 바랍니다.

첨 부 서 류

1. 상해진단서   1통

20ㅇㅇ년   ㅇ월   ㅇ일

위 고소인   ㅇ ㅇ ㅇ (인)

ㅇㅇ경찰서장(또는 ㅇㅇ지방검찰청 검사장) 귀 중

제출기관	범죄지, 피의자의 주소, 거소 또는 현재지의 경찰서, 검찰청	공소시효	ㅇ년(☞공소시효일람표)
고소권자	피해자(형사소송법 223조) (※ 아래(1)참조)	소추요건	
제출부수	고소장 1부	관련법규	형법 301조
범죄성립 요건	강간죄·유사강간죄·강제추행죄·준강간죄·준강제추행죄를 범한 자가 사람을 상해에 이르게 한 때		
형량	· 무기 또는 5년 이상의 징역		
불기소처분 등에 대한 불복절차 및 기간	(항고) · 근거 : 검찰청법 10조 · 기간 : 처분결과의 통지를 받은 날부터 30일(검찰청법 10조 4항) (재정신청) · 근거 : 형사소송법 제260조 · 기간 : 항고기각 결정을 통지받은 날 또는 동법 제260조 제2항 각 호의 사유가 발생한 날부터 10일(형사소송법 제260조 제3항) (헌법소원) · 근거 : 헌법재판소법 68조 · 기간 : 그 사유가 있음을 안 날로부터 90일 이내에, 그 사유가 있은 날로부터 1년 이내에 청구하여야 한다.		

다만, 다른 법률에 의한 구제절차를 거친 헌법소원의 심판은 그 최종결정을 통지받은 날로부터 30일 이내에 청구(헌법재판소법 69조)

※ (1) 고소권자

(형사소송법 225조)

1. 피해자가 제한능력자인 경우의 법정대리인
2. 피해자가 사망한 경우의 배우자, 직계친족, 형제, 자매. 단, 피해자의 명시한 의사에 반하여 고소할 수 없음

(형사소송법 224조)

자기 또는 배우자의 직계존속은 고소할 수 없음[단, 성폭력범죄의 처벌 등에 관한 특례법 제18조에서는 "성폭력범죄에 대하여는 형사소송법 제224조(고소의 제한) 및 군사법원법 제266조에 불구하고 자기 또는 배우자의 직계존속을 고소할 수 있다."고 규정함]

고 소 장

고 소 인 : ○ ○ ○ (주민등록번호 :   -   )
　　　　　주소 : ○○시 ○○구 ○○길 ○○
　　　　　직업 :   사무실 주소 :
　　　　　전화번호 : (휴대폰:) (자택:) (사무실:)
　　　　　이메일 :
피고소인 : △ △ △ (주민등록번호 :   -   )
　　　　　주소 : ○○시 ○○구 ○○길 ○○
　　　　　직업 :   사무실 주소 :
　　　　　전화번호 : (휴대폰:) (자택:) (사무실:)
　　　　　이메일 :

고 소 취 지
피고소인은 고소인을 강간한 사실이 있습니다.

고 소 사 실
1. 피고소인은 ○○시 ○○구 ○○길 ○○번지에 사는 자인데 20○
   ○.○.○. ○○:○○경에 ○○시 ○○구 ○○길 ○○번지 소재 고
   소인의 집에서 잠을 자고 있는 고소인을 폭행, 협박하여 강제로
   ○회 성교를 하였습니다.
2. 당시 고소인은 고소인의 방에서 깊은 잠에 빠져 있었는데 고소인의
   방의 열린 창문을 통하여 침입한 피고소인이 갑자기 놀라 잠에서
   깨어난 고소인의 입을 손으로 틀어막은 후 가만히있지 않으면 죽
   여 버리겠다고 협박하고 이에 반항하는 고소인의 목을 조르고 얼
   굴을 주먹으로 수회 강타한 후 강제로 자신의 성기를 고소인의 질
   내에 삽입해 고소인을 강간한 것입니다.

3. 위와 같은 사실을 들어 고소하오니 조사하여 엄벌하여 주시기 바랍니다.

소 명 방 법

1. 진단서
2. 세부적인 자료는 추후 제출하겠음.

20○○년   ○월   ○일

위   고 소 인   ○ ○ ○ (인)

○○경찰서장(또는 ○○지방검찰청 검사장) 귀 중

제출기관	범죄지, 피의자의 주소, 거소 또는 현재지의 경찰서, 검찰청	공 소 시 효	○년(☞공소시효일람표)
고소권자	피해자(형사소송법 223조) (※ 아래(1)참조)	소 추 요 건	
제출부수	고소장 1부	관 련 법 규	형법 297조
범죄성립 요 건	폭행 또는 협박으로 사람을 강간한 때		
형 량	· 3년 이상의 유기징역		
불기소처분 등에 대한 불복절차 및 기간	(항고) · 근거 : 검찰청법 10조 · 기간 : 처분결과의 통지를 받은 날부터 30일(검찰청법 10조 4항) (재정신청) · 근거 : 형사소송법 제260조 · 기간 : 항고기각 결정을 통지받은 날 또는 동법 제260조 제2항 각 호의 사유가 발생한 날부터 10일(형사소 송법 제260조 제3항) (헌법소원)		

· 근거 : 헌법재판소법 68조
· 기간 : 그 사유가 있음을 안 날로부터 90일 이내에, 그 사유가 있은 날로부터 1년 이내에 청구하여야 한다. 다만, 다른 법률에 의한 구제절차를 거친 헌법소원의 심판은 그 최종결정을 통지받은 날로부터 30일 이내에 청구(헌법재판소법 69조)

※ (1) 고소권자

(형사소송법 225조)

1. 피해자가 제한능력자인 경우의 법정대리인

2. 피해자가 사망한 경우의 배우자, 직계친족, 형제, 자매. 단, 피해자의 명시한 의사에 반하여 고소할 수 없음

(형사소송법 224조)

자기 또는 배우자의 직계존속은 고소할 수 없음[단, 성폭력범죄의 처벌 등에 관한 특례법 제18조에서는 "성폭력범죄에 대하여는 형사소송법 제224조(고소의 제한) 및 군사법원법 제266조에 불구하고 자기 또는 배우자의 직계존속을 고소할 수 있다."고 규정함]

※관련 판례

갑이 을을 강간 등 혐의로 고소하였으나 검사가 혐의 없음 처분을 하고, 오히려 갑을 무고 및 간통 혐의로 기소하여 제1심에서 유죄판결을 받았다가, 항소심과 상고심에서 무죄판결이 선고되어 확정되었고, 그 후 갑이 을을 상대로 강간 등 불법행위에 따른 손해배상금의 지급을 구하는 지급명령을 신청하였다가 각하되자 그로부터 6개월 내에 손해배상청구의 소를 제기한 사안에서, 갑의 강간 고소 부분에 대하여 간통죄나 무고죄가 유죄로 인정되는 경우에는 갑이 을에 대하여 손해배상청구를 하더라도 손해배상을 받기 어렵고 오히려 을에게 무고로 인하여 손해를 배상해 주어야 할 입장에 놓일 수도 있게 되므로, 이와 같은 상황 아래서 갑이 강간으로 인한 손해배상청구를 한다는 것은 사실상 불가능하다고 보이고, 따라서 갑의 손해배상청구는 간통과 무고죄에 대한 무죄판결이 확정된 때에야 비로소 사실상 가능하게 되었다고 보아야 하며, 그 결과 갑의 손해배상청구권은 무죄판결이 확정된 때로부터 소멸

시효가 진행하는데, 갑이 지급명령 신청이 각하된 후 6개월이 지나기 전에 소를 제기하였으므로 민법 제170조 제2항에 의하여 최초로 지급명령을 신청한 날에 시효가 중단되었다고 본 원심판단을 수긍한 사례 (대법원 2011.11.10. 선고 2011다54686 판결).

[서식 예] 강간치상죄

고 소 장

고 소 인 : ○ ○ ○ (주민등록번호 :   -   )
　　　　　주소 :　 ○○시 ○○구 ○○길 ○○
　　　　　직업 :　　　　사무실 주소 :
　　　　　전화번호 : (휴대폰:　　　) (자택:　　　) (사무실:　　)
　　　　　이메일 :
피고소인 : △ △ △ (주민등록번호 :   -   )
　　　　　주소 :　 ○○시 ○○구 ○○길 ○○
　　　　　직업 :　　　　사무실 주소 :
　　　　　전화번호 : (휴대폰:　　　) (자택:　　　) (사무실:　　)
　　　　　이메일 :

고소인은 다음과 같이 피고소인을 고소하오니, 법에 따라 조사하여 처벌
하여 주시기 바랍니다.

고 소 사 실

피고소인은 200○. ○. ○. ○○:○○경 ○○시 ○○구 ○○길 ○○
번지 소재 피고소인의 집에서 전화로 고소인 경영의 ○○다방으로 차
주문을 한 후 그 주문을 받고 배달을 나온 고소인을 보고 손으로 고
소인을 밀쳐 그곳 방바닥에 눕힌 다음 하의와 속옷을 벗기고 "말을
듣지 않으면 죽여 버린다"고 말하면서 그 옆에 있는 지팡이로 고소
인의 머리를 때려 고소인의 반항을 억압한 후 강간하려 하였으나 때
마침 고소인을 찾으러 온 위 다방 종업원인 ㅁㅁㅁ에게 발각되어 강
간은 당하지 아니하였으나 이로 인하여 고소인으로 하여금 약 ○주간
의 치료를 요하는 두피 좌상 등의 상해를 입게 한 사실이 있습니다.

첨 부 서 류

　　1. 상해진단서　　　　　　　　　　1통

- 137 -

제출기관	범죄지, 피의자의 주소, 거소 또는 현재지의 경찰서, 검찰청	공소시효	○년 (☞공소시효일람표)
고소권자	피해자(형사소송법 223조)(※ 아래(1)참조)	소추요건	
제출부수	고소장 1부	관련법규	형법 301조
범죄성립 요건	강간죄·유사강간죄·강제추행죄·준강간죄·준강제추행죄를 범한 자가 사람을 상해에 이르게 한 때		
형 량	· 무기 또는 5년 이상의 징역		
불기소처분 등에 대한 불복절차 및 기간	(항고) · 근거 : 검찰청법 10조 · 기간 : 처분결과의 통지를 받은 날부터 30일(검찰청법 10조4항) (재정신청) · 근거 : 형사소송법 제260조 · 기간 : 항고기각 결정을 통지받은 날 또는 동법 제260조 제2항 각 호의 사유가 발생한 날부터 10일(형사소송법 제260조 제3항) (헌법소원) · 근거 : 헌법재판소법 68조 · 기간 : 그 사유가 있음을 안 날로부터 90일 이내에, 그 사유가 있은 날로부터 1년 이내에 청구하여야 한다. 다만, 다른 법률에 의한 구제절차를 거친 헌법소원의 심판은 그 최종결정을 통지받은 날로부터 30일 이내에 청구 (헌법재판소법 69조)		

※ (1) 고소권자

(형사소송법 225조)

1. 피해자가 제한능력자인 경우의 법정대리인

2. 피해자가 사망한 경우의 배우자, 직계친족, 형제, 자매. 단, 피

- 138 -

해자의 명시한 의사에 반하여 고소할 수 없음
(형사소송법 224조)

자기 또는 배우자의 직계존속은 고소할 수 없음[단, 성폭력범죄의 처벌 등에 관한 특례법 제18조에서는 "성폭력범죄에 대하여는 형사소송법 제224조(고소의 제한) 및 군사법원법 제266조에 불구하고 자기 또는 배우자의 직계존속을 고소할 수 있다."고 규정함]

[서식 예] 강도죄

고 소 장

고 소 인 : ○ ○ ○ (주민등록번호 :   -   )
        주소 : ○○시 ○○구 ○○길 ○○
        직업 :   사무실 주소 :
        전화번호 : (휴대폰:) (자택:) (사무실:)
        이메일 :
피고소인 : △ △ △ (주민등록번호 :   -   )
        주소 : ○○시 ○○구 ○○길 ○○
        직업 :   사무실 주소 :
        전화번호 : (휴대폰:) (자택:) (사무실:)
        이메일 :

고 소 취 지

피고소인은 아래와 같은 방법으로 강도죄를 저지른 사실이 있습니다.

고 소 사 실

피고소인은 일정한 직업이 없는 자인 바, 200○.○.○. ○○:○○경 ○○ ○○시 ○○길 소재 ○○다방을 운영하고 있는 고소인 소유 건물에 침입하여 그 날 따라 몸이 아파 다방 일을 쉬고 방에서 자고있던 고소인을 깨워 협박하면서 공포심을 갖게 한 후 금전을 내놓으라고 하여 고소인이 가지고 있던 현금이 없다고 하자 고소인을 내실에 가두어 폭행을 가하면서 고소인의 의사 및 반항을 억압하여 반항을 불가능하게 하고 장롱을 뒤져 금반지 3돈 짜리 2개, 시가 40만원 상당의 손목시계 2등 합계 금70만원 상당의 금품을 강취하여 재산상 이득을 취하고 도주하였습니다. 이에 본 고소에 이른 것입니다.

입 증 방 법

추후 조사시에 제출하겠습니다.

20○○. ○. ○.

위 고소인 ○ ○ ○ (인)

○○경찰서장(또는 ○○지방검찰청 검사장) 귀 중

제출기관	범죄지, 피의자의 주소, 거소 또는 현재지의 경찰서, 검찰청	공소시효	○년 (☞공소시효일람표)
고소권자	피해자(형사소송법 223조) (※ 아래(1)참조)	소추요건	
제출부수	고소장 1부	관련법규	형법 333조
범죄성립 요 건	폭행 또는 협박으로 타인의 재물을 강취하거나 기타 재산상 이익을 취득하거나 제3자로 하여금 이를 취득하게 한 때		
형 량	· 3년 이상의 유기징역(유기징역에 처할 경우 10년 이하의 자격정지를 병과할 수 있음 : 형법 345조)		
불기소처 분등에 대한 불복절차 및 기간	(항고) · 근거 : 검찰청법 10조 · 기간 : 처분결과의 통지를 받은 날부터 30일(검찰청법 10조4항) (재정신청) · 근거 : 형사소송법 제260조 · 기간 : 항고기각 결정을 통지받은 날 또는 동법 제260조 제2항 각 호의 사유가 발생한 날부터 10일(형사소송법 제260조 제3항) (헌법소원) · 근거 : 헌법재판소법 68조 · 기간 : 그 사유가 있음을 안 날로부터 90일 이내에, 그 사유가 있은 날로부터 1년 이내에 청구하여야 한다. 다만, 다른 법률에 의한 구제절차를 거친 헌법소원의 심판은 그 최종결정을 통지받은 날로부터 30일 이내에 청구(헌법재판소법 69조)		

※ (1) 고소권자
　(형사소송법 225조)
　1. 피해자가 제한능력자인 경우의 법정대리인
　2. 피해자가 사망한 경우의 배우자, 직계친족, 형제, 자매. 단, 피
　　해자의 명시한 의사에 반하여 고소할 수 없음
　(형사소송법 224조)
　자기 또는 배우자의 직계존속은 고소할 수 없음[단, 성폭력범죄의
　처벌 등에 관한 특례법 제18조에서는 "성폭력범죄에 대하여는 형
　사소송법 제224조(고소의 제한) 및 군사법원법 제266조에 불구하
　고 자기 또는 배우자의 직계존속을 고소할 수 있다."고 규정함]

고 소 장

고 소 인 : ○ ○ ○ (주민등록번호 :   -   )
　　　　　주소 : ○○시 ○○구 ○○길 ○○
　　　　　직업 :　　　사무실 주소 :
　　　　　전화번호 : (휴대폰:　) (자택:　) (사무실:　)
　　　　　이메일 :
피고소인 : △ △ △ (주민등록번호 :   -   )
　　　　　주소 : ○○시 ○○구 ○○길 ○○
　　　　　직업 :　　　사무실 주소 :
　　　　　전화번호 : (휴대폰:　) (자택:　) (사무실:　)
　　　　　이메일 :

고 소 취 지

고소인은 피고소인을 형법 제324조의 강요죄(협박에 의한 권리행사방
해죄)로 형사고소하니 엄히 처벌하여 주시기 바랍니다.

고 소 원 인

고소인은 위 주소지에서 조그마한 중소기업을 경영하다 경제 불황으
로 매출 실적이 현격히 떨어져, 은행으로부터 대출 받은 원금에 대한
이자도 변제하지 못하고 있던 중, 회사의 경영상 급전이 필요하여 생
활정보지 광고를 보고 사채업을 하는 위 피고소인에게 사채를 얻어
사용하게 되었습니다.
그러나 회사의 사정은 더욱 악화되어 고소인은 업종 변경 등으로 다
른 사업을 구상하던 중, 친구의 권유를 받아 해외 사업 시찰의 일환
으로 동남아 여행을 목적으로 여권을 발급 받았는데, 위 피고소인인
사채업자가 고소인이 채무변제를 회피할 목적으로 해외도피를 하는 것

으로 오인하여 그의 채권 실현을 목적으로 조직원들을 동원, 고소인을 찾아와 폭행 협박하고 고소인이 겁을 먹고 있는 상태를 이용하여 고소인 소유의 여권을 교부케 하여 그 여권을 강제 회수당한 결과, 고소인은 고소인의 중요한 해외 사업 시찰 계획에 차질이 있었을 뿐만 아니라 해외를 여행할 사실상 권리마저 침해당하였던 바, 고소인은 위와 같은 사실을 들어 피고소인을 강요죄(협박에 의한 권리행사방해죄)로 형사 고소하니 법률이 허용하는 범위내에서 엄벌해 주시기 바랍니다.

20○○년   ○월   ○일

위   고 소 인   ○ ○ ○ (인)

○○경찰서장(또는 ○○지방검찰청 검사장) 귀 중

제출기관	범죄지, 피의자의 주소, 거소 또는 현재지의 경찰서, 검찰청	공소시효	○년(☞공소시효일람표)
고소권자	피해자(형사소송법 223조) (※아래(1)참조)	소추요건	
제출부수	고소장 1부	관련법규	형법 324조
범죄성립 요 건	폭행 또는 협박으로 사람의 권리행사를 방해하거나 의무 없는 일을 하게 한 때		
형 량	· 5년 이하의 징역		
불기소처분등에대한 불복절차 및 기간	(항고) · 근거 : 검찰청법 10조 · 기간 : 처분결과의 통지를 받은 날부터 30일(검찰청법 10조4항) (재정신청) · 근거 : 형사소송법 제260조 · 기간 : 항고기각 결정을 통지받은 날 또는 동법 제260조 제2항 각 호의 사유가 발생한 날부터 10일(형사소송법 제260조 제3항) (헌법소원) · 근거 : 헌법재판소법 68조 · 기간 : 그 사유가 있음을 안 날로부터 90일 이내에, 그 사		

유가 있은 날로부터 1년 이내에 청구하여야 한다. 다만, 다른 법률에 의한 구제절차를 거친 헌법소원의 심판은 그 최종결정을 통지받은 날로부터 30일 이내에 청구(헌법재판소법 69조)

※ (1) 고소권자

(형사소송법 225조)

1. 피해자가 제한능력자인 경우의 법정대리인
2. 피해자가 사망한 경우의 배우자, 직계친족, 형제, 자매. 단, 피해자의 명시한 의사에 반하여 고소할 수 없음

(형사소송법 224조)

자기 또는 배우자의 직계존속은 고소할 수 없음(단, 성폭력범죄의 처벌등에관한특례법 제18조에서는 "성폭력범죄에 대하여는 「형사소송법」 제224조(고소의 제한) 및 「군사법원법」 제266조에도 불구하고 자기 또는 배우자의 직계존속을 고소할 수 있다."고 규정함)

[서식 예] 강제집행면탈죄

고 소 장

고 소 인 : ○ ○ ○ (주민등록번호 :   -   )
　　　　　 주소 :   ○○시 ○○구 ○○길 ○○
　　　　　 직업 :   사무실 주소 :
　　　　　 전화번호 : (휴대폰:) (자택:) (사무실:)
　　　　　 이메일 :
피고소인 : △ △ △ (주민등록번호 :   -   )
　　　　　 주소 :   ○○시 ○○구 ○○길 ○○
　　　　　 직업 :   사무실 주소 :
　　　　　 전화번호 : (휴대폰:) (자택:) (사무실:)
　　　　　 이메일 :

고 소 사 실

피고소인 △△△은 20○○년부터 건축업을 목적으로 ○○건설주식회사
를 설립하여 이 회사 대표이사로 있는 자로서 지급능력이 없으면서 거
액의 어음을 고소인에게 남발하였고,
위 피고소인은 약속어음의 지불기일이 되자 고소인등이 피고소인의 재
산에 압류 등 강제처분을 할 것을 우려한 나머지 자기 소유재산인 ○
○건설주식회사를 허위로 양도하는 등 고소인의 강제집행을 면할 것을
기도하고 ○○건설주식회사 대표 □□□와 공모하여 20○○년 ○월
○일경 위 ○○건설주식회사 주식 13,000주를 금 6,000만원으로 평가
하여 그 중 7,000주를 대금 3,500만원에 매도하였음에도 불구하고 주
식 전체를 위 ○○건설주식회사 대표 □□□에게 매도한 것처럼 서류
를 만들고 내용적으로 전 주식의 70%만 피고인에게 양도한다는 비밀
합의서를 만든 다음 그 일체에 필요한 서류를 교부하여 주었습니다.
그리고 그 후 20○○년 ○월 ○일 ○○시 ○○길 ○○번지 소재 ○
○빌딩 ○호에서 피고소인 △△△은 동 회사주식 13,000주를 □□□

에게 양도하는 이사회를 개최 만장일치로 승낙한 것처럼 의사회의록도 만들었고 13,000주를 ㅁㅁㅁ에게 완전히 배서하여 줌으로써 동 주식 30%해당분 2,500만원 상당을 강제집행 불능케하여 이를 면탈한 것입니다.

이에 고소인은 위와 같은 사실로 피고소인을 고소하오니 철저히 조사하여 법에 의거 엄벌하여 주시기 바랍니다.

20ㅇㅇ.　ㅇ.　ㅇ.

고　소　인　ㅇㅇㅇ (인)

ㅇㅇ경찰서장(또는 ㅇㅇ지방검찰청 검사장) 귀 중

제출기관	범죄지, 피의자의 주소, 거소 또는 현재지의 경찰서, 검찰청	공소시효	ㅇ년(☞공소시효일람표)
고소권자	피해자(형사소송법 223조) (※ 아래(1)참조)	소추요건	
제출부수	고소장 1부	관련법규	형법 327조
범죄성립 요 건	강제집행을 면할 목적으로 재산을 은닉, 손괴, 허위양도 또는 허위의 채무를 부담하여 채권자를 해한 때		
형 량	· 3년 이하의 징역 · 1,000만원 이하의 벌금		
불기소처분 등에 대한 불복절차 및 기간	(항고) · 근거 : 검찰청법 10조 · 기간 : 처분결과의 통지를 받은 날부터 30일(검찰청법 10조4항) (재정신청) · 근거 : 형사소송법 제260조 · 기간 : 항고기각 결정을 통지받은 날 또는 동법 제260조 제2항 각 호의 사유가 발생한 날부터 10일(형사소송법 제260조 제3항) (헌법소원) · 근거 : 헌법재판소법 68조 · 기간 : 그 사유가 있음을 안 날로부터 90일 이내에, 그 사유가 있은 날로부터 1년 이내에 청구하여야 한다.		

다만, 다른 법률에 의한 구제절차를 거친 헌법소원의
심판은 그 최종결정을 통지받은 날로부터 30일 이내
에 청구(헌법재판소법 69조)

※ (1) 고소권자
(형사소송법 225조)
1. 피해자가 제한능력자인 경우의 법정대리인
2. 피해자가 사망한 경우의 배우자, 직계친족, 형제, 자매. 단, 피
해자의 명시한 의사에 반하여 고소할 수 없음
(형사소송법 224조)
자기 또는 배우자의 직계존속은 고소할 수 없음(단, 성폭력범죄의
처벌등에관한특례법 제18조에서는 "성폭력범죄에 대하여는 「형사
소송법」 제224조(고소의 제한) 및 「군사법원법」 제266조에도 불구
하고 자기 또는 배우자의 직계존속을 고소할 수 있다."고 규정함)

고 소 장

고 소 인 : ○ ○ ○ (주민등록번호 :   -   )
　　　　　주소 :　○○시 ○○구 ○○길 ○○
　　　　　직업 :　　　사무실 주소 :
　　　　　전화번호 : (휴대폰:　) (자택:　) (사무실:　)
　　　　　이메일 :
피고소인 : △ △ △ (주민등록번호 :   -   )
　　　　　주소 :　○○시 ○○구 ○○길 ○○
　　　　　직업 :　　　사무실 주소 :
　　　　　전화번호 : (휴대폰:　) (자택:　) (사무실:　)
　　　　　이메일 :

고 소 취 지

고소인은 피고소인을 강제추행혐의로 고소하오니 철저히 조사하여 엄벌하여 주시기를 바랍니다.

고 소 사 실

고소인은 200○.○.○. ○○:○○경 ○○도 ○○군 ○○면 ○○길 ○○ 소재 피고소인 경영의 '○○당구장'에서 피고소인 및 고소외 ㅁㅁㅁ과 같이 술을 마시던 중 고소인이 그 곳 당구장내에 있는 화장실에 갔다가 나오자 피고소인이 갑자기 위 당구장의 전등을 소등하고 고소인에게 다가와 손으로 고소인의 가슴부위를 만지고 이에 놀라 뒤따라오던 고소외 ㅁㅁㅁ에게 안기자 재차 양손으로 고소인의 가슴을 만진 후 고소인을 밀어 당구대위로 넘어뜨리고 가슴 및 음부를 수회 만져고소인은 이를 뿌리치고 나가려고 하자 피고소인은 앞을 가로막고 나가지 못하게 하였으나 고소인이 구토증세를 보이자 어쩔 수 없이 비켜주어 위 당구장을 나오게 되었는 바 위 사고로 고소인은 인간적으로 심한 수치심과 모멸감을 느꼈고 피고소인의 이러한 행위를 법에 따라 엄벌하고자 이건 고소에 이른 것입니다.

소 명 방 법

1. 진단서   1 통
1. 목격자진술서   1 통

20○○년 ○월 ○일

위 고소인 ○ ○ ○ (인)

○○경찰서장(또는 ○○지방검찰청 검사장) 귀 중

제출기관	범죄지, 피의자의 주소, 거소 또는 현재지의 경찰서, 검찰청	공소시효	○년(☞공소시효일람표)
고소권자	피해자(형사소송법 223조) (※ 아래(1)참조)	소추요건	
제출부수	고소장 1부	관련법규	형법 298조
범죄성립 요 건	폭행 또는 협박으로 사람에 대하여 추행을 한 때		
형 량	· 10년 이하의 징역 · 1,500만원 이하의 벌금		
불기소처분 등에 대한 불복절차 및 기간	(항고) · 근거 : 검찰청법 10조 · 기간 : 처분결과의 통지를 받은 날부터 30일(검찰청법 10조4항) (재정신청) · 근거 : 형사소송법 제260조 · 기간 : 항고기각 결정을 통지받은 날 또는 동법 제260조 제2항 각 호의 사유가 발생한 날부터 10일(형사소송법 제260조 제3항) (헌법소원) · 근거 : 헌법재판소법 68조 · 기간 : 그 사유가 있음을 안 날로부터 90일 이내에, 그 사유가 있은 날로부터 1년 이내에 청구하여야 한다.		

다만, 다른 법률에 의한 구제절차를 거친 헌법소원의
심판은 그 최종결정을 통지받은 날로부터 30일 이내
에 청구(헌법재판소법 69조)

※ (1) 고소권자
(형사소송법 225조)
1. 피해자가 제한능력자인 경우의 법정대리인
2. 피해자가 사망한 경우의 배우자, 직계친족, 형제, 자매. 단, 피
   해자의 명시한 의사에 반하여 고소할 수 없음
(형사소송법 224조)
자기 또는 배우자의 직계존속은 고소할 수 없음[단, 성폭력범죄의
처벌 등에 관한 특례법 제18조에서는 "성폭력범죄에 대하여는 형
사소송법 제224조(고소의 제한) 및 군사법원법 제266조에 불구하
고 자기 또는 배우자의 직계존속을 고소할 수 있다."고 규정함]

[서식 예] 경계침범죄

고 소 장

고 소 인 : ○ ○ ○ (주민등록번호 :   -   )
　　　　　주소 : ○○시 ○○구 ○○길 ○○
　　　　　직업 :　　　　사무실 주소 :
　　　　　전화번호 : (휴대폰:) (자택:) (사무실:)
　　　　　이메일 :
피고소인 : △ △ △ (주민등록번호 :   -   )
　　　　　주소 : ○○시 ○○구 ○○길 ○○
　　　　　직업 :　　　　사무실 주소 :
　　　　　전화번호 : (휴대폰:) (자택:) (사무실:)
　　　　　이메일 :

고 소 취 지

고소인은 피고소인을 상대로 아래와 같이 경계침범죄로 고소를 제기하오니 철저히 조사하시어 엄벌하여 주시기 바랍니다.

청 구 원 인

1. 고소인은 ○○시 ○○구 ○○길 ○○의 소유자로서 위 주택에 거주하고 있는 자이며, 피고소인은 위 같은 길 ○○의 소유자로서 위 고소인 주택과 경계를 접하며 거주하고 자입니다.
2. 그런데 고소인과 피고소인의 소유 주택사이에 놓여있는 경계의 일부분이 공터로 되어 있으면서 상호간에 오래 전에 심어져있는 수목을 경계로 설정하기로 하고 수년동안 평온하게 거주하여 왔으나, 피고소인은 그 소유 주택을 신축하여 오던 중 20○○년 ○월 ○일에 이르러 피고소인의 통행에 편의를 위하여 고소인의 아무런 동의도 없이 양 토지상에 경계의 표시로 식재된 수목 5그루를 임의로 제거하여 그 인식을 불능케 하고, 고소인 소유 토지 일부분을 침범하여

무단으로 벽돌 담장을 설치한 적이 있습니다.

3. 이상과 같이 피고소인은 고소인의 일부토지에 설치된 경계를 임의로 제거하고 토지를 침범하는 행위를 하였기에 본 고소에 이른 것입니다.

입 증 방 법

1. 부동산등기사항전부증명서   1통
1. 지적도   1통

20○○년   ○월   ○일

고 소 인   ○   ○   ○   (인)

○○경찰서장(또는 ○○지방검찰청 검사장) 귀 중

제출기관	범죄지, 피의자의 주소, 거소 또는 현재지의 경찰서, 검찰청	공소시효	5년(☞공소시효일람표)
고소권자	피해자(형사소송법 223조) (※ 아래(1)참조)	소추요건	
제출부수	고소장 1부	관련법규	형법 370조
범죄성립 요건	경계표를 손괴, 이동 또는 제거하거나 기타 방법으로 토지의 경계를 인식불능하게 한 때		
형 량	· 3년 이하의 징역 · 500만원 이하의 벌금		
불기소처분 등에 대한 불복절차 및 기간	(항고) · 근거 : 검찰청법 10조 · 기간 : 처분결과의 통지를 받은 날부터 30일(검찰청법 10조4항) (재정신청) · 근거 : 형사소송법 제260조 · 기간 : 항고기각 결정을 통지받은 날 또는 동법 제260조 제2항 각 호의 사유가 발생한 날부터 10일(형사소송법 제260조 제3항) (헌법소원) · 근거 : 헌법재판소법 68조		

> · 기간 : 그 사유가 있음을 안 날로부터 90일 이내에, 그 사
> 유가 있은 날로부터 1년 이내에 청구하여야 한다.
> 다만, 다른 법률에 의한 구제절차를 거친 헌법소원의
> 심판은 그 최종결정을 통지받은 날로부터 30일 이내
> 에 청구(헌법재판소법 69조)

※ (1) 고소권자

(형사소송법 225조)

1. 피해자가 제한능력자인 경우의 법정대리인
2. 피해자가 사망한 경우의 배우자, 직계친족, 형제, 자매. 단, 피
   해자의 명시한 의사에 반하여 고소할 수 없음

(형사소송법 224조)

자기 또는 배우자의 직계존속은 고소할 수 없음[단, 성폭력범죄의
처벌 등에 관한 특례법 제18조에서는 "성폭력범죄에 대하여는 형
사소송법 제224조(고소의 제한) 및 군사법원법 제266조에 불구하
고 자기 또는 배우자의 직계존속을 고소할 수 있다."고 규정함]

[서식 예] 공갈죄

고 소 장

고 소 인 : ○ ○ ○ (주민등록번호 :   -   )
　　　　　 주소 :   ○○시 ○○구 ○○길 ○○
　　　　　 직업 :   사무실 주소 :
　　　　　 전화번호 : (휴대폰:) (자택:) (사무실:)
　　　　　 이메일 :
피고소인 : △ △ △ (주민등록번호 :   -   )
　　　　　 주소 :   ○○시 ○○구 ○○길 ○○
　　　　　 직업 :   사무실 주소 :
　　　　　 전화번호 : (휴대폰:) (자택:) (사무실:)
　　　　　 이메일 :

고 소 취 지

피고소인은 아래와 같은 방법으로 고소인으로부터 금 200만원을 갈취한 사실이 있습니다.

고 소 사 실

1. 피고소인은 일정한 직업이 없는 자이고 고소인은 가정주부인바, 피고소인과 고소인은 20○○. ○.경 강남의 한 캬바레에서 우연히 알게 되어 정교관계를 맺은 사실이 있었습니다.

2. 그런데 피고소인은 20○○.○.○. ○○:○○경 ○○시 ○○구 ○○길에 있는 ○○○호텔 커피숍으로 나오라고 하고는 피고소인에게 "돈 200만원만 빌려 달라"고 하면서 "만일 빌려주지 않으면 정교사실을 남편에게 알려버리겠다"는 등의 말로 협박을 하였습니다.

3. 이에 고소인은 겁을 먹고 어쩔 수 없이 그 다음날 ○○:○○경 위 커피숍에서 피고소인을 다시 만나 금 200만원을 교부한 사실이 있기에 본 고소에 이른 것입니다.

입 증 방 법

추후 조사시에 제출하겠습니다.

20○○년   ○월   ○일

위 고소인   ○ ○ ○ (인)

○○경찰서장(또는 ○○지방검찰청 검사장) 귀 중

제출기관	범죄지, 피의자의 주소, 거소 또는 현재지의 경찰서, 검찰청	공소시효	○년(☞공소시효일람표)
고소권자	피해자(형사소송법 223조) (※ 아래(1)참조)	소추요건	※ 아래(2) 참조 (형법 354조, 328조)
제출부수	고소장 1부	관련법규	형법 350조
범죄성립 요 건	· 사람을 공갈하여 재물의 교부를 받거나 재산상의 이익을 취득한 때 · 사람을 공갈하여 제3자로 하여금 재물의 교부를 받게 하거나 재산상의 이익을 취득하게 한 때		
형 량	· 10년 이하의 징역 · 2,000만원 이하의 벌금 (10년 이하의 자격정지를 병과할 수 있음 : 형법 353조)		
불기소처분 등에대한 불복절차 및 기간	(항고) · 근거 : 검찰청법 10조 · 기간 : 처분결과의 통지를 받은 날부터 30일(검찰청법 10조4항) (재정신청) · 근거 : 형사소송법 제260조 · 기간 : 항고기각 결정을 통지받은 날 또는 동법 제260조 제2항 각 호의 사유가 발생한 날부터 10일(형사소송법 제260조 제3항) (헌법소원) · 근거 : 헌법재판소법 68조 · 기간 : 그 사유가 있음을 안 날로부터 90일 이내에, 그 사유가 있은 날로부터 1년 이내에 청구하여야 한다. 다만, 다른 법률에 의한 구제절차를 거친 헌법소원의 심판은 그 최종결정을 통지받은 날로부터 30일 이내에 청구(헌법재판소법 69조)		

※ (1) 고소권자

(형사소송법 225조)

1. 피해자가 제한능력자인 경우의 법정대리인

2. 피해자가 사망한 경우의 배우자, 직계친족, 형제, 자매. 단, 피해자의 명시한 의사에 반하여 고소할 수 없음

(형사소송법 224조)

자기 또는 배우자의 직계존속은 고소할 수 없음[단, 성폭력범죄의 처벌 등에 관한 특례법 제18조에서는 "성폭력범죄에 대하여는 형사소송법 제224조(고소의 제한) 및 군사법원법 제266조에 불구하고 자기 또는 배우자의 직계존속을 고소할 수 있다."고 규정함]

※ (2) 친족간의 범행과 고소

1. 직계혈족 ,배우자, 동거친족, 동거가족 또는 그 배우자간의 제323조의 죄는 형을 면제

2. 제1항이외의 친족간에 제323조의 죄를 범한 때에는 고소가 있어야 공소를 제기할 수 있음

3. 전2항의 신분관계가 없는 공범에 대하여는 전2항을 적용하지 아니함

고 소 장

고 소 인 : ○ ○ ○ (주민등록번호 :   -   )
　　　　주소 : ○○시 ○○구 ○○길 ○○
　　　　직업 :　　　사무실 주소 :
　　　　전화번호 : (휴대폰:) (자택:) (사무실:)
　　　　이메일 :
피고소인 : △ △ △ (주민등록번호 :   -   )
　　　　주소 : ○○시 ○○구 ○○길 ○○
　　　　직업 :　　　사무실 주소 :
　　　　전화번호 : (휴대폰:) (자택:) (사무실:)
　　　　이메일 :

고 소 취 지

고소인은 피고소인을 공무상비밀표시무효의 혐의로 고소하오니 철저히 조사하여 엄중히 처벌하여 주시기 바랍니다.

고 소 사 실

1. 고소인은 피고소인에게 금 ○○○만원을 대여하였으나, 피고소인이 변제기가 지나도 이를 변제하지 않아, 피고소인을 상대로 ○○지방법원에서 위 대여금의 지급을 구하는 청구소송을 제기하여 확정판결을 받은 바 있습니다.

2. 고소인은 확정판결을 받은 후에도 피고소인의 임의변제를 기다렸으나, 피고소인이 막무가내로 변제를 거부함에 따라 200○.○.○. ○○:○○부터 같은 날 ○○:○○경까지 사이에 ○○지방법원 소속 집행관(○○○)에게 집행을 위임하여 ○○시○○구 ○○길 ○○ 소재 피고소인의 유체동산에 대한 압류집행을 실시하였습니다.

3. 이러한 압류집행을 실시한 후에 피고소인이 집행관이나 고소인인 채권자의 동의나 허락을 받음이 없이 집행관과 고소인인 채권자에게 일방적으로 위 압류물의 이전을 통고한 후 ○○지방법원 소속 집행관의 관할구역 밖인 ○○장소로 압류표시 된 물건을 이전함으로써 위 집행관이 실시한 압류표시의 효용을 해하였습니다.
4. 피고소인의 이러한 행위는 형법 제140조(공무상비밀표시무효)제1항 "공무원이 그 직무에 관하여 실시한 봉인 또는 압류 기타 강제처분의 표시를 손상 또는 은닉하거나 기타 방법으로 그 효용을 해한 행위"에 해당한다고 사료됩니다.
5. 따라서 피고소인을 철저히 조사하여 이와 같은 행위가 재발하지 않도록 법에 따라 엄벌하여 주시기 바랍니다.

소 명 방 법

1. 판결문사본
1. 기타 조사시 자세히 진술하겠습니다.

20○○년 ○월 ○일
위 고 소 인 ○ ○ ○ (인)

○○경찰서장(또는 ○○지방검찰청 검사장) 귀 중

제출기관	범죄지, 피의자의 주소, 거소 또는 현재지의 경찰서, 검찰청	공소시효	○년(☞공소시효일람표)
고소권자	피해자(형사소송법 223조) (※ 아래(1)참조)	소추요건	
제출부수	고소장 1부	관련법규	형법 140조
범죄성립 요 건	공무원이 그 직무에 관하여 실시한 봉인 또는 압류 기타 강제처분의 표시를 손상 또는 은닉하거나 기타 방법으로 효용을 해한 때		
형 량	· 5년 이하의 징역 · 700만원 이하의 벌금		
불기소처분등	(항고)		

에대한
불복절차
및 기간
	· 근거 : 검찰청법 10조
	· 기간 : 처분결과의 통지를 받은 날부터 30일(검찰청법 10조4항)
	
	(재정신청)
	· 근거 : 형사소송법 제260조
	· 기간 : 항고기각 결정을 통지받은 날 또는 동법 제260
	  조 제2항 각 호의 사유가 발생한 날부터 10일
	  (형사소송법 제260조 제3항)
	
	(헌법소원)
	· 근거 : 헌법재판소법 68조
	· 기간 : 그 사유가 있음을 안 날로부터 90일 이내에, 그
	  사유가 있은 날로부터 1년 이내에 청구하여야 한
	  다. 다만, 다른 법률에 의한 구제절차를 거친 헌법
	  소원의 심판은 그 최종결정을 통지받은 날로부터
	  30일 이내에 청구(헌법재판소법 69조)

※ (1) 고소권자

(형사소송법 225조)

1. 피해자가 제한능력자인 경우의 법정대리인
2. 피해자가 사망한 경우의 배우자, 직계친족, 형제, 자매. 단, 피해자의 명시한 의사에 반하여 고소할 수 없음

(형사소송법 224조)

자기 또는 배우자의 직계존속은 고소할 수 없음[단, 성폭력범죄의 처벌 등에 관한 특례법 제18조에서는 "성폭력범죄에 대하여는 형사소송법 제224조(고소의 제한) 및 군사법원법 제266조에 불구하고 자기 또는 배우자의 직계존속을 고소할 수 있다."고 규정함]

[서식 예] 교통사고처리특례법위반(중앙선침범)

고 소 장

고 소 인 : ○ ○ ○ (주민등록번호 :   -   )
        주소 : ○○시 ○○구 ○○길 ○○
        직업 :   사무실 주소 :
        전화번호 : (휴대폰:) (자택:) (사무실:)
        이메일 :
피고소인 : △ △ △ (주민등록번호 :   -   )
        주소 : ○○시 ○○구 ○○길 ○○
        직업 :   사무실 주소 :
        전화번호 : (휴대폰:) (자택:) (사무실:)
        이메일 :

고 소 취 지

피고소인은 고소인을 교통사고로 전치 ○주의 상해를 가한 사실이 있으므로 피고소인을 철저히 수사하여 엄벌에 처해 주시기 바랍니다.

고 소 사 실

피고소인은 20○○.○.○. ○○:○○경 피고소인 소유의 경기○○러○○○○호 승용차를 운전하고 ○○에서 ○○ 쪽으로 가는 도중 ○○학교 앞 노상에 이르렀을 때 운전자로서 제한속도를 엄수하고 전후좌우를 잘 살피어 불의에 나타나는 장애물을 피할 수 있도록 주의를 다하고 장애물이 있을 때에는 경적을 울리고 일단 이를 피하도록 한 후 운행함으로써 사고를 미연에 방지하여야할 업무상 주의의무가 있음에도 불구하고 이를 태만히 하여 앞차를 추월하려고 차도의 중앙선 부분까지 침범하여 운행하다가 때마침 반대쪽에서 오는 차를 보고 우측으로 피하다가 우측 부근에 서있던 고소인을 위 차량 전면으로 들이받아 고소인을 지면에 전도시켜 전치 ○주의 치료를 요하는 두개골골절, 우측경골 및 비골골절

등의 상해를 입힌바, 조사하여 엄히 처벌하여 주시기 바랍니다.

첨 부 서 류

1. 진단서
1. 목격자진술

20ㅇㅇ년   ㅇ월   ㅇ일
고 소 인   ㅇ ㅇ ㅇ (인)

ㅇㅇ경찰서장(또는 ㅇㅇ지방검찰청 검사장) 귀 중

제출기관	범죄지, 피의자의 주소, 거소 또는 현재지의 경찰서, 검찰청	공소시효	ㅇ년(☞공소시효일람표)
고소권자	피해자(형사소송법 223조) (※ 아래(1)참조)	소추요건	
제출부수	고소장 1부	관련법규	형법 268조, 교통사고처리특례법 3조
범죄성립 요 건	차의 운전자가 교통사고로 형법 268조의 죄를 범한 때		
형 량	· 5년 이하의 금고 또는 2천만원 이하의 벌금		
불기소처분 등에대한 불복절차 및 기간	(항고) · 근거 : 검찰청법 10조 · 기간 : 처분결과의 통지를 받은 날부터 30일(검찰청법 10조4항) (재정신청) · 근거 : 형사소송법 제260조 · 기간 : 항고기각 결정을 통지받은 날 또는 동법 제260조 제2항 각 호의 사유가 발생한 날부터 10일 (형사소송법 제260조 제3항) (헌법소원) · 근거 : 헌법재판소법 68조 · 기간 : 그 사유가 있음을 안 날로부터 90일 이내에, 그 사유가 있은 날로부터 1년 이내에 청구하여야 한		

다. 다만, 다른 법률에 의한 구제절차를 거친 헌법
소원의 심판은 그 최종결정을 통지받은 날로부터
30일 이내에 청구(헌법재판소법 69조)

※ (1) 고소권자
　　(형사소송법 225조)
　　1. 피해자가 제한능력자인 경우의 법정대리인
　　2. 피해자가 사망한 경우의 배우자, 직계친족, 형제, 자매. 단, 피
　　　해자의 명시한 의사에 반하여 고소할 수 없음
　　(형사소송법 224조)
　　자기 또는 배우자의 직계존속은 고소할 수 없음[단, 성폭력범죄의
　　처벌 등에 관한 특례법 제18조에서는 "성폭력범죄에 대하여는 형
　　사소송법 제224조(고소의 제한) 및 군사법원법 제266조에 불구하
　　고 자기 또는 배우자의 직계존속을 고소할 수 있다."고 규정함]

[서식 예] 권리행사방해죄

고 소 장

고 소 인 : ○ ○ ○ (주민등록번호 :   -   )
　　　　　주소 : ○○시 ○○구 ○○길 ○○
　　　　　직업 :　　　　사무실 주소 :
　　　　　전화번호 : (휴대폰:) (자택:) (사무실:)
　　　　　이메일 :
피고소인 : △ △ △ (주민등록번호 :   -   )
　　　　　주소 : ○○시 ○○구 ○○길 ○○
　　　　　직업 :　　　　사무실 주소 :
　　　　　전화번호 : (휴대폰:) (자택:) (사무실:)
　　　　　이메일 :

고 소 취 지

고소인은 피고소인을 형법 제323조의 권리행사방해죄로 형사 고소하니
엄히 처벌하여 주시기 바랍니다.

고 소 원 인

피고소인은 ○○시 ○구 ○○길 ○○ 소재에서 △△주식회사라는 상
호로 쇠공구등 철물 제조업에 종사하면서 200○.○.○. 당 은행을 찾
아와 현재 회사의 경영상 자금이 급히 필요하여 대출을 신청한다고 하
여 고소인은 피고소인의 자산가치등 담보물을 확인한 결과, 피고소인이
운영하는 공장의 부동산과 그 사업장내의 쇠공구등의 생산에 필요한
피고소인 소유 선반, 밀링등 기계가 있어 고소인은 공장저당법에 의하
여 이를 담보로 피고소인에게 대출을 하여 주었던 것입니다.
그 후 피고소인은 대출금 상환기일이 도과하여도 이를 변제하지 아니
하므로 고소인은 위 공장저당법에 의한 물건들을 법 절차에 따라 경매
하려 현장 확인을 하여 본 결과, 고소인은 담보 대출 당시 공장내에

- 164 -

있는 기계 등의 저당목록에 기재된 물건들이 상당수 없어진 점을 발견하고 고소인은 피고소인 회사 직원에게 이를 추궁한 끝에 위 물건들이 피고소인에 의하여 ○○시 ○구 ○○길 소재 ○○○경영의 공장 현장으로 옮겨 은닉한 사실을 발견하였습니다.

현재 피고소인은 고소인에게 대출금을 한푼도 상환하지 않고 있을 뿐만 아니라 피고소인은 고소인의 권리로 담보된 물건을 취거 은닉한 부분에 대하여 전혀 범죄의식이 없어 부득이 고소인은 위와 같은 사실을 들어 피고소인을 권리행사방해죄로 형사 고소하니 법률이 허용하는 범위 내에서 엄벌하여 주시기 바랍니다.

범죄사실을 입증하는 서류

1. 등기권리증 사본   1부
1. 법인등기사항전부증명서   2부
1. 현장사진등

20○○년   ○월   ○일

위   고 소 인   주식회사 ○○은행

대표이사 ○ ○ ○ (인)

○○경찰서장(또는 ○○지방검찰청 검사장) 귀 중

제출기관	범죄지, 피의자의 주소, 거소 또는 현재지의 경찰서, 검찰청	공소시효	○년(☞공소시효일람표)
고소권자	피해자(형사소송법 223조)(※ 아래(1)참조)	소추요건	※ 아래(2)참조 (형법 328조)
제출부수	고소장 1부	관련법규	형법 323조
범죄성립요건	타인의 점유 또는 권리의 목적이 된 자기의 물건 또는 전자기록등 특수매체기록을 취거, 은닉 또는 손괴하여 타인의 권리행사를 방해한 때		
형 량	·5년 이하의 징역 또는 700만원 이하의 벌금		

불기소처분
등에
대한
불복절차
및 기간
	(항고)
	· 근거 : 검찰청법 10조
	· 기간 : 처분결과의 통지를 받은 날부터 30일(검찰청법 10조4항)
	
	(재정신청)
	· 근거 : 형사소송법 제260조
	· 기간 : 항고기각 결정을 통지받은 날 또는 동법 제260조
	  제2항 각 호의 사유가 발생한 날부터 10일(형사
	  소송법 제260조 제3항)
	
	(헌법소원)
	· 근거 : 헌법재판소법 68조
	· 기간 : 그 사유가 있음을 안 날로부터 90일 이내에, 그 사
	  유가 있은 날로부터 1년 이내에 청구하여야 한다.
	  다만, 다른 법률에 의한 구제절차를 거친 헌법소원의
	  심판은 그 최종결정을 통지받은 날로부터 30일 이내
	  에 청구(헌법재판소법 69조)

※ (1) 고소권자
(형사소송법 225조)
1. 피해자가 제한능력자인 경우의 법정대리인
2. 피해자가 사망한 경우의 배우자, 직계친족, 형제, 자매. 단, 피
   해자의 명시한 의사에 반하여 고소할 수 없음
(형사소송법 224조)
자기 또는 배우자의 직계존속은 고소할 수 없음(단, 성폭력범죄의
처벌등에관한특례법 제18조에서는 "성폭력범죄에 대하여는 「형사
소송법」 제224조(고소의 제한) 및 「군사법원법」 제266조에도 불구
하고 자기 또는 배우자의 직계존속을 고소할 수 있다."고 규정함)

※ (2) 친족간의 범행과 고소
1. 직계혈족 ,배우자, 동거친족, 동거가족 또는 그 배우자간의 제
   323조의 죄는 형을 면제한다.
2. 제1항 이외의 친족간에 제323조의 죄를 범한 때에는 고소가 있
   어야 공소를 제기할 수 있다.
3. 전2항의 신분관계가 없는 공범에 대하여는 전2항을 적용하지
   아니한다.

※관련 판례

친고죄에서 고소는, 고소권 있는 자가 수사기관에 대하여 범죄사실을
신고하고 범인의 처벌을 구하는 의사표시로서 서면뿐만 아니라 구술로
도 할 수 있고, 다만 구술에 의한 고소를 받은 검사 또는 사법경찰관
은 조서를 작성하여야 하지만 그 조서가 독립된 조서일 필요는 없으며,
수사기관이 고소권자를 증인 또는 피해자로서 신문한 경우에 그 진술에
범인의 처벌을 요구하는 의사표시가 포함되어 있고 그 의사표시가 조서
에 기재되면 고소는 적법하다(대법원 2011.6.24. 선고 2011도4451 판
결).

고 소 장

고 소 인 : ㅇ ㅇ ㅇ (주민등록번호 :   -   )
　　　　　주소 : ㅇㅇ시 ㅇㅇ구 ㅇㅇ길 ㅇㅇ
　　　　　직업 :　　　사무실 주소 :
　　　　　전화번호 : (휴대폰:　) (자택:　) (사무실:　)
　　　　　이메일 :
피고소인 : △ △ △ (주민등록번호 :   -   )
　　　　　주소 : ㅇㅇ시 ㅇㅇ구 ㅇㅇ길 ㅇㅇ
　　　　　직업 :　　　사무실 주소 :
　　　　　전화번호 : (휴대폰:　) (자택:　) (사무실:　)
　　　　　이메일 :

고 소 사 실

1. 피고소인은 ㅇㅇ주식회사의 주주입니다.
2. 20ㅇㅇ년 ㅇ월 ㅇ일 ㅇㅇ시 ㅇㅇ구 ㅇㅇ길 ㅇㅇ번지에서 이 회사의 주주총회시 동 회사의 대표이사인 고소인이 그 동안의 회사의 경영사정에 대하여 고소인의 의사를 피력하는 중 피고소인이 고소인의 의사를 반박함으로써 언쟁이 있었는데 피고소인이 50여명의 주주가 모인 이 자리에서 회사의 공금을 횡령한 사기꾼이 무슨 할 이야기가 많으냐? 근거가 있으니 고소하여 처벌받게 할 것인데 어떻게 생각하느냐고 타인들의 동조를 구하는 등 고소인도 전혀 알지 못하는 사실무근한 허위사실을 들어가면서 고소인의 명예를 훼손한 사실이 있습니다.
3. 위와 같은 사실을 들어 고소하오니 조사하여 엄벌하여 주시기 바랍니다.

　　　　　　　　20ㅇㅇ년　ㅇ월　ㅇ일
　　　　　　　위 고 소 인　ㅇ ㅇ ㅇ (인)

○○경찰서장(또는 ○○지방검찰청 검사장) 귀 중

제출기관	범죄지, 피의자의 주소, 거소 또는 현재지의 경찰서, 검찰청	공소시효	○년 (☞공소시효일람표)
고소권자	피해자(형사소송법 223조) (※ 아래(1)참조)	소추요건	반의사불벌죄 (형법 312조2항)
제출부수	고소장 1부	관련법규	형법 307조
범죄성립 요 건	1. 공연히 사실을 적시하여 사람의 명예를 훼손한 때(형법307조1항) 2. 공연히 허위의 사실을 적시하여 사람의 명예를 훼손한 때(형법 307조2항)		
형 량	· 2년 이하의 징역이나 금고 또는 500만원 이하의 벌금(형법307조1항) · 5년 이하의 징역, 10년 이하의 자격정지 또는 1,000만원 이하의 벌금(형법 307조2항)		
불기소처분등에 대한 불복절차 및 기간	(항고) · 근거 : 검찰청법 10조 · 기간 : 처분결과의 통지를 받은 날부터 30일(검찰청법 10조4항) (재정신청) · 근거 : 형사소송법 제260조 · 기간 : 항고기각 결정을 통지받은 날 또는 동법 제260조 제2항 각 호의 사유가 발생한 날부터 10일 (형사소송법 제260조 제3항) (헌법소원) · 근거 : 헌법재판소법 68조 · 기간 : 그 사유가 있음을 안 날로부터 90일 이내에, 그 사유가 있은 날로부터 1년 이내에 청구하여야 한다. 다만, 다른 법률에 의한 구제절차를 거친 헌법소원의 심판은 그 최종결정을 통지받은 날로부터 30일 이내에 청구(헌법재판소법 69조)		

※ (1) 고소권자
    (형사소송법 225조)
    1. 피해자가 제한능력자인 경우의 법정대리인
    2. 피해자가 사망한 경우의 배우자, 직계친족, 형제, 자매. 단, 피해자의 명시한 의사에 반하여 고소할 수 없음
    (형사소송법 224조)
    자기 또는 배우자의 직계존속은 고소할 수 없음(단, 성폭력범죄의

처벌등에관한특례법 제18조에서는 "성폭력범죄에 대하여는 「형사소송법」 제224조(고소의 제한) 및 「군사법원법」 제266조에도 불구하고 자기 또는 배우자의 직계존속을 고소할 수 있다."고 규정함)

고 소 장

고 소 인 : ○ ○ ○ (주민등록번호 :   -   )
     주소 : ○○시 ○○구 ○○길 ○○
     직업 :   사무실 주소 :
     전화번호 : (휴대폰:) (자택:) (사무실:)
     이메일 :
피고소인 : △ △ △ (주민등록번호 :   -   )
     주소 : ○○시 ○○구 ○○길 ○○
     직업 :   사무실 주소 :
     전화번호 : (휴대폰:) (자택:) (사무실:)
     이메일 :

고 소 취 지

위 피고소인을 모욕죄로 고소하오니 철저한 수사를 하여 의법조치하여 주시기 바랍니다.

고 소 이 유

1. 피고소인은 200○.○.○. ○○:○○경, ○○도 ○○군 ○○읍 ○○ 길 ○○ ○○라는 주점에서 친구3명과 떠들며 술을 마시던 중 옆 좌석에 앉아 술을 마시고 있던 제가 피고소인에게 좀 조용히 하라고 주의를 주자, 저에게 "너나 입닥쳐 이 병신아"라고 경멸하는 말을 하여 모욕한 것입니다.
2. 이에 저는 피고소인에게 사과를 요구했으나 피고소인은 오히려 "병신 육갑하네"라고 말하면서 사과를 거부하고 있습니다.
3. 따라서 저는 만부득이 피고소인을 고소하여 의법 조치코자 이 건 고소에 이른 것입니다.

입 증 방 법

추후 조사시 제출하겠습니다.

20○○년   ○월   ○일
위 고소인   ○   ○   ○ (인)

○○경찰서장(또는 ○○지방검찰청 검사장) 귀 중

제출기관	범죄지, 피의자의 주소, 거소 또는 현재지의 경찰서, 검찰청	공소시효	○년(☞공소시효일람표)
고소권자	피해자(형사소송법 223조)(※ 아래(1)참조)	소추요건	친고죄 (형법 312조1항)
제출부수	고소장 1부	관련법규	형법 311조
범죄성립 요 건	공연히 사람을 모욕한 때		
형 량	· 1년 이하의 징역이나 금고 또는 200만원 이하의 벌금		
불기소처분등 에대한 불복절차 및 기간	(항고) · 근거 : 검찰청법 10조 · 기간 : 처분결과의 통지를 받은 날부터 30일(검찰청법 10조4항) (재정신청) · 근거 : 형사소송법 제260조 · 기간 : 항고기각 결정을 통지받은 날 또는 동법 제260조 제2항 각 호의 사유가 발생한 날부터 10일 (형사소송법 제260조 제3항) (헌법소원) · 근거 : 헌법재판소법 68조 · 기간 : 그 사유가 있음을 안 날로부터 90일 이내에, 그 사유가 있은 날로부터 1년 이내에 청구하여야 한다. 다만, 다른 법률에 의한 구제절차를 거친 헌법소원의 심판은 그 최종결정을 통지받은 날로부터 30일 이내에 청구(헌법재판소법 69조)		

※ (1) 고소권자

  (형사소송법 225조)

  1. 피해자가 제한능력자인 경우의 법정대리인

  2. 피해자가 사망한 경우의 배우자, 직계친족, 형제, 자매. 단, 피해자의 명시한 의사에 반하여 고소할 수 없음

  (형사소송법 224조)

  자기 또는 배우자의 직계존속은 고소할 수 없음(단, 성폭력범죄의 처벌등에관한특례법 제18조에서는 "성폭력범죄에 대하여는 「형사소송법」 제224조(고소의 제한) 및 「군사법원법」 제266조에도 불구하고 자기 또는 배우자의 직계존속을 고소할 수 있다."고 규정함)]

고 소 장

고 소 인 : ○ ○ ○ (주민등록번호 :   -   )
　　　　　주소 : ○○시 ○○구 ○○길 ○○
　　　　　직업 :　　　사무실 주소 :
　　　　　전화번호 : (휴대폰:　) (자택:　) (사무실:　)
　　　　　이메일 :
피고소인 : △ △ △ (주민등록번호 :   -   )
　　　　　주소 : ○○시 ○○구 ○○길 ○○
　　　　　직업 :　　　사무실 주소 :
　　　　　전화번호 : (휴대폰:　) (자택:　) (사무실:　)
　　　　　이메일 :

고소인은 피고소인에 대하여 다음과 같이 고소하오니 철저히 조사하여 법에 따라서 처벌하여 주시기 바랍니다.

다　　음

1. 피고소인은 일정한 직업이 없는 자로서, 사실은 19○○. ○.○. 갚는 날을 20○○.○.○. 이자는 월○푼으로 하는 내용으로 피고소인이 직접 작성한 지불각서를 고소인에게 교부하고 금 ○,○○○,○○○원을 고소인으로부터 차용하였음에도 불구하고, 고소인이 피고소인에게 갚기를 독촉하자 오히려 고소인이 피고소인의 도장을 이용하여 피고소인 명의의 지불각서를 위조하여 피고소인으로부터 금 ○,○○○,○○○원을 편취하려한다는 내용의 고소장을 20○○. ○. ○일 ○○경찰서에 제출하였습니다.
2. 이는 피고소인이 고소인에 대한 채무를 면해 보고자 고소인을 형사처분 받게 할 목적으로 허위의 사실을 기재 고소인을 음해하는 것이므로 피고소인을 무고죄로 고소하오니 조사하여 엄벌하여 주시

기 바랍니다.

20○○년 ○월 ○일

위 고소인 ○ ○ ○ (인)

○○경찰서장(또는 ○○지방검찰청 검사장) 귀 중

제출기관	범죄지, 피의자의 주소, 거소 또는 현재지의 경찰서, 검찰청	공소시효	○년 (☞공소시효일람표)
고소권자	피해자(형사소송법 223조)(※ 아래(1)참조)	소추요건	
제출부수	고소장 1부	관련법규	형법 156조
범죄성립 요 건	타인으로 하여금 형사처분 또는 징계처분을 받게 할 목적으로 공무소 또는 공무원에 대하여 허위의 사실을 신고한 때		
형 량	· 10년 이하의 징역 · 1,500만원 이하의 벌금		
불기소처분등에 대한 불복절차 및 기간	(항고) · 근거 : 검찰청법 10조 · 기간 : 처분결과의 통지를 받은 날부터 30일(검찰청법 10조4항) (재정신청) · 근거 : 형사소송법 제260조 · 기간 : 항고기각 결정을 통지받은 날 또는 동법 제260조 제2항 각 호의 사유가 발생한 날부터 10일(형사소송법 제260조 제3항) (헌법소원) · 근거 : 헌법재판소법 68조 · 기간 : 그 사유가 있음을 안 날로부터 90일 이내에, 그 사유가 있은 날로부터 1년 이내에 청구하여야 한다. 다만, 다른 법률에 의한 구제절차를 거친 헌법소원의 심판은 그 최종결정을 통지받은 날로부터 30일 이내에 청구(헌법재판소법 69조)		

※ (1) 고소권자
　(형사소송법 225조)
　1. 피해자가 제한능력자인 경우의 법정대리인
　2. 피해자가 사망한 경우의 배우자, 직계친족, 형제, 자매. 단, 피해자의 명시한 의사에 반하여 고소할 수 없음
　(형사소송법 224조)
　자기 또는 배우자의 직계존속은 고소할 수 없음[단, 성폭력범죄의 처벌 등에 관한 특례법 제18조에서는 "성폭력범죄에 대하여는 형사소송법 제224조(고소의 제한) 및 군사법원법 제266조에 불구하고 자기 또는 배우자의 직계존속을 고소할 수 있다."고 규정함]

※관련 판례

피고소인들에게서 상해를 입었다며 고소를 제기한 고소인에 대하여 피고소인들의 유형력 행사가 있었던 사실과 고소인이 병원에서 쇄골골절상을 진단받아 입원치료를 받은 사실이 인정되는데, 수사기관의 사실조회에 대하여 위 병원이 '좌측 쇄골 부위의 골절상(기왕증) 소견이 있어 입원치료를 하게 되었다'는 취지의 회신을 한 사안에서, 위 '쇄골골절(기왕증)'의 의미가 오직 기왕증으로만 입원치료를 받았다는 것인지 기왕증이 있던 부위가 다시 골절되거나 악화되어 입원치료를 받았다는 것인지 등을 심리하여야 함에도, 그러한 조치 없이 위 고소사실을 허위로 단정하여 무고죄를 인정한 원심판단에 심리미진 및 채증법칙 위반의 위법이 있다(대법원 2010.11.11. 선고 2008도7451 판결).

고 소 장

고 소 인 : ○ ○ ○ (주민등록번호 :   -   )
　　　　　주소 : ○○시 ○○구 ○○길 ○○
　　　　　직업 :　　　사무실 주소 :
　　　　　전화번호 : (휴대폰:) (자택:) (사무실:)
　　　　　이메일 :
피고소인 : △ △ △ (주민등록번호 :   -   )
　　　　　주소 : ○○시 ○○구 ○○길 ○○
　　　　　직업 :　　　사무실 주소 :
　　　　　전화번호 : (휴대폰:) (자택:) (사무실:)
　　　　　이메일 :

고 소 취 지

피고소인은 고소인의 아들인 미성년자 고소 외 □□□(만 ○세)을 유인
(또는 약취)한 사실이 있습니다.

고 소 사 실

피고소인은 ○○시 ○○구 ○○로 ○○번지에 거주하는 자인데 20○○.
○. ○. ○○:○○경 ○○시 ○○구 ○○로 ○○ 앞 노상에서 걸어가고
있던 고소인의 아들인 미성년자 고소외 □□□(만 ○세)에게 접근하여
"아주머니가 맛있는 과자를 사줄테니 아주머니랑 같이 가자"라고 말하
여 위 □□□를 유혹하여 ○○시 ○○구 ○○로에 있는 ○○에 데리고
가서 같은 날 ○○:○○경까지 위 □□□를 보호자인 고소인의 보호상
태에서 이탈케 한 후 피고소인의 실력적 지배하에 둔 것이다.
위와 같은 사실을 들어 고소하오니 조사하여 엄벌하여 주시기 바랍니다.

소 명 방 법

1. 사실확인서
2. 세부적인 자료는 추후 제출하겠음

20○○년   ○월   ○일
위 고소인 ○ ○ ○ (인)
○○경찰서장(또는 ○○지방검찰청 검사장) 귀 중

제출기관	범죄지, 피의자의 주소, 거소 또는 현재지의 경찰서, 검찰청	공 소 시 효	○년 (☞공소시효일람표)
고소권자	피해자(형사소송법 223조)(※ 아래(1)참조)	소 추 요 건	
제출부수	고소장 1부	관 련 법 규	형법 287조
범죄성립 요 건	미성년자를 약취 또는 유인한 사람		
형 량	· 10년 이하의 징역		
불기소처 분등에대 한 불복절차 및 기간	(항고) · 근거 : 검찰청법 10조 · 기간 : 처분결과의 통지를 받은 날부터 30일(검찰청법 10조4항) (재정신청) · 근거 : 형사소송법 제260조 · 기간 : 항고기각 결정을 통지받은 날 또는 동법 제260조 제2항 각 호의 사유가 발생한 날부터 10일(형사소송법 제260조 제3항) (헌법소원) · 근거 : 헌법재판소법 68조 · 기간 : 그 사유가 있음을 안 날로부터 90일 이내에, 그 사유가 있은 날로부터 1년 이내에 청구하여야 한다. 다만, 다른 법률에 의한 구제절차를 거친 헌법소원의 심판은 그 최종결정을 통지받은 날로부터 30일 이내에 청구(헌법재판소법 69조)		

※ (1) 고소권자

(형사소송법 225조)

1. 피해자가 제한능력자인 경우의 법정대리인

2. 피해자가 사망한 경우의 배우자, 직계친족, 형제, 자매. 단, 피해자의 명시한 의사에 반하여 고소할 수 없음

(형사소송법 224조)

자기 또는 배우자의 직계존속은 고소할 수 없음[단, 성폭력범죄의 처벌 등에 관한 특례법 제18조에서는 "성폭력범죄에 대하여는 형사소송법 제224조(고소의 제한) 및 군사법원법 제266조에 불구하고 자기 또는 배우자의 직계존속을 고소할 수 있다."고 규정함]

[서식 예] 미성년자등에 대한 간음죄(형법 제302조)

고 소 장

고 소 인 : ○ ○ ○ (주민등록번호 :   -   )

　　　　　 주소 : ○○시 ○○구 ○○길 ○○

　　　　　 직업 :　　　 사무실 주소 :

　　　　　 전화번호 : (휴대폰:　) (자택:　) (사무실:　)

　　　　　 이메일 :

피고소인 : △ △ △ (주민등록번호 :   -   )

　　　　　 주소 : ○○시 ○○구 ○○길 ○○

　　　　　 직업 :　　　 사무실 주소 :

　　　　　 전화번호 : (휴대폰:　) (자택:　) (사무실:　)

　　　　　 이메일 :

고소인은 다음과 같이 피고소인을 고소하오니, 법에 따라 조사하여 처벌
하여 주시기 바랍니다.

고 소 사 실

선천적으로 같은 또래의 아이들보다 지능이 다소 낮은데다가 그 후 지
능발달이 뒤져 변별력이 모자라 자신이 처한 상황에 대한 인식이나 대처
가 보통사람들에 비해 현저히 뒤지는 고소인은 20○○.○.○. ○○:○○
경 학교를 파한 후 친구와 시내를 돌아다니면서 어머니로부터 저금한다
고 받은 돈 ○○○원을 다 써버려 어머니가 무서워서 집에 들어가지 못
하고 새벽까지 친구 집에서 놀다가 20○○.○.○. ○○:○○경 집으로
돌아가려고 친구의 대문을 나섰는데 피고소인은 20○○.○.○. ○○:○
○경 ○○시 ○○구 ○○길 ○○번지 소재 피고소인의 자취방 앞길에서
귀가하지 못하고 있던 고소인에게 돈을 주겠다고 유혹하여 피고소인의
자취방으로 데려가 억지로 팔베개를 하여 주면서 자기 옆에 눕힌 다음
고소인의 의사에 반하여 간음한 사실이 있습니다.

20○○년   ○월   ○일

위 고소인   ○ ○ ○

고소인 ○○○은 미성년자이므로

법정대리인 친권자 부 □□□ (인)   모 □□□ (인)

○○경찰서장(또는 ○○지방검찰청 검사장) 귀 중

제출기관	범죄지, 피의자의 주소, 거소 또는 현재지의 경찰서, 검찰청	공소시효	○년 (☞공소시효일람표)
고소권자	피해자(형사소송법 223조) (※ 아래(1)참조)	소추요건	
제출부수	고소장 1부	관련법규	형법 302조
범죄성립 요 건	미성년자 또는 심신미약자에 대하여 위계 또는 위력으로써 간음 또는 추행을 한 때		
형 량	· 5년 이하의 징역		
불기소처 분등에 대한 불복절차 및 기간	(항고) · 근거 : 검찰청법 10조 · 기간 : 처분결과의 통지를 받은 날부터 30일(검찰청법 10조4항) (재정신청) · 근거 : 형사소송법 제260조 · 기간 : 항고기각 결정을 통지받은 날 또는 동법 제260조 제2항 각 호의 사유가 발생한 날부터 10일(형사소송법 제260조 제3항) (헌법소원) · 근거 : 헌법재판소법 68조 · 기간 : 그 사유가 있음을 안 날로부터 90일 이내에, 그 사유가 있은 날로부터 1년 이내에 청구하여야 한다. 다만, 다른 법률에 의한 구제절차를 거친 헌법소원의 심판은 그 최종결정을 통지받은 날로부터 30일 이내에 청구(헌법재판소법 69조)		

※ (1) 고소권자
(형사소송법 225조)
1. 피해자가 제한능력자인 경우의 법정대리인
2. 피해자가 사망한 경우의 배우자, 직계친족, 형제, 자매. 단, 피
해자의 명시한 의사에 반하여 고소할 수 없음
(형사소송법 224조)
자기 또는 배우자의 직계존속은 고소할 수 없음[단, 성폭력범죄의
처벌 등에 관한 특례법 제18조에서는 "성폭력범죄에 대하여는 형
사소송법 제224조(고소의 제한) 및 군사법원법 제266조에 불구하
고 자기 또는 배우자의 직계존속을 고소할 수 있다."고 규정함]

[서식 예] 미성년자에 대한 간음죄등(형법 제305조)

고 소 장

고 소 인 : ○ ○ ○ (주민등록번호 :   -   )

　　　　주소 : ○○시 ○○구 ○○길 ○○

　　　　직업 :　　　 사무실 주소 :

　　　　전화번호 : (휴대폰:) (자택:) (사무실:)

　　　　이메일 :

피고소인 : △ △ △ (주민등록번호 :   -   )

　　　　주소 : ○○시 ○○구 ○○길 ○○

　　　　직업 :　　　 사무실 주소 :

　　　　전화번호 : (휴대폰:) (자택:) (사무실:)

　　　　이메일 :

고 소 취 지

위 피고소인을 미성년자에 대한 간음죄 등으로 고소하니 엄벌에 처해주시기 바랍니다.

고 소 사 실

1. 고소인은 위 주소지인 ○○주택가에 거주하고 있습니다.

2. 피고소인은 주소지에서 ○○어학학원을 경영하면서(그 처인 ㅁㅁㅁ은 위 학원의 영어교사임)통학 자동차를 운전하던 중 20○○년 ○월 ○일 고소인의 2녀인 피해자 ㅁㅁㅁ이 고소인이 친척집을 방문하기 위하여 피해자를 데리러 오기로 하여 학원 출입문 입구에서 기다리도록 한 것을 이용하여 사무실 안으로 들어와 기다리라고 꼬여 사무실 출입문을 안에서 잠그고 해괴한 감언이설로 12살 밖에 되지 않은 미성년자를 간음한 사실이 있습니다.

3. 그 뿐만 아니라 그 후에도 3회에 걸쳐 동일한 수법으로 유인하여 간음행위를 함으로써 인륜, 도덕상 도저히 묵과할 수 없는 범죄를 저질

렀으므로 이 건 고소를 제기하오니 철저히 조사하여 엄벌에 처해주시기 바랍니다.

20○○년 ○월 ○일

고소인(피해자의 모) ○ ○ ○ (인)

○○경찰서장(또는 ○○지방검찰청 검사장) 귀 중

제출기관	범죄지, 피의자의 주소, 거소 또는 현재지의 경찰서, 검찰청	공 소 시 효	○년 (☞공소시효일람표)
고소권자	피해자(형사소송법 223조)(※ 아래(1)참조)	소추요건	
제출부수	고소장 1부	관련법규	형법 305조
범죄성립 요 건	13세 미만의 사람에 대하여 간음 또는 추행한 때		
형 량	· 형법 297조, 297조의2, 298조, 301조 또는 301조의 2의 예에 따라 처벌		
불기소처 분 등에 대한 불복절차 및 기간	(항고) · 근거 : 검찰청법 10조 · 기간 : 처분결과의 통지를 받은 날부터 30일(검찰청법 10조4항) (재정신청) · 근거 : 형사소송법 제260조 · 기간 : 항고기각 결정을 통지받은 날 또는 동법 제260조 제2항 각 호의 사유가 발생한 날부터 10일(형사소송법 제260조 제3항) (헌법소원) · 근거 : 헌법재판소법 68조 · 기간 : 그 사유가 있음을 안 날로부터 90일 이내에, 그 사유가 있은 날로부터 1년 이내에 청구하여야 한다. 다만, 다른 법률에 의한 구제절차를 거친 헌법소원의 심판은 그 최종결정을 통지받은 날로부터 30일 이내에 청구(헌법재판소법 69조)		

※ (1) 고소권자

(형사소송법 225조)

1. 피해자가 제한능력자인 경우의 법정대리인
2. 피해자가 사망한 경우의 배우자, 직계친족, 형제, 자매. 단, 피해자의 명시한 의사에 반하여 고소할 수 없음

(형사소송법 224조)

자기 또는 배우자의 직계존속은 고소할 수 없음(단, 성폭력범죄의 처벌등에관한특례법 제18조에서는 "성폭력범죄에 대하여는 「형사소송법」 제224조(고소의 제한) 및 「군사법원법」 제266조에도 불구하고 자기 또는 배우자의 직계존속을 고소할 수 있다."고 규정함)

[서식 예] 방화죄

고 소 장

고 소 인 : ○ ○ ○ (주민등록번호 :   -   )
        주소 : ○○시 ○○구 ○○길 ○○
        직업 :   사무실 주소 :
        전화번호 : (휴대폰:) (자택:) (사무실:)
        이메일 :
피고소인 : △ △ △ (주민등록번호 :   -   )
        주소 : ○○시 ○○구 ○○길 ○○
        직업 :   사무실 주소 :
        전화번호 : (휴대폰:) (자택:) (사무실:)
        이메일 :

고 소 취 지

고소인은 피고소인을 일반건조물방화죄로 고소하오니 철저히 조사하여 엄벌하여 주시기 바랍니다.

고 소 사 실

피고소인은 고소인에게 대여금채무를 부담하고 있는 자로 변제기가 도래하였음에도 채무이행을 하지 아니하여 고소인이 변제를 수차 독촉하자 이에 앙심을 품고 20○○.○.○. ○○시경 고소인의 주소에 소재한 고소인의 헛간에 불을 놓아 이를 전소시킨 사실이 있어 고소하오니 철저히 조사하여 엄벌하여 주시기 바랍니다.

첨 부 서 류

1. 목격자진술서   1통

20○○년 ○월 ○일
위 고소인 ○ ○ ○ (인)
○○경찰서장(또는 ○○지방검찰청 검사장) 귀 중

제출기관	범죄지, 피의자의 주소, 거소 또는 현재지의 경찰서, 검찰청	공소시효	O년 (☞공소시효일람표)
고소권자	피해자(형사소송법 223조)(※ 아래(1)참조)	소추요건	
제출부수	고소장 1부	관련법규	형법 166조1항
범죄성립 요 건	불을 놓아 164,165조에 기재한 이외의 건조물, 기차, 전차, 자동차, 선박, 항공기 또는 광갱을 소훼한 때		
형 량	· 2년 이상의 유기징역		
불기소처분 등에 대한 불복절차 및 기간	(항고) · 근거 : 검찰청법 10조 · 기간 : 처분결과의 통지를 받은 날부터 30일(검찰청법 10조4항) (재정신청) · 근거 : 형사소송법 제260조 · 기간 : 항고기각 결정을 통지받은 날 또는 동법 제260조 제2항 각 호의 사유가 발생한 날부터 10일 (형사소송법 제260조 제3항) (헌법소원) · 근거 : 헌법재판소법 68조 · 기간 : 그 사유가 있음을 안 날로부터 90일 이내에, 그 사유가 있은 날로부터 1년 이내에 청구하여야 한다. 다만, 다른 법률에 의한 구제절차를 거친 헌법소원의 심판은 그 최종결정을 통지받은 날로부터 30일 이내에 청구(헌법재판소법 69조)		

※ (1) 고소권자

(형사소송법 225조)

1. 피해자가 제한능력자인 경우의 법정대리인

2. 피해자가 사망한 경우의 배우자, 직계친족, 형제, 자매. 단, 피해자의 명시한 의사에 반하여 고소할 수 없음

(형사소송법 224조)

자기 또는 배우자의 직계존속은 고소할 수 없음(단, 성폭력범죄의 처벌 등에 관한 특례법 제18조에서는 "성폭력범죄에 대하여는 형사소송법 제224조(고소의 제한) 및 군사법원법 제266조에 불구하고 자기 또는 배우자의 직계존속을 고소할 수 있다."고 규정함)

[서식 예] 배임수증죄

고 소 장

고 소 인 : ○ ○ ○ (주민등록번호 :   -   )

　　　　주소 : ○○시 ○○구 ○○길 ○○

　　　　직업 :　　　사무실 주소 :

　　　　전화번호 : (휴대폰:　　) (자택:　　) (사무실:　　)

　　　　이메일 :

피고소인 : △ △ △ (주민등록번호 :   -   )

　　　　주소 : ○○시 ○○구 ○○길 ○○

　　　　직업 :　　　사무실 주소 :

　　　　전화번호 : (휴대폰:　　) (자택:　　) (사무실:　　)

　　　　이메일 :

고소인은 피고소인에 대하여 아래 사실과 같이 고소하오니 철저히 조사하시어 법에 따라 처벌하여 주시기 바랍니다.

고 소 사 실

피고소인은 고소인을 포함한 ○○아파트 입주자들로부터 그 대표로 선출되어 위 아파트를 건축한 고소외 ○○건설 주식회사(이하 고소외 회사라 함)와의 사이에 하자보수문제 등 과 관련하여 각 세대당 금 200만원의 보상금지급문제 등에 관한 협상권한을 위임받아 입주자들을 대표하여 고소외 회사와 협상사무를 처리한 자인데, 피고소인은 고소외 회사의 협상대표 □□□으로부터 협상의 쟁점인 각 세대당 금 200만원의 보상금 문제에 관하여 전체 금 2000만원으로 대폭 양보하여 조속히 합의해 줄 것을 부탁받고 금액 불상의 약속어음을 지급받은 뒤 고소외 회사측과 합의를 함에 있어 오히려 합의 금액이 회사측이 제시한 금원보다 적은 액으로 합의를 보았습니다. 이로 인하여 고소인을 포함한 입주자들은 이러한 사실을 모른 채 당초 요구했던 보상금보다 훨씬 적은 금액을 지급 받게 되었는바, 결국 이는 피고소인이 고소외 회사의 협상대표로부터 부정한 청탁을 받고 이에 대한 명목으로 약속어음을 수령한 후 수임업무를 부당히 처리하였으므로 귀 기관에서 위 사실들을 철저히 조사하시어 엄벌에 처하여 주시기 바랍니다.

첨 부 서 류

1. 목격자 진술서   1통
1. 입주자대표 위임장   1통

20○○.   ○.   ○.

고 소 인   ○ ○ ○ (인)

○○경찰서장(또는 ○○지방검찰청 검사장) 귀 중

제출기관	범죄지, 피의자의 주소, 거소 또는 현재지의 경찰서, 검찰청	공소시효	①7년(수재) ②5년(공여) (☞공소시효일람표)
고소권자	피해자(형사소송법 223조) (※ 아래(1)참조)	소추요건	※ 아래(2) 참조 형법361조, 328조
제출부수	고소장 1부	관련법규	형법 357조
범죄성립 요 건	1. 타인의 사무를 처리하는 자가 그 임무에 관하여 부정한 청탁을 받고 재물 또는 재산상의 이익을 취득한 때 2. 재물 또는 이익을 공여한 때		
형 량	1. 5년 이하의 징역 또는 1,000만원 이하의 벌금 2. 2년 이하의 징역 또는 500만원 이하의 벌금 (범인이 취득한 재물은 몰수, 그 재물을 몰수하기 불능하거나 재산상의 이익을 취득한 때에는 그 가액을 추징함)		
불기소처분 등에 대한 불복절차 및 기간	(항고) · 근거 : 검찰청법 10조 · 기간 : 처분결과의 통지를 받은 날부터 30일(검찰청법 10조4항) (재정신청) · 근거 : 형사소송법 제260조 · 기간 : 항고기각 결정을 통지받은 날 또는 동법 제260조 제2항 각 호의 사유가 발생한 날부터 10일(형사		

소송법 제260조 제3항)

(헌법소원)
· 근거 : 헌법재판소법 68조
· 기간 : 그 사유가 있음을 안 날로부터 90일 이내에, 그 사
유가 있은 날로부터 1년 이내에 청구하여야 한다.
다만, 다른 법률에 의한 구제절차를 거친 헌법소원의
심판은 그 최종결정을 통지받은 날로부터 30일 이내
에 청구(헌법재판소법 69조)

※ (1) 고소권자
(형사소송법 225조)
1. 피해자가 제한능력자인 경우의 법정대리인
2. 피해자가 사망한 경우의 배우자, 직계친족, 형제, 자매. 단, 피
해자의 명시한 의사에 반하여 고소할 수 없음
(형사소송법 224조)
자기 또는 배우자의 직계존속은 고소할 수 없음[단, 성폭력범죄의
처벌 등에 관한 특례법 제18조에서는 "성폭력범죄에 대하여는 형
사소송법 제224조(고소의 제한) 및 군사법원법 제266조에 불구하
고 자기 또는 배우자의 직계존속을 고소할 수 있다."고 규정함]

※ (2) 친족간의 범행과 고소
1. 직계혈족 ,배우자, 동거친족, 동거가족 또는 그 배우자간의 제
323조의 죄는 형을 면제
2. 제1항 이외의 친족간에 제323조의 죄를 범한 때에는 고소가 있
어야 공소를 제기할 수 있음
3. 전2항의 신분관계가 없는 공범에 대하여는 전2항을 적용하지 아
니함

[서식 예] 배임죄

고 소 장

고 소 인 : ○ ○ ○ (주민등록번호 :   -   )
　　　　　 주소 : ○○시 ○○구 ○○길 ○○
　　　　　 직업 :　　　 사무실 주소 :
　　　　　 전화번호 : (휴대폰:) (자택:) (사무실:)
　　　　　 이메일 :
피고소인 : △ △ △ (주민등록번호 :   -   )
　　　　　 주소 : ○○시 ○○구 ○○길 ○○
　　　　　 직업 :　　　 사무실 주소 :
　　　　　 전화번호 : (휴대폰:) (자택:) (사무실:)
　　　　　 이메일 :

고 소 취 지

고소인은 피고소인을 상대로 아래와 같이 배임죄로 고소를 제기하오니
철저히 조사하시어 엄벌하여 주시기 바랍니다.

고 소 사 실

피고소인은 20○○.○.○. ○○:○○경 ○○시 ○○구 ○○길 ○○에
있는 ○○부동산 소개소에서 피고소인 소유의 같은 길 ○○에 있는 대
지 120평, 건평68평의 주택 1동에 대한 매매계약을 체결함에 있어 계약
금 1억원은 계약당일, 중도금 3억원은 같은 달 21. 잔금 3억원은 위 주
택에 관한 소유권이전등기 소요서류와 상환으로 같은 달 30. 각 지급
받기로 약정하고 고소인으로부터 즉석에서 계약금 1억원을, 같은 달 21.
위 부동산소개소에서 중도금 3억원을 각 수령하였으므로 잔금기일인 같
은 달 30. 잔금수령과 동시에 고소인에게 위 주택의 대지 및 건물에 대
한 소유권이전등기절차를 이행하여 주어야 할 임무가 있음에도 불구하
고 그 임무에 위배하여 같은 달 25.경 고소외 박ㅁㅁ에게 대금 10억원

에 위 주택을 매도하고 소유권이전등기를 경료하여 주어 위 부동산 시가 상당의 재산상 이익을 취득하고, 고소인에게 동액 상당의 손해를 가하였기에 본 고소에 이른 것입니다.

입 증 방 법

추후 조사시에 제출하겠습니다.

20○○년 ○월 ○일

위 고소인 ○ ○ ○ (인)

○○경찰서장(또는 ○○지방검찰청 검사장) 귀 중

제출기관	범죄지, 피의자의 주소, 거소 또는 현재지의 경찰서, 검찰청	공소시효	7년(☞공소시효일람표)
고소권자	피해자(형사소송법 223조) (※ 아래(1)참조)	소추요건	※ 아래(2) 참조 형법 361조,328조
제출부수	고소장 1부	관련법규	형법 355조2항
범죄성립 요 건	타인의 사무를 처리하는 자가 그 임무에 위배하는 행위로써 재산상의 이익을 취득하거나 제3자로 하여금 이를 취득하게 하여 본인에게 손해를 가한 때		
형 량	· 5년 이하의 징역 · 1,500만원 이하의 벌금 (10년 이하의 자격정지를 병과할 수 있음 : 형법 358조)		
불기소처분 등에 대한 불복절차 및 기간	(항고) · 근거 : 검찰청법 10조 · 기간 : 처분결과의 통지를 받은 날부터 30일(검찰청법 10조4항) (재정신청) · 근거 : 형사소송법 제260조 · 기간 : 항고기각 결정을 통지받은 날 또는 동법 제260조 제2항 각 호의 사유가 발생한 날부터 10일(형사소송법 제260조 제3항) (헌법소원) · 근거 : 헌법재판소법 68조		

・기간 : 그 사유가 있음을 안 날로부터 90일 이내에, 그 사유가 있은 날로부터 1년 이내에 청구하여야 한다. 다만, 다른 법률에 의한 구제절차를 거친 헌법소원의 심판은 그 최종결정을 통지받은 날로부터 30일 이내에 청구(헌법재판소법 69조)

※ (1) 고소권자
   (형사소송법 225조)
   1. 피해자가 제한능력자인 경우의 법정대리인
   2. 피해자가 사망한 경우의 배우자, 직계친족, 형제, 자매. 단, 피해자의 명시한 의사에 반하여 고소할 수 없음
   (형사소송법 224조)
   자기 또는 배우자의 직계존속은 고소할 수 없음[단, 성폭력범죄의 처벌 등에 관한 특례법 제18조에서는 "성폭력범죄에 대하여는 형사소송법 제224조(고소의 제한) 및 군사법원법 제266조에 불구하고 자기 또는 배우자의 직계존속을 고소할 수 있다."고 규정함]

※ (2) 친족간의 범행과 고소
   1. 직계혈족, 배우자, 동거친족, 동거가족 또는 그 배우자간의 제323조의 죄는 형을 면제
   2. 제1항 이외의 친족간에 제323조의 죄를 범한 때에는 고소가 있어야 공소를 제기할 수 있음
   3. 전2항의 신분관계가 없는 공범에 대하여는 전2항을 적용하지 아니함.

고 소 장

고 소 인 : ○ ○ ○ (주민등록번호 :   -   )
　　　　　주소 : ○○시 ○○구 ○○길 ○○
　　　　　직업 :　　　　사무실 주소 :
　　　　　전화번호 : (휴대폰:) (자택:) (사무실:)
　　　　　이메일 :
피고소인 : △ △ △ (주민등록번호 :   -   )
　　　　　주소 : ○○시 ○○구 ○○길 ○○
　　　　　직업 :　　　　사무실 주소 :
　　　　　전화번호 : (휴대폰:) (자택:) (사무실:)
　　　　　이메일 :

고 소 취 지

고소인은 피고소인을 부동산강제집행의 효용을 침해한 혐의로 고소하오
니 철저히 조사하여 엄중히 처벌하여 주시기 바랍니다.

고 소 사 실

1. 고소인은 피고소인에게 고소인 소유의 ○○시 ○○구 ○○길○○ 소
   재　건물의 점포 1칸을 임대하였으나, 임대료를 체납하여 임대차계
   약을 해제하고 피고소인을 상대로 명도청구소송을 제기하여 확정판
   결을 받은 바 있습니다.
2. 20○○.○.○. ○○:○○부터 같은 날 ○○:○○경까지 사이에 ○○
   지방법원 소속 집행관의 지휘 아래 위 피고소인이 점유하고 있던 점
   포에 대하여 확정판결에 의한 명도집행이 행해진직후, 피고소인은 점
   포 진입을 저지하던 고소인의 처 □□□를 폭행하는 등 폭력적인 방
   법으로 위 건물점포에 진입함으로써 위 부동산 강제집행의 효용을
   침해하였습니다.

3. 피고소인이 이 사건 건물에 들어간 것은 집달관이 임차인인 피고소인의 위 건물점포에 대한 점유를 해제하고 이를 임대인인 고소인에게 인도하여 강제집행이 완결된 후의 행위로서 부동산강제집행효용침해죄에 해당한다할 것입니다.

4. 피고소인의 이러한 행위는 형법 제140조의2(부동산강제집행 효용침해) 강제집행으로 명도 또는 인도된 부동산에 침입하거나 기타 방법으로 강제집행의 효용을 해한 행위에 해당된다고 사료됩니다.

5. 따라서 피고소인을 철저히 조사하여 이와 같은 행위가 재발하지 않도록 법에 따라 엄벌하여 주시기 바랍니다.

소 명 방 법

1. 임대차계약서 사본
1. 판결문사본
1. 기타 조사시 자세히 진술하겠습니다.

20○○년   ○월   ○일

위 고 소 인   ○ ○ ○ (인)

○○경찰서장(또는 ○○지방검찰청 검사장) 귀 중

제출기관	범죄지, 피의자의 주소, 거소 또는 현재지의 경찰서, 검찰청	공 소 시 효	○년(☞공소시효일람표)
고소권자	피해자(형사소송법 223조) (※ 아래(1)참조)	소추요건	
제출부수	고소장 1부	관련법규	형법 140조의 2
범죄성립 요 건	강제집행으로 명도 또는 인도된 부동산에 침입하거나 기타 방법으로 강제집행의 효용을 해한 때		
형 량	· 5년 이하의 징역 · 700만원 이하의 벌금		
불기소처분 등에 대한	(항고) · 근거 : 검찰청법 10조 · 기간 : 처분결과의 통지를 받은 날부터 30일(검찰청법 10조4항)		

불복절차 및 기간	(재정신청) · 근거 : 형사소송법 제260조 · 기간 : 항고기각 결정을 통지받은 날 또는 동법 제260조 　　제2항 각 호의 사유가 발생한 날부터 10일(형사 　　소송법 제260조 제3항) (헌법소원) · 근거 : 헌법재판소법 68조 · 기간 : 그 사유가 있음을 안 날로부터 90일 이내에, 그 　　사유가 있은 날로부터 1년 이내에 청구하여야 한 　　다. 다만, 다른 법률에 의한 구제절차를 거친 헌법 　　소원의 심판은 그 최종결정을 통지받은 날로부터 30 　　일 이내에 청구(헌법재판소법 69조)

※ (1) 고소권자

(형사소송법 225조)

1. 피해자가 제한능력자인 경우의 법정대리인

2. 피해자가 사망한 경우의 배우자, 직계친족, 형제, 자매. 단, 피
해자의 명시한 의사에 반하여 고소할 수 없음

(형사소송법 224조)

자기 또는 배우자의 직계존속은 고소할 수 없음[단, 성폭력범죄의
처벌 등에 관한 특례법 제18조에서는 "성폭력범죄에 대하여는 형
사소송법 제224조(고소의 제한) 및 군사법원법 제266조에 불구하
고 자기 또는 배우자의 직계존속을 고소할 수 있다."고 규정함]

고 소 장

고 소 인 : ○ ○ ○ (주민등록번호 :   -   )
　　　　　주소 : ○○시 ○○구 ○○길 ○○
　　　　　직업 :   사무실 주소 :
　　　　　전화번호 : (휴대폰:) (자택:) (사무실:)
　　　　　이메일 :
피고소인 : △ △ △ (주민등록번호 :   -   )
　　　　　주소 : ○○시 ○○구 ○○길 ○○
　　　　　직업 :   사무실 주소 :
　　　　　전화번호 : (휴대폰:) (자택:) (사무실:)
　　　　　이메일 :

고 소 취 지

고소인은 피고소인을 상대로 아래와 같이 불법체포감금죄로 고소하고자
하오니 철저히 조사하여 엄벌에 처해주시기 바랍니다.

고 소 사 실

1. 피고소인 4인은 ○○지방경찰청 마약수사과에 근무하고 있는 자들로
　 서, 주임무로 마약사범 검거 및 수사를 담당하는 등 인신구속에 관
　 한 직무를 행하고 있는 사법경찰관들입니다.
2. 20○○년 ○월 ○일 오후 ○○시경 다방에서 사업관계자와 업무협의
　 를 하고 있던 중 피고소인들이 들이닥쳐 대마초 흡입혐의로 체포한
　 다며 수갑을 채우기에 고소인은 체포영장을 제시하라고 하였으나 들
　 은 척도 하지 않고 고소인을 연행하였습니다.
3. 피고소인들은 고소인을 주소불상의 장소에 데리고 가, 대마초 흡입사
　 실을 자백하라면서 진술을 강요하였고, 고소인이 위 혐의사실을 자백
　 하지 않아 피고소인들의 생각대로 되지 않자 하는 수 없이 다음날

새벽 ○○시경이 되어서야 고소인을 풀어주었습니다.

4. 이는 공무원이 직권을 남용하여 고소인을 불법체포·감금한 것이 명백하므로 피고소인들을 불법체포·감금죄로 고소하오니 엄중히 조사하여 처벌해 주시기 바랍니다.

입 증 방 법

1. 진술서

200○년   ○월   ○일

위 고소인   ○○○ (인)

○○경찰서장(또는 ○○지방검찰청 검사장) 귀 중

제출기관	범죄지, 피의자의 주소, 거소 또는 현재지의 경찰서, 검찰청	공소시효	○년(☞공소시효일람표)
고소권자	피해자(형사소송법 223조) (※ 아래(1)참조)	소추요건	
제출부수	고소장 1부	관련법규	형법 124조
범죄성립 요 건	재판, 검찰, 경찰 기타 인신구속에 관한 직무를 행하는 자 또는 이를 보조하는 자가 그 직권을 남용하여 사람을 체포 또는 감금한 때		
형 량	· 7년 이하의 징역과 10년 이하의 자격정지		
불기소처분 등에 대한 불복절차 및 기간	(항고) · 근거 : 검찰청법 10조 · 기간 : 처분결과의 통지를 받은 날부터 30일(검찰청법 10조4항) (재정신청) · 근거 : 형사소송법 제260조 · 기간 : 항고기각 결정을 통지받은 날 또는 동법 제260조 제2항 각 호의 사유가 발생한 날부터 10일(형사소송법 제260조 제3항) (헌법소원) · 근거 : 헌법재판소법 68조 · 기간 : 그 사유가 있음을 안 날로부터 90일 이내에, 그 사		

유가 있은 날로부터 1년 이내에 청구하여야 한다. 다만, 다른 법률에 의한 구제절차를 거친 헌법소원의 심판은 그 최종결정을 통지받은 날로부터 30일 이내에 청구(헌법재판소법 69조)

※ (1) 고소권자
(형사소송법 225조)
1. 피해자가 제한능력자인 경우의 법정대리인
2. 피해자가 사망한 경우의 배우자, 직계친족, 형제, 자매. 단, 피해자의 명시한 의사에 반하여 고소할 수 없음
(형사소송법 224조)
자기 또는 배우자의 직계존속은 고소할 수 없음[단, 성폭력범죄의 처벌 등에 관한 특례법 제18조에서는 "성폭력범죄에 대하여는 형사소송법 제224조(고소의 제한) 및 군사법원법 제266조에 불구하고 자기 또는 배우자의 직계존속을 고소할 수 있다."고 규정함]

[서식 예] 비밀침해죄

고 소 장

고 소 인 : ○ ○ ○ (주민등록번호 :   -   )
　　　　　주소 : ○○시 ○○구 ○○길 ○○
　　　　　직업 :　　　　사무실 주소 :
　　　　　전화번호 : (휴대폰:) (자택:) (사무실:)
　　　　　이메일 :
피고소인 : △ △ △ (주민등록번호 :   -   )
　　　　　주소 : ○○시 ○○구 ○○길 ○○
　　　　　직업 :　　　　사무실 주소 :
　　　　　전화번호 : (휴대폰:) (자택:) (사무실:)
　　　　　이메일 :

고 소 사 실

1. 고소인은 ○○시 ○○길 ○○ 소재 피고소인의 2층에 세들어살고 있는데, 피고소인은 200○.○.○. ○○:○○경 고소인에게 배달되어 온 편지 1통을 고소인을 대신하여 받았습니다.

2. 그런데 위 편지가 여자로부터 배달되어 온 것이라 고소인에게 전해주기 전에 호기심으로 그 편지의 위쪽 봉한 부분을 물에 적셔서 뜯어보고는 원상태로 다시 붙여 놓았습니다.

3. 물론 위 편지에 중요한 내용이 담겨 있지 않아 다른 사람이 보더라도 문제가 될 것은 없겠지만, 피고소인의 행위는 임차인의 사생활을 침해하는 것 같으므로 이번 기회에 피고소인의 행위를 면밀히 조사하여 엄벌해 주시기 바랍니다.

입 증 방 법

　　1. 우편물　　　　　　　　　　　1통

　　　　　　200○.　○.　○.

　　　　　위 고소인　○○○ (인)

○○경찰서장(또는 ○○지방검찰청 검사장) 귀 중

제출기관	범죄지, 피의자의 주소, 거소 또는 현재지의 경찰서, 검찰청	공소시효	○년 (☞공소시효일람표)
고소권자	피해자(형사소송법 223조)(※ 아래(1)참조)	소추요건	친고죄 (형법 318조)
제출부수	고소장 1부	관련법규	형법 316조
범죄성립 요건	1. 봉함 기타 비밀장치한 사람의 편지, 문서 또는 도화를 개봉한 때 2. 봉함 기타 비밀장치한 사람의 편지, 문서, 도화 또는 전자기록등 특수매체기록을 기술적 수단을 이용하여 그 내용을 알아낸 때		
형량	· 3년 이하의 징역이나 금고 또는 500만원 이하의 벌금		
불기소처분 등에 대한 불복절차 및 기간	(항고) · 근거 : 검찰청법 10조 · 기간 : 처분결과의 통지를 받은 날부터 30일(검찰청법 10조4항) (재정신청) · 근거 : 형사소송법 제260조 · 기간 : 항고기각 결정을 통지받은 날 또는 동법 제260조 제2항 각 호의 사유가 발생한 날부터 10일(형사소송법 제260조 제3항) (헌법소원) · 근거 : 헌법재판소법 68조 · 기간 : 그 사유가 있음을 안 날로부터 90일 이내에, 그 사유가 있은 날로부터 1년 이내에 청구하여야 한다. 다만, 다른 법률에 의한 구제절차를 거친 헌법소원의 심판은 그 최종결정을 통지받은 날로부터 30일 이내에 청구(헌법재판소법 69조)		

※ (1) 고소권자
　(형사소송법 225조)
　1. 피해자가 제한능력자인 경우의 법정대리인
　2. 피해자가 사망한 경우의 배우자, 직계친족, 형제, 자매. 단, 피해자의 명시한 의사에 반하여 고소할 수 없음

(형사소송법 224조)

자기 또는 배우자의 직계존속은 고소할 수 없음(단, 성폭력범죄의 처벌등에관한특례법 제18조에서는 "성폭력범죄에 대하여는 「형사소송법」 제224조(고소의 제한) 및 「군사법원법」 제266조에도 불구하고 자기 또는 배우자의 직계존속을 고소할 수 있다."고 규정함)

고　소　장

고 소 인 :　○ ○ ○ (주민등록번호 :　　　 -　　)
　　　주소 :　○○시 ○○구 ○○길 ○○
　　　직업 :　　　사무실 주소 :
　　　전화번호 : (휴대폰:　) (자택:　) (사무실:　)
　　　이메일 :
피고소인 :　△ △ △ (주민등록번호 :　　　 -　　)
　　　주소 :　○○시 ○○구 ○○길 ○○
　　　직업 :　　　사무실 주소 :
　　　전화번호 : (휴대폰:　) (자택:　) (사무실:　)
　　　이메일 :

고 소 취 지
피고소인들은 고소인을 속여 고소인으로부터 금 3,000만원을 편취한 자들이므로 이를 고소하니 철저히 조사하여 법에 따라 처벌하여 주시기 바랍니다.

고 소 이 유
1. 고소인은 피고소인들과는 아무런 친·인척관계가 없으며, 피고소인 김△△는 ○○시 ○구 ○○길 ○○번지상의 주택의 소유자이고, 피고소인 이△△는 위 주택의 임차인입니다.
2. 고소인은 200○년 ○월 ○일 ○○:○○경에 직장이전관계로 급히 주택을 임차하기 위하여 생활정보지의 광고를 보고 피고소인 김△△을 찾아가서 피고소인 이△△이 거주하던 위 주택을 둘러보고 보증금 3,000만원에 임차하기로 계약하면서 고소인이 사정이 급박한 관계로 당일 피고소인 김△△이 있는 자리에서 피고소인 이△△에게 직접 보증금 전액을 모두 지불하고 피고소인 김△△로부터

계약서를 교부받았습니다.

3. 고소인은 위 계약을 하면서 당일이 토요일인지라 등기부상 권리관계를 확인할 수가 없어 피고소인들에게 위 주택에 별다른 문제가 없는지 물었으나 피고소인들은 한결같이 아무런 문제가 없다고 하여 이를 믿고 보증금의 전액을 지급하였던 것입니다.

4. 고소인은 다음날 이사를 하고 직장관계로 며칠 뒤 위 주택의 등기부등본을 확인한 결과 위 주택은 이미 오래 전에 ○○은행으로부터 경매가 들어와 ○○법원에서 경매가 진행 중이었던 관계로 곧 낙찰이 될 지경이었습니다.

   고소인이 이러한 사실을 피고소인들에게 항의하고 보증금을 반환해 달라고 하자 피고소인들은 자신들도 몰랐다고 발뺌하며 보증금을 돌려줄 수 없다고 하고 있으나 피고소인 김△△은 집주인으로서 이러한 사실을 몰랐을 리가 없으며, 피고소인 이△△은 배당금을 받기 위하여 법원에 임차인신고를 이미 해 놓았는데 이를 몰랐다는 것은 상식적으로 납득이 되지 않는 것입니다.

5. 따라서 피고소인들은 공모하여 고소인에게 거짓말을 하여 기망한 다음 고소인으로부터 보증금 3000만원을 편취한 것이 분명하므로 조사하여 법에 따라 처벌해 주시기 바랍니다.

첨 부 서 류

1. 전세계약서 사본   1통
1. 생활정보지   1통

20○○년   ○월   ○일

고 소 인   ○   ○   ○ (인)

○○경찰서장(또는 ○○지방검찰청 검사장) 귀 중

제출기관	범죄지, 피의자의 주소, 거소 또는 현재지의 경찰서, 검찰청	공 소 시 효	○년(☞공소시효일람표)

고소권자	피해자(형사소송법 223조) (※ 아래(1)참조)	소추요건	※ 아래(2) 참조 형법354조, 328조
제출부수	고소장 1부	관련법규	형법 347조
범죄성립 요 건	· 사람을 기망하여 재물의 교부를 받거나 재산상의 이익을 취득한 때 · 사람을 기망하여 제3자로 하여금 재물의 교부를 받거나 재산상의 이익을 취득하게 한 때		
형 량	· 10년 이하의 징역 · 2,000만원 이하의 벌금 (10년 이하의 자격정지를 병과할 수 있음 : 형법 353조)		
불기소처분 등에대한 불복절차 및 기간	(항고) · 근거 : 검찰청법 10조 · 기간 : 처분결과의 통지를 받은 날부터 30일(검찰청법 10조4항) (재정신청) · 근거 : 형사소송법 제260조 · 기간 : 항고기각 결정을 통지받은 날 또는 동법 제260조 제2항 각 호의 사유가 발생한 날부터 10일(형사소송법 제260조 제3항) (헌법소원) · 근거 : 헌법재판소법 68조 · 기간 : 그 사유가 있음을 안 날로부터 90일 이내에, 그 사유가 있은 날로부터 1년 이내에 청구하여야 한다. 다만, 다른 법률에 의한 구제절차를 거친 헌법소원의 심판은 그 최종결정을 통지받은 날로부터 30일 이내에 청구(헌법재판소법 69조)		

※ (1) 고소권자

(형사소송법 225조)

1. 피해자가 제한능력자인 경우의 법정대리인

2. 피해자가 사망한 경우의 배우자, 직계친족, 형제, 자매. 단, 피해자의 명시한 의사에 반하여 고소할 수 없음

(형사소송법 224조)

자기 또는 배우자의 직계존속은 고소할 수 없음[단, 성폭력범죄의 처벌 등에 관한 특례법 제18조에서는 "성폭력범죄에 대하여는 형사소송법 제224조(고소의 제한) 및 군사법원법 제266조에 불구하고 자기 또는 배우자의 직계존속을 고소할 수 있다."고 규정함]

※ (2) 친족간의 범행과 고소
　　1. 직계혈족 ,배우자, 동거친족, 동거가족 또는 그 배우자간의 제
　　　 323조의 죄는 형을 면제
　　2. 제1항 이외의 친족간에 제323조의 죄를 범한 때에는 고소가 있
　　　 어야 공소를 제기할 수 있음
　　3. 전2항의 신분관계가 없는 공범에 대하여는 전2항을 적용하지
　　　 아니함

고 소 장

고 소 인 : ○ ○ ○ (주민등록번호 :   -   )
　　　　　주소 :   ○○시 ○○구 ○○길 ○○
　　　　　직업 :   사무실 주소 :
　　　　　전화번호 : (휴대폰:) (자택:) (사무실:)
　　　　　이메일 :
피고소인 : △ △ △ (주민등록번호 :   -   )
　　　　　주소 :   ○○시 ○○구 ○○길 ○○
　　　　　직업 :   사무실 주소 :
　　　　　전화번호 : (휴대폰:) (자택:) (사무실:)
　　　　　이메일 :

고 소 사 실

1. 고소인은 고소외 휴양콘도미니엄업을 주업으로 하는 ㅁㅁ회사에 금 ○○○원을 주고 회원으로 가입하여 콘도미니엄 이용시에 필요한 회원카드를 발급받아 소지하고 있었는데,

2. 20○○.○.○. 고소인이 ○○동 소재 고소인의 사무실에서 지갑을 정리하고 있던 중 사업관계로 알고 지내던 피고소인이 방문하여 책상 위에 놓여있던 위 카드를 습득하여 콘도미니엄 이용 시에 부정하게 행사함으로써 피해를 입어 고소하오니 이를 조사하여 엄벌에 처해 주시기 바랍니다.

입 증 방 법

추후 제출하겠습니다.

20○○년 ○월 ○일
위 고 소 인   ○○○ (인)

○○경찰서장(또는 ○○지방검찰청 검사장) 귀 중

제출기관	범죄지, 피의자의 주소, 거소 또는 현재지의 경찰서, 검찰청	공 소 시 효	O년 (☞공소시효일람표)
고소권자	피해자(형사소송법 223조) (※ 아래(1)참조)	소추요건	
제출부수	고소장 1부	관련법규	형법 236조
범죄성립 요 건	권리·의무 또는 사실증명에 관한 타인의 문서 또는 도화를 부정행사한 때		
형 량	· 1년 이하의 징역이나 금고 · 300만원 이하의 벌금		
불기소처 분등에대 한 불복절차 및 기간	(항고) · 근거 : 검찰청법 10조 · 기간 : 처분결과의 통지를 받은 날부터 30일(검찰청법 10조4항) (재정신청) · 근거 : 형사소송법 제260조 · 기간 : 항고기각 결정을 통지받은 날 또는 동법 제260조 제2항 각 호의 사유가 발생한 날부터 10일(형사소송법 제260조 제3항) (헌법소원) · 근거 : 헌법재판소법 68조 · 기간 : 그 사유가 있음을 안 날로부터 90일 이내에, 그 사유가 있은 날로부터 1년 이내에 청구하여야 한다. 다만, 다른 법률에 의한 구제절차를 거친 헌법소원의 심판은 그 최종결정을 통지받은 날로부터 30일 이내에 청구(헌법재판소법 69조)		

※ (1) 고소권자

(형사소송법 225조)

1. 피해자가 제한능력자인 경우의 법정대리인

2. 피해자가 사망한 경우의 배우자, 직계친족, 형제, 자매. 단, 피해자의 명시한 의사에 반하여 고소할 수 없음

(형사소송법 224조)

자기 또는 배우자의 직계존속은 고소할 수 없음[단, 성폭력범죄의 처벌 등에 관한 특례법 제18조에서는 "성폭력범죄에 대하여는 형사소송법 제224조(고소의 제한) 및 군사법원법 제266조에 불구하고 자기 또는 배우자의 직계존속을 고소할 수 있다."고 규정함]

고 소 장

고 소 인 : ○ ○ ○ (주민등록번호 :   -   )
　　　　　주소 : ○○시 ○○구 ○○길 ○○
　　　　　직업 :   사무실 주소 :
　　　　　전화번호 : (휴대폰:) (자택:) (사무실:)
　　　　　이메일 :
피고소인 : △ △ △ (주민등록번호 :   -   )
　　　　　주소 : ○○시 ○○구 ○○길 ○○
　　　　　직업 :   사무실 주소 :
　　　　　전화번호 : (휴대폰:) (자택:) (사무실:)
　　　　　이메일 :

고 소 사 실

사건 피해자인 망인은 생전에 피고소인과 절친한 친구사이로서 이들은 19○○년부터 20○○년까지 전화기 제조공장을 공동으로 운영하여 왔습니다. 그런데 사업을 하는 중에 피고소인은 자신이 개인적으로 돈이 필요하기 때문에 위 망인과 협의하여 자신이 투자한 원금을 가지고 가겠다고 하므로 피고소인과 망인은 동업계약 해지에 관한 각서를 쓰고 동업관계를 종료한 바 있고 위 망인은 그 이후에도 계속해서 사업을 하여 오다가 20○○년 ○월에 갑작스런 교통사고로 사망하였습니다. 그런데 위 망인이 사망한 이후인 20○○년 ○월 ○일에 피고소인은 망인과 자신이 회원으로 가입하여 있던 계모임에서 위 망인과 자신의 동업계약에 관한 이야기가 나오면서 당시 피고소인이 회사 상태가 어려워 부채가 훨씬 더 많았음에도 채권·채무관계의 계산도 없이 원금을 다 가져간 것이 무리한 것이었다는 이야기가 나오자 피고소인은 자신이 위 망인과 동업할 당시 위 망인은 자신 몰래 돈을 빼돌리기 일쑤였고 자신의 영업권마저 빼앗았기 때문에 계약 관계를 종료할 수밖에 없었던 것이고 오히려 당시 동 망인에게 책임을 물으려다가 참고 조용히 나간 것이라면서 위 망인은 겉으로는 착한 사람인 척 했지만 자신에게 얼마나 간섭하였는지 모른다며 자신은 당시 동업계약 해지에 아무런 잘못이 없다고 얘기하였습니다.

그러나 피고소인과 위 망인이 동업계약 해지시 각서를 작성하는 자리에는 당사자 둘뿐이 아니라 망인의 동네 친구인 ㅁㅁㅁ도 같이 있었고 동 ㅇㅇㅇ는 당시 피고소인은, 자신이 개인사정으로 어쩔 수 없는 상황이라 돈을 빼 가는 것이라 너무 미안하면서도 고맙다는 얘기를 들었다고 말하고 있으므로 피고소인은 자신이 망인의 생전에 망인으로부터 도움 받은 사실도 잊고 오히려 망인의 명예를 거짓사실로 더럽히고 있는 것을 도저히 참을 수가 없어 법에 합당한 처벌을 받게 하고자 고소를 하게 된 것입니다.

20ㅇㅇ년   ㅇ월   ㅇ일

위 고소인   ㅇ   ㅇ   ㅇ (인)

ㅇㅇ경찰서장(또는 ㅇㅇ지방검찰청 검사장) 귀 중

제출기관	범죄지, 피의자의 주소, 거소 또는 현재지의 경찰서, 검찰청	공소시효	ㅇ년(☞공소시효일람표)
고소권자	피해자(형사소송법 223조) (※ 아래(1)참조)	소추요건	친고죄 (형법 312조1항)
제출부수	고소장 1부	관련법규	형법 308조
범죄성립 요 건	공연히 허위의 사실을 적시하여 사자의 명예를 훼손한 때		
형 량	· 2년 이하의 징역이나 금고 · 500만원 이하의 벌금		
불기소처분 등에대한	(항고) · 근거 : 검찰청법 10조 · 기간 : 처분결과의 통지를 받은 날부터 30일(검찰청법 10조4항)		

불복절차 및 기간	(재정신청) · 근거 : 형사소송법 제260조 · 기간 : 항고기각 결정을 통지받은 날 또는 동법 제260조 　　　제2항 각 호의 사유가 발생한 날부터 10일(형사 　　　소송법 제260조 제3항) (헌법소원) · 근거 : 헌법재판소법 68조 · 기간 : 그 사유가 있음을 안 날로부터 90일 이내에, 그 사 　　　유가 있은 날로부터 1년 이내에 청구하여야 한다. 　　　다만, 다른 법률에 의한 구제절차를 거친 헌법소원의 　　　심판은 그 최종결정을 통지받은 날로부터 30일 이내 　　　에 청구(헌법재판소법 69조)

※ (1) 고소권자

(형사소송법 225조)

1. 피해자가 제한능력자인 경우의 법정대리인

2. 피해자가 사망한 경우의 배우자, 직계친족, 형제, 자매. 단, 피해자의 명시한 의사에 반하여 고소할 수 없음

(형사소송법 224조)

자기 또는 배우자의 직계존속은 고소할 수 없음(단, 성폭력범죄의 처벌등에관한특례법 제18조에서는 "성폭력범죄에 대하여는 「형사소송법」 제224조(고소의 제한) 및 「군사법원법」 제266조에도 불구하고 자기 또는 배우자의 직계존속을 고소할 수 있다."고 규정함)

[서식 예] 사체등의 영득죄

고 소 장

고 소 인 : ○ ○ ○ (주민등록번호 :   -   )
       주소 : ○○시 ○○구 ○○길 ○○
       직업 :   사무실 주소 :
       전화번호 : (휴대폰:) (자택:) (사무실:)
       이메일 :

피고소인 : △ △ △ (주민등록번호 :   -   )
       주소 : ○○시 ○○구 ○○길 ○○
       직업 :   사무실 주소 :
       전화번호 : (휴대폰:) (자택:) (사무실:)
       이메일 :

고 소 취 지

고소인은 피고소인을 사체유기죄로 고소하오니 철저히 조사하여 엄벌하여 주시기 바랍니다.

고 소 사 실

피고소인은 고소인의 딸 □□□이 경리직원으로 근무했던 ○○기업의 대표로, 고소인의 딸과 내연의 관계를 맺어오던 중 피고소인이 유부남인 관계로 맺어질 수 없는 사이임을 비관해온 고소인의 딸이 20○○. ○. ○. 함께 여행을 떠났던 ○○도 ○○군 소재 ○○휴양림 방갈로에서 음독자살을 하자 고소인의 딸과의 부정한 관계가 드러날 것을 우려하여 사체를 인근 숲에 유기한 사실이 있어 고소하오니 철저히 조사하여 엄벌하여 주시기 바랍니다.

20○○년 ○월 ○일
위 고소인 ○ ○ ○ (인)
○○경찰서장(또는 ○○지방검찰청 검사장) 귀 중

제출기관	범죄지, 피의자의 주소, 거소 또는 현재지의 경찰서, 검찰청	공소시효	O년 (☞공소시효일람표)
고소권자	피해자(형사소송법 223조) (※ 아래(1)참조)	소추요건	
제출부수	고소장 1부	관련법규	형법 161조
범죄성립 요 건	사체, 유골, 유발 또는 관내에 장치한 물건을 손괴, 유기, 은닉 또는 영득한 때		
형 량	· 7년 이하의 징역		
불기소처분 등에 대한 불복절차 및 기간	(항고) · 근거 : 검찰청법 10조 · 기간 : 처분결과의 통지를 받은 날부터 30일(검찰청법 10조4항) (재정신청) · 근거 : 형사소송법 제260조 · 기간 : 항고기각 결정을 통지받은 날 또는 동법 제260조 제2항 각 호의 사유가 발생한 날부터 10일(형사소송법 제260조 제3항) (헌법소원) · 근거 : 헌법재판소법 68조 · 기간 : 그 사유가 있음을 안 날로부터 90일 이내에, 그 사유가 있은 날로부터 1년 이내에 청구하여야 한다. 다만, 다른 법률에 의한 구제절차를 거친 헌법소원의 심판은 그 최종결정을 통지받은 날로부터 30일 이내에 청구(헌법재판소법 69조)		

※ (1) 고소권자

(형사소송법 225조)

1. 피해자가 제한능력자인 경우의 법정대리인

2. 피해자가 사망한 경우의 배우자, 직계친족, 형제, 자매. 단, 피해자의 명시한 의사에 반하여 고소할 수 없음

(형사소송법 224조)

자기 또는 배우자의 직계존속은 고소할 수 없음[단, 성폭력범죄의 처벌 등에 관한 특례법 제18조에서는 "성폭력범죄에 대하여는 형사소송법 제224조(고소의 제한) 및 군사법원법 제266조에 불구하고 자기 또는 배우자의 직계존속을 고소할 수 있다."고 규정함]

[서식 예] 사체등의 오욕죄

고 소 장

고 소 인 : ○ ○ ○ (주민등록번호 :   -   )
　　　　　주소 : ○○시 ○○구 ○○길 ○○
　　　　　직업 :　　　　사무실 주소 :
　　　　　전화번호 : (휴대폰:) (자택:) (사무실:)
　　　　　이메일 :
피고소인 : △ △ △ (주민등록번호 :   -   )
　　　　　주소 : ○○시 ○○구 ○○길 ○○
　　　　　직업 :　　　　사무실 주소 :
　　　　　전화번호 : (휴대폰:) (자택:) (사무실:)
　　　　　이메일 :

고 소 취 지

고소인은 피고소인을 사체등의 오욕죄로 고소하오니 철저히 조사하여 엄벌하여 주시기 바랍니다.

고 소 사 실

피고소인은 고소인의 선영이 위치한 ○○도 ○○군 ○○길에 거주하는 고등학생으로 200○.○.○. 오후 ○시경 ○○도 ○○군 ○○면 ○○길 산 ○○번지에 소재한 고소인의 증조부의 분묘 근처를 친구들과 지나던 중 전일의 폭우로 분묘가 붕괴되고 관이 파손되어 지상에 노출된 고소인 증조부의 유골을 발견하고 자신의 담력을 자랑하고자 유골에 방뇨한 사실이 있어 고소하오니 철저히 조사하여 엄벌하여 주시기 바랍니다.

첨 부 서 류

　　1. 목격자진술서　　　　　　　　1통

　　　　200○년　○월　○일
　　　　위 고소인　○　○　○ (인)

○○경찰서장(또는 ○○지방검찰청 검사장) 귀 중

- 214 -

제출기관	범죄지, 피의자의 주소, 거소 또는 현재지의 경찰서, 검찰청	공소시효	○년(☞공소시효일람표)
고소권자	피해자(형사소송법 223조) (※ 아래(1)참조)	소추요건	
제출부수	고소장 1부	관련법규	형법 159조
범죄성립 요건	사체, 유골 또는 유발을 오욕한 때		
형량	· 2년 이하의 징역 · 500만원 이하의 벌금		
불기소처분 등에 대한 불복절차 및 기간	(항고) · 근거 : 검찰청법 10조 · 기간 : 처분결과의 통지를 받은 날부터 30일(검찰청법 10조4항) (재정신청) · 근거 : 형사소송법 제260조 · 기간 : 항고기각 결정을 통지받은 날 또는 동법 제260조 제2항 각 호의 사유가 발생한 날부터 10일(형사소송법 제260조 제3항) (헌법소원) · 근거 : 헌법재판소법 68조 · 기간 : 그 사유가 있음을 안 날로부터 90일 이내에, 그 사유가 있은 날로부터 1년 이내에 청구하여야 한다. 다만, 다른 법률에 의한 구제절차를 거친 헌법소원의 심판은 그 최종결정을 통지받은 날로부터 30일 이내에 청구(헌법재판소법 69조)		

※ (1) 고소권자
　　(형사소송법 225조)
　　1. 피해자가 제한능력자인 경우의 법정대리인
　　2. 피해자가 사망한 경우의 배우자, 직계친족, 형제, 자매. 단, 피해자의 명시한 의사에 반하여 고소할 수 없음
　　(형사소송법 224조)
　　자기 또는 배우자의 직계존속은 고소할 수 없음[단, 성폭력범죄의 처벌 등에 관한 특례법 제18조에서는 "성폭력범죄에 대하여는 형사소송법 제224조(고소의 제한) 및 군사법원법 제266조에 불구하고 자기 또는 배우자의 직계존속을 고소할 수 있다."고 규정함]

[서식 예] 손괴죄

고 소 장

고 소 인 : ○ ○ ○ (주민등록번호 :   -   )
　　　　　주소 : ○○시 ○○구 ○○길 ○○
　　　　　직업 :   사무실 주소 :
　　　　　전화번호 : (휴대폰:) (자택:) (사무실:)
　　　　　이메일 :
피고소인 : △ △ △ (주민등록번호 :   -   )
　　　　　주소 : ○○시 ○○구 ○○길 ○○
　　　　　직업 :   사무실 주소 :
　　　　　전화번호 : (휴대폰:) (자택:) (사무실:)
　　　　　이메일 :

피고소인은 고소인과 이웃에 사는 사람으로 20○○.○.○. ○○:○○
경 고소인과 주위토지 통행문제로 시비가 되어 이에 화가 나 마침 그
주위에 있던 기와장을 고소인 소유의 승용차에 집어 던져 위 승용차의
앞 유리 부분 금 450,000원 상당을 손괴하여 그 효용을 해한 자이므
로 엄벌에 처해 주시기 바랍니다.

20○○년 ○월 ○일

위 고 소 인 ○ ○ ○ (인)

○○경찰서장(또는 ○○지방검찰청 검사장) 귀 중

제출기관	범죄지, 피의자의 주소, 거소 또는 현재지의 경찰서, 검찰청	공 소 시 효	5년 (☞공소시효일람표)
고소권자	피해자(형사소송법 223조) (※ 아래(1)참조)	소추요건	
제출부수	고소장 1부	관련법규	형법 366조
범죄성립 요 건	타인의 재물, 문서 또는 전자기록등 특수매체기록을 손괴 또는 은닉 기타 방법으로 그 효용을 해한 때		
형 량	· 3년 이하의 징역 · 700만원 이하의 벌금		
불기소처분 등에대한 불복절차 및 기간	(항고) · 근거 : 검찰청법 10조 · 기간 : 처분결과의 통지를 받은 날부터 30일(검찰청법 10조4항) (재정신청) · 근거 : 형사소송법 제260조 · 기간 : 항고기각 결정을 통지받은 날 또는 동법 제260조 제2항 각 호의 사유가 발생한 날부터 10일(형사소송법 제260조 제3항) (헌법소원) · 근거 : 헌법재판소법 68조 · 기간 : 그 사유가 있음을 안 날로부터 90일 이내에, 그 사유가 있은 날로부터 1년 이내에 청구하여야 한다. 다만, 다른 법률에 의한 구제절차를 거친 헌법소원의 심판은 그 최종결정을 통지받은 날로부터 30일 이내에 청구(헌법재판소법 69조)		

※ (1) 고소권자
  (형사소송법 225조)
  1. 피해자가 제한능력자인 경우의 법정대리인
  2. 피해자가 사망한 경우의 배우자, 직계친족, 형제, 자매. 단, 피해자의 명시한 의사에 반하여 고소할 수 없음
  (형사소송법 224조)
  자기 또는 배우자의 직계존속은 고소할 수 없음[단, 성폭력범죄의 처벌 등에 관한 특례법 제18조에서는 "성폭력범죄에 대하여는 형사소송법 제224조(고소의 제한) 및 군사법원법 제266조에 불구하고 자기 또는 배우자의 직계존속을 고소할 수 있다."고 규정함]

[서식 예] 신용훼손죄

고 소 장

고 소 인 : ○ ○ ○ (주민등록번호 :   -   )
　　　　　주소 : ○○시 ○○구 ○○길 ○○
　　　　　직업 :   사무실 주소 :
　　　　　전화번호 : (휴대폰:) (자택:) (사무실:)
　　　　　이메일 :
피고소인 : △ △ △ (주민등록번호 :   -   )
　　　　　주소 : ○○시 ○○구 ○○길 ○○
　　　　　직업 :   사무실 주소 :
　　　　　전화번호 : (휴대폰:) (자택:) (사무실:)
　　　　　이메일 :

고소인은 피고소인에 대하여 다음과 같이 고소하오니 철저히 조사하여
법에 따라서 처벌하여 주시기 바랍니다.

다 　 음

피고소인은 고소인과 같은 남성의류 제조업을 하는 자로서, 평소에 고소
인이 지역내 의류제조 주문을 많이 받아서 납품수익을 올리는 것을 시기
하던 중 20○○.○.○. ○○:○○경 피고소인이 사는 아파트 단지내의
반상회에 참석하여 고소인이 주식투자를 잘못하여 고소인이 운영하는 의
류제조공장과 원단에 사채업자들이 가압류를 하여 아마 더 이상은 영업
을 하기 힘들 거라고 말하는 등 고소인의 지불능력에 대한 사회적 신뢰
를 저하시킬 우려가 있는 허위의 발언을 한 사실이 있어 고소하오니 조
사하여 엄벌하여 주시기 바랍니다.

첨 부 서 류

1. 추후 제출하도록 하겠습니다.

2000.   0.   0.
고 소 인   0 0 0 (인)
○○경찰서장(또는 ○○지방검찰청 검사장) 귀 중

제출기관	범죄지, 피의자의 주소, 거소 또는 현재지의 경찰서, 검찰청	공소시효	0년 (☞공소시효일람표)
고소권자	피해자(형사소송법 223조) (※ 아래(1)참조)	소추요건	
제출부수	고소장 1부	관련법규	형법 313조
범죄성립 요 건	허위의 사실을 유포하거나 기타 위계로써 사람의 신용을 훼손한 때		
형 량	· 5년 이하의 징역 또는 1,500만원 이하의 벌금		
불기소처 분등에대 한 불복절차 및 기간	(항고) · 근거 : 검찰청법 10조 · 기간 : 처분결과의 통지를 받은 날부터 30일(검찰청법 10조4항) (재정신청) · 근거 : 형사소송법 제260조 · 기간 : 항고기각 결정을 통지받은 날 또는 동법 제260조 제2항 각 호의 사유가 발생한 날부터 10일(형사소송법 제260조 제3항) (헌법소원) · 근거 : 헌법재판소법 68조 · 기간 : 그 사유가 있음을 안 날로부터 90일 이내에, 그 사유가 있은 날로부터 1년 이내에 청구하여야 한다. 다만, 다른 법률에 의한 구제절차를 거친 헌법소원의 심판은 그 최종결정을 통지받은 날로부터 30일 이내에 청구(헌법재판소법 69조)		

※ (1) 고소권자
   (형사소송법 225조)
   1. 피해자가 제한능력자인 경우의 법정대리인
   2. 피해자가 사망한 경우의 배우자, 직계친족, 형제, 자매. 단, 피해자의 명시한 의사에 반하여 고소할 수 없음

(형사소송법 224조)
자기 또는 배우자의 직계존속은 고소할 수 없음(단, 성폭력범죄의
처벌등에관한특례법 제18조에서는 "성폭력범죄에 대하여는 「형사소
송법」 제224조(고소의 제한) 및 「군사법원법」 제266조에도 불구하
고 자기 또는 배우자의 직계존속을 고소할 수 있다."고 규정함)

[서식 예] 업무방해죄

고 소 장

고 소 인 : ○ ○ ○ (주민등록번호 :   -   )
　　　　　 주소 : ○○시 ○○구 ○○길 ○○
　　　　　 직업 :　　　　 사무실 주소 :
　　　　　 전화번호 : (휴대폰:　　) (자택:　　) (사무실:　　)
　　　　　 이메일 :
피고소인 : △ △ △ (주민등록번호 :   -   )
　　　　　 주소 : ○○시 ○○구 ○○길 ○○
　　　　　 직업 :　　　　 사무실 주소 :
　　　　　 전화번호 : (휴대폰:　　) (자택:　　) (사무실:　　)
　　　　　 이메일 :

고 소 취 지

위 피고소인을 업무방해죄로 이 고소를 제기하오니 의법 처단하여 주시기
바랍니다.

고 소 사 실

고소인은 20○○.○. 초순부터 피고소인 소유 부동산인 ○○시 ○○구
○○길 ○○소재 ○○빌딩 ○층 점포 약 30㎡를 (보증금 1,000만원,
월차임 150만원, 임차기간 2년) 임차하여, '○○○'라는 상호로 숙녀복
정장 판매대리점을 개설하여 영업하던 중, 영업부진으로 20○○. ○월
부터 ○개월간 차임을 연체하게 되었는바, 피고소인은 20○○.○.○.
오후 ○시경 술을 마시고 가게에 찾아와 차임을 내어놓으라며 고래고
래 큰소리를 치며 행패를 부려 가게 안에서 옷을 고르던 여자손님들이
놀라 도망가게 하였고, 그 이후에도 3차례나 술을 마시고 찾아와 가
게 안을 기웃거리며 고소인에게 욕을 하는 등 영업방해를 한 사실이
있습니다. 이에 고소인은 도저히 장사를 할 수 없는 지경에 이르러 이
고소장을 제출하오니 법이 적용하는 엄벌에 처해 주십시오.

20○○년　○월　○일

위　　고　소　인　○　○　○　(인)

○○경찰서장(또는 ○○지방검찰청 검사장) 귀 중

제출기관	범죄지, 피의자의 주소, 거소 또는 현재지의 경찰서, 검찰청	공소시효	○년 (☞공소시효일람표)
고소권자	피해자(형사소송법 223조) (※ 아래(1)참조)	소추요건	
제출부수	고소장 1부	관련법규	형법 314조
범죄성립 요건	· 허위의 사실을 유포, 기타 위계 또는 위력으로써 사람의 업무를 방해한 때 · 컴퓨터등 정보처리장치 또는 전자기록등 특수매체기록을 손괴하거나 정보처리장치에 허위의 정보 또는 부정한 명령을 입력하거나 기타 방법으로 정보처리에 장애를 발생하게 하여 사람의 업무를 방해한 때		
형 량	· 5년 이하의 징역 또는 1,500만원 이하의 벌금		
불기소처분등에대한 불복절차 및 기간	(항고) · 근거 : 검찰청법 10조 · 기간 : 처분결과의 통지를 받은 날부터 30일 (검찰청법 10조4항) (재정신청) · 근거 : 형사소송법 제260조 · 기간 : 항고기각 결정을 통지받은 날 또는 동법 제260조 제2항 각 호의 사유가 발생한 날부터 10일(형사소송법 제260조 제3항) (헌법소원) · 근거 : 헌법재판소법 68조 · 기간 : 그 사유가 있음을 안 날로부터 90일 이내에, 그 사유가 있은 날로부터 1년 이내에 청구하여야 한다. 다만, 다른 법률에 의한 구제절차를 거친 헌법소원의 심판은 그 최종결정을 통지받은 날로부터 30일 이내에 청구(헌법재판소법 69조)		

※ (1) 고소권자
　　(형사소송법 225조)
　　1. 피해자가 제한능력자인 경우의 법정대리인
　　2. 피해자가 사망한 경우의 배우자, 직계친족, 형제, 자매. 단, 피해자의 명시한 의사에 반하여 고소할 수 없음
　　(형사소송법 224조)

자기 또는 배우자의 직계존속은 고소할 수 없음(단, 성폭력범죄의
처벌등에관한특례법 제18조에서는 "성폭력범죄에 대하여는 「형사소
송법」 제224조(고소의 제한) 및 「군사법원법」 제266조에도 불구하
고 자기 또는 배우자의 직계존속을 고소할 수 있다."고 규정함)

[서식 예] 업무상 배임죄

고 소 장

고 소 인 : ○ ○ ○ (주민등록번호 :   -   )
       주소 : ○○시 ○○구 ○○길 ○○
       직업 :   사무실 주소 :
       전화번호 : (휴대폰:) (자택:) (사무실:)
       이메일 :
피고소인 : △ △ △ (주민등록번호 :   -   )
       주소 : ○○시 ○○구 ○○길 ○○
       직업 :   사무실 주소 :
       전화번호 : (휴대폰:) (자택:) (사무실:)
       이메일 :

고 소 취 지

고소인은 피고소인을 상대로 아래와 같이 업무상 배임죄로 고소를 제기하오니 철저히 조사하시어 엄벌하여 주시기 바랍니다.

고 소 사 실

1. 피고소인은 19○○.○.○.경부터 ○○시 ○구 ○길 ○○소재 당 은행 ○○지점의 대리로 근무하면서 대출담당 업무에 종사하여 오던 자입니다.
2. 피고소인은 20○○.○.○. 13:00경 위 은행지점에서 그 은행내규상 ○○○원 이상은 무담보대출이 금지되어 있으므로 ○○○원 이상의 대출을 함에 있어서는 채무자로부터 반드시 담보를 제공받아야 할 업무상 의무가 있음에도 불구하고, 이에 위배하여 피고소인의 친구인 고소외 □□□의 편의를 보아주기 위하여 즉석에서 그에게 무담보로 금 ○○○원을 대출하고 그 회수를 어렵게 하여 위 □□□에게 대출금 ○○○원 상당의 재산적 이익을 취득하게 하고, 위 은행에 동액 상당의 손해를 가하였기에 본 고소에 이른 것입니다.

입 증 방 법

추후 조사시에 제출하겠습니다.

200○. ○. ○.
위 고소인   ○○은행(주)
대표이사   ○○○   (인)
○○경찰서장(또는 ○○지방검찰청 검사장) 귀 중

제출기관	범죄지, 피의자의 주소, 거소 또는 현재지의 경찰서, 검찰청	공소시효	10년 (☞공소시효일람표)
고소권자	피해자(형사소송법 223조) (※ 아래(1)참조)	소추요건	※ 아래(2) 참조 형법 361조, 328조
제출부수	고소장 1부	관련법규	형법 356조, 355조 2항
범죄성립 요 건	업무상의 임무에 위배하여 타인의 사무를 처리하는 자가 그 임무에 위배하는 행위로써 재산상의 이익을 취득하거나 제3자로 하여금 이를 취득하게 하여 본인에게 손해를 가한 때		
형 량	· 10년 이하의 징역 · 3,000만원 이하의 벌금 (10년 이하의 자격정지를 병과할 수 있음 : 형법 358조)		
불기소처분 등에대한 불복절차 및 기간	(항고) · 근거 : 검찰청법 10조 · 기간 : 처분결과의 통지를 받은 날부터 30일(검찰청법 10조4항) (재정신청) · 근거 : 형사소송법 제260조 · 기간 : 항고기각 결정을 통지받은 날 또는 동법 제260조 제2항 각 호의 사유가 발생한 날부터 10일(형사소송법 제260조 제3항) (헌법소원) · 근거 : 헌법재판소법 68조 · 기간 : 그 사유가 있음을 안 날로부터 90일 이내에, 그 사유가 있은 날로부터 1년 이내에 청구하여야 한다. 다만, 다른 법률에 의한 구제절차를 거친 헌법소원의 심판은 그 최종결정을 통지받은 날로부터 30일 이내에 청구(헌법재판소법 69조)		

※ (1) 고소권자

(형사소송법 225조)

1. 피해자가 제한능력자인 경우의 법정대리인

2. 피해자가 사망한 경우의 배우자, 직계친족, 형제, 자매. 단, 피해자의 명시한 의사에 반하여 고소할 수 없음

(형사소송법 224조)

자기 또는 배우자의 직계존속은 고소할 수 없음[단, 성폭력범죄의 처벌 등에 관한 특례법 제18조에서는 "성폭력범죄에 대하여는 형사소송법 제224조(고소의 제한) 및 군사법원법 제266조에 불구하고 자기 또는 배우자의 직계존속을 고소할 수 있다."고 규정함]

※ (2) 친족간의 범행과 고소

1. 직계혈족 ,배우자, 동거친족, 동거가족 또는 그 배우자간의 제323조의 죄는 형을 면제

2. 제1항 이외의 친족간에 제323조의 죄를 범한 때에는 고소가 있어야 공소를 제기할 수 있음

3. 전2항의 신분관계가 없는 공범에 대하여는 전2항을 적용하지 아니함.

고 소 장

고 소 인 : ○ ○ ○ (주민등록번호 :   -   )
　　　　주소 : ○○시 ○○구 ○○길 ○○
　　　　직업 :　　　　사무실 주소 :
　　　　전화번호 : (휴대폰:) (자택:) (사무실:)
　　　　이메일 :
피고소인 : △ △ △ (주민등록번호 :   -   )
　　　　주소 : ○○시 ○○구 ○○길 ○○
　　　　직업 :　　　　사무실 주소 :
　　　　전화번호 : (휴대폰:) (자택:) (사무실:)
　　　　이메일 :

고 소 취 지

고소인은 피고소인을 상대로 아래와 같이 업무상 횡령죄로 고소를 제기하오니 철저히 조사하시어 엄벌하여 주시기 바랍니다.

고 소 사 실

1. 피고소인은 20○○.○.○.부터 ○○시 ○○구 ○○길 ○○에 있는 ○○약품주식회사의 영업사원으로서 위 회사의 약품판매 및 수금업무에 종사하여 오던 자입니다.
2. 피고소인은 20○○.○.○. ○○시 ○○구 ○○길 ○○에 있는 ○○○ 경영의 ○○약국에서 약품대금 1,500만원을 수금하여 위 회사를 위하여 보관하던 중 그 무렵 이 중 1,000만원을 자신과 불륜관계를 맺어온 위 회사 경리사원 □□□에게 관계청산을 위한 위자료 명목으로 임의로 지급하여 이를 횡령하였기에 본 고소에 이른 것입니다.

입 증 방 법

추후 조사시에 제출하겠습니다.

20○○년　○월　○일

위 고소인   ○○약품주식회사

대표이사   ○ ○○ (인)

○○경찰서장(또는 ○○지방검찰청 검사장) 귀 중

제출기관	범죄지, 피의자의 주소, 거소 또는 현재지의 경찰서, 검찰청	공소시효	10년 (☞공소시효일람표)
고소권자	피해자(형사소송법 223조) (※ 아래(1)참조)	소추요건	※ 아래(2) 참조 형법 361조,328조
제출부수	고소장 1부	관련법규	형법 356조, 355조 1항
범죄성립 요 건	업무상의 임무에 위배하여 타인의 재물을 보관하는 자가 그 재물을 횡령하거나 그 반환을 거부한 때		
형 량	·10년 이하의 징역 ·3,000만원 이하의 벌금 (10년 이하의 자격정지를 병과할 수 있음 : 형법 358조)		
불기소처분 등에대한 불복절차 및 기간	(항고) ·근거 : 검찰청법 10조 ·기간 : 처분결과의 통지를 받은 날부터 30일(검찰청법 10조4항) (재정신청) ·근거 : 형사소송법 제260조 ·기간 : 항고기각 결정을 통지받은 날 또는 동법 제260조 제2항 각 호의 사유가 발생한 날부터 10일(형사소송법 제260조 제3항) (헌법소원) ·근거 : 헌법재판소법 68조 ·기간 : 그 사유가 있음을 안 날로부터 90일 이내에, 그 사유가 있은 날로부터 1년 이내에 청구하여야 한다. 다만, 다른 법률에 의한 구제절차를 거친 헌법소원의 심판은 그 최종결정을 통지받은 날로부터 30일 이내에 청구(헌법재판소법 69조)		

※ (1) 고소권자

(형사소송법 225조)

1. 피해자가 제한능력자인 경우의 법정대리인

2. 피해자가 사망한 경우의 배우자, 직계친족, 형제, 자매. 단, 피해자의 명시한 의사에 반하여 고소할 수 없음

(형사소송법 224조)

자기 또는 배우자의 직계존속은 고소할 수 없음[단, 성폭력범죄의
벌 등에 관한 특례법 제18조에서는 "성폭력범죄에 대하여는 형사소
송법 제224조(고소의 제한) 및 군사법원법 제266조에 불구하고 자
기 또는 배우자의 직계존속을 고소할 수 있다."고 규정함]

※ (2) 친족간의 범행과 고소
  1. 직계혈족, 배우자, 동거친족, 동거가족 또는 그 배우자간의 제
     323조의 죄는 형을 면제
  2. 제1항 이외의 친족간에 제323조의 죄를 범한 때에는 고소가 있
     어야 공소를 제기할 수 있음
  3. 전2항의 신분관계가 없는 공범에 대하여는 전2항을 적용하지 아
     니함.

[서식 예] 업무상과실치상죄(의료사고)

고 소 장

고 소 인 : ○ ○ ○ (주민등록번호 :   -   )
        주소 : ○○시 ○○구 ○○길 ○○
        직업 :   사무실 주소 :
        전화번호 : (휴대폰:) (자택:) (사무실:)
        이메일 :
피고소인 : △ △ △ (주민등록번호 :   -   )
        주소 : ○○시 ○○구 ○○길 ○○
        직업 :   사무실 주소 :
        전화번호 : (휴대폰:) (자택:) (사무실:)
        이메일 :○길 ○○번지 ○○병원

고 소 취 지

피고소인은 고소인에게 고혈압 및 편두통 치료를 하다가 업무상 과실로 뇌동맥 파열로 인한 지주막하출혈로 사지부전마비 상태에 이르게 한 사실이 있으므로 피고소인을 철저히 수사하여 엄벌에 처해 주시기 바랍니다.

고 소 사 실

1. 고소인은 20○○.○.경 구토를 동반한 심한 두통으로 피고소인을 사용하고 있는 ○○병원에 내원하여 소화기 내과 전문의인 김△△로부터 진찰을 받았는데, 고혈압으로 의심한 위 의사는 순환기 내과 의사인 A에게 협의진료를 요청하였고, 위 김△△는 검사를 시행한 다음 혈압강하제인 ○○○을 복용토록 하였습니다.
2. 고소인은 위 약물을 계속 복용하였으나 한달 후인 20○○.○. 중순경 계속된 통증으로 다시 위 병원에 내원 하였는데, 당시 김△△는 고혈압, 일과성 뇌허혈, 뇌막염 의심 하에 정밀진단을 위하여 고소인을 입원토록 하였고 당시 고소인은 두통 및 구토와 함께 목이 뻣뻣하고 목 뒤에서 맥박이 뛰는 듯하며, 말이 어둔하고 전신이 쇠약한

상태였습니다. 한편 피고 김△△는 신경학과 의사인 이△△에게 협진 의뢰를 한 바 별다른 이상 없다는 통보를 받고 편두통 진단을 하여 최종적으로 만성위염, 지방간, 고혈압 진단을 내리고 이에 대한 약물치료를 한 다음 혈압이 다소 안정되자 같은 달 말경 고소인을 퇴원토록 하였습니다.

3. 고소인은 위 병원에 다녀온 뒤 조금 증상이 호전되는 듯하다가 퇴원후 ○개월이 지난 20○○.○.○경 새벽 무렵 수면 도중 갑작스럽게 비명을 지르면서 의식을 잃고 쓰러져 즉시 응급실에 내원하게 되었고 이△△는 뇌 CT 촬영을 하였던바, 좌측 뇌실내 출혈과 함께 좌측 측두엽 끝과 좌우 내실내 출혈 소견을 보여 일단 동정맥기형 파열과 뇌실내 출혈, 종양 출혈과 뇌실내 출혈, 모야모야병과 뇌실내 출혈, 고혈압성 뇌출혈과 뇌실내 출혈로 진단하였습니다. 그러나 이△△는 고소인의 상태가 좋지 않아 수술예정만 잡아놓고 합병증 발생 예방 치료만을 하였습니다.

4. 이에 고소인은 수술날짜를 기다릴 수 없어서 다른 병원으로 전원하였던바, 위 병원 의료진은 동맥류파열에 의한 지주막하출혈로 진단하고 재출혈 방지를 위한 외동맥류 경부 결찰술을 시행하였습니다. 그러나 고소인은 수술전 이미 심한 뇌부종에 의한 뇌세포 괴사와 뇌혈관 연축에 의한 뇌경색, 뇌수두증 등으로 뇌손상을 입어 위 병원에서 치료를 받다가 다음 해 ○월경 퇴원하였습니다.

5. 한편 위 병원의 진단 결과 현재의 증상(뇌동맥류 파열에 의한 지주막하출혈)은 이미 위 피고소인이 고소인을 진찰하고 치료할 당시인 20○○.○.○. 및 같은 해 ○경에 이미 나타났던 것으로 드러났습니다. 뇌동맥류 파열에 의한 지주막하출혈은 갑작스러운 두통 및 구토이외에는 뇌신경학적 증상이 없는 경우가 있으므로 이 경우 신경외과 의사인 이△△와 주치의인 김△△로서는 환자나 발병과정을 지켜본 사람에게서 자세한 병력을 들어 지주막하출혈 가능성을 추정하고 소량의 출혈시에는 반드시 뇌 CT 촬영, 뇌척수액검사 및 뇌혈관 촬영 등을 신속히 시행하여 뇌동맥류 파열로 인한 지주막하 출혈을 확인하였어야 하는 업무상 주의 의무를 위반하여 만연히 즉시 위와 같은

조치를 하지 않고 혈압강하제 만을 투약케 한 업무상 과실로 피고
소인을 사지부전마비 상태에 빠뜨렸으니, 조사하여 엄히 처벌하여 주
시기 바랍니다.

첨 부 서 류

1. 진단서(A병원 피고소인 작성)
1. 진단서(B병원 의사 작성)
1. 진료기록부(A병원)
1. 진료기록부(B병원)

기타 추후 제출하겠습니다.

20○○년　　○년　　○월

고 소 인　　○ ○ ○ (인)

○○경찰서장(또는 ○○지방검찰청 검사장) 귀 중

제출기관	범죄지, 피의자의 주소, 거소 또는 현재지의 경찰서, 검찰청	공소시효	○년(☞공소시효일람표)
고소권자	피해자(형사소송법 223조)(※ 아래(1)참조)	소추요건	
제출부수	고소장 1부	관련법규	형법 268조
범죄성립요 건	업무상과실 또는 중대한 과실로 인하여 사람을 사상에 이르게 한 때		
형 량	·5년 이하의 금고 또는 2천만원 이하의 벌금		
불기소처분등에대한불복절차및 기간	(항고) · 근거 : 검찰청법 10조 · 기간 : 처분결과의 통지를 받은 날부터 30일(검찰청법 10조4항) (재정신청) · 근거 : 형사소송법 제260조		

· 기간 : 항고기각 결정을 통지받은 날 또는 동법 제260조
제2항 각 호의 사유가 발생한 날부터 10일(형사
소송법 제260조 제3항)

(헌법소원)
· 근거 : 헌법재판소법 68조
· 기간 : 그 사유가 있음을 안 날로부터 90일 이내에, 그 사
유가 있은 날로부터 1년 이내에 청구하여야 한다.
다만, 다른 법률에 의한 구제절차를 거친 헌법소원의
심판은 그 최종결정을 통지받은 날로부터 30일 이내
에 청구(헌법재판소법 69조)

※ (1) 고소권자
(형사소송법 225조)
1. 피해자가 제한능력자인 경우의 법정대리인
2. 피해자가 사망한 경우의 배우자, 직계친족, 형제, 자매. 단, 피
해자의 명시한 의사에 반하여 고소할 수 없음
(형사소송법 224조)
자기 또는 배우자의 직계존속은 고소할 수 없음[단, 성폭력범죄의
처벌 등에 관한 특례법 제18조에서는 "성폭력범죄에 대하여는 형사
소송법 제224조(고소의 제한) 및 군사법원법 제266조에 불구하고
자기 또는 배우자의 직계존속을 고소할 수 있다."고 규정함]

[서식 예] 업무상비밀누설죄

고 소 장

고 소 인 : ○ ○ ○ (주민등록번호 :   -   )
　　　　　주소 : ○○시 ○○구 ○○길 ○○
　　　　　직업 :　　　　사무실 주소 :
　　　　　전화번호 : (휴대폰:　　) (자택:　　) (사무실:　　)
　　　　　이메일 :
피고소인 : △ △ △ (주민등록번호 :   -   )
　　　　　주소 : ○○시 ○○구 ○○길 ○○
　　　　　직업 :　　　　사무실 주소 :
　　　　　전화번호 : (휴대폰:　　) (자택:　　) (사무실:　　)
　　　　　이메일 :

고소인은 피고소인에 대하여 다음과 같이 고소하오니 철저히 조사하여
법에 따라서 처벌하여 주시기 바랍니다.

다　　음

1. 고소인은 20○○년 ○월 ○일 ○○도 ○○시 ○○길 소재 피고소인
   이 운영하는 "○○성형외과"에서 고소인이 철없을 시절고소인 신체
   중 등에다 문신을 한 것을 제거하기 위한 문신제거수술을 시술 받은
   바 있습니다.
2. 이후 고소인의 직장동료 고소외 □□□가 위 성형외과에 입원하여 치
   료를 받는 중에 피고소인이 병원의 광고를 목적으로병원 복도 벽에
   고소인의 문신제거수술에 대한 사진을 부착하여 있음을 발견하고 고
   소인에게 "너의 사진이 아니냐"라고 하여 고소인은 위 성형외과를 방
   문하여 이를 확인한 결과 고소인임을 알 수 있는 문신 제거수술 전·
   후의 사진이 걸려 있음을 발견하였습니다.
3. 위의 사실은 피고소인이 의사로서 업무상 알게된 환자의 비밀에 대한
   치료사실을 고소인의 동의도 없이 불특정 다수인 누구에게나 관람할
   수 있게끔 방치하여 고소인의 사생활의 평온을 침해함으로서 고소인

의 사회생활과 대인관계에 막대한 피해를 입게 하였습니다.

4. 피고소인의 이러한 행위는 형법 제317조의 업무상비밀누설죄에 해당
하므로 법에 따른 처벌을 구하고자 고소장을 제출하는 바입니다.

첨 부 서 류

1. 진단서   1통
2. 진술서   1통

20○○년   ○월   ○일

위 고소인   ○ ○ ○ (인)

○○경찰서장(또는 ○○지방검찰청 검사장) 귀 중

제출기관	범죄지, 피의자의 주소, 거소 또는 현재지의 경찰서, 검찰청	공소시효	○년(☞공소시효일람표)
고소권자	피해자(형사소송법 223조) (※ 아래(1)참조)	소추요건	친고죄 (형법 318조)
제출부수	고소장 1부	관련법규	형법 317조
범죄성립 요 건	1. 의사, 한의사, 치과의사, 약제사, 약종상, 조산사, 변호사, 변리사, 공인회계사, 공증인, 대서업자나 그 직무상 보조자 또는 차 등의 직에 있던 자가 그 업무처리 중 지득한 타인의 비밀을 누설한 때 2. 종교의 직에 있는 자 또는 있던 자가 그 직무상 지득한 사람의 비밀을 누설한 때		
형 량	· 3년 이하의 징역이나 금고, 10년 이하의 자격정지 또는 700만원 이하의 벌금		
불기소처분 등에 대한 불복절차 및 기간	(항고) · 근거 : 검찰청법 10조 · 기간 : 처분결과의 통지를 받은 날부터 30일(검찰청법 10조4항) (재정신청) · 근거 : 형사소송법 제260조 · 기간 : 항고기각 결정을 통지받은 날 또는 동법 제260조 제2항 각 호의 사유가 발생한 날부터 10일(형사		

	소송법 제260조 제3항)
	(헌법소원) · 근거 : 헌법재판소법 68조 · 기간 : 그 사유가 있음을 안 날로부터 90일 이내에, 그 사유가 있은 날로부터 1년 이내에 청구하여야 한다. 다만, 다른 법률에 의한 구제절차를 거친 헌법소원의 심판은 그 최종결정을 통지받은 날로부터 30일 이내에 청구(헌법재판소법 69조)

※ (1) 고소권자

(형사소송법 225조)

1. 피해자가 제한능력자인 경우의 법정대리인
2. 피해자가 사망한 경우의 배우자, 직계친족, 형제, 자매. 단, 피해자의 명시한 의사에 반하여 고소할 수 없음

(형사소송법 224조)

자기 또는 배우자의 직계존속은 고소할 수 없음(단, 성폭력범죄의 처벌등에관한특례법 제18조에서는 "성폭력범죄에 대하여는 「형사소송법」 제224조(고소의 제한) 및 「군사법원법」 제266조에도 불구하고 자기 또는 배우자의 직계존속을 고소할 수 있다."고 규정함)

고 소 장

고 소 인 : ○ ○ ○ (주민등록번호 :   -   )
　　　　　주소 : ○○시 ○○구 ○○길 ○○
　　　　　직업 :　　　　사무실 주소 :
　　　　　전화번호 : (휴대폰:　　) (자택:　　) (사무실:　　)
　　　　　이메일 :
피고소인 : △ △ △ (주민등록번호 :   -   )
　　　　　주소 : ○○시 ○○구 ○○길 ○○
　　　　　직업 :　　　　사무실 주소 :
　　　　　전화번호 : (휴대폰:　　) (자택:　　) (사무실:　　)
　　　　　이메일 :

고 소 취 지

위 피고소인을 업무상위력등에 의한 간음죄로 고소하오니 철저한 수사를
하여 의법 조치하여 주시기 바랍니다.

고 소 이 유

1. 고소인은 고향인 ○○도 ○○군에서 고등학교를 졸업하고 가정형편
   이 어려워 취업을 목적으로 상경하여 현 주소지에 거주하고 있습니
   다. 특별한 기술이 없던 고소인은 먼저 상경한 고향친구 ㅁㅁㅁ의
   소개로 ○○년 ○월 ○일부터 ○○구 ○○길 소재 ○○○미용학원
   에서 ○○년 ○월 ○일까지 미용기술을 배우게 되었습니다.
2. 미용기술을 배운 고소인은 상기 ○○미용학원의 원장으로 있는 ㅁㅁ
   ㅁ의 소개로 피고소인이 ○○도 ○○시 ○○구 ○○길에서 원장으
   로 운영하는 "○○○"이라는 미용업소에서 ○○년○월 ○일부터 수
   습 미용사로서 미용 일을 시작하게 되었습니다.
3. 피고소인은 고소인이 일을 하게 된 날부터 "미용기술만 잘 배우면
   한평생 걱정 없이 살 수 있지만 열심히 내가 시키는 일을 하지 않

고 게으름을 피우면 잘라버릴 거야"며 위협적인 분위기를 조성한 사실이 있었습니다. 당시 고소인은 중학교와 초등학교에 다니는 동생들의 학비와 간암말기인 어머니의 병원비를 책임지고 있었고 이런 고소인의 어려운 생활을 피고소인은 알고 있었습니다.

4. 그러던 ○○년 ○월 ○일 ○○:○○경 여느 날과 같이 뒷정리를 하고 퇴근하려고 하던 고소인에게 피고소인은 "오늘 너에게 특별한 기술을 알려 줄 테니 이리와"하며 고소인의 오른쪽 손을 잡아끌며 강제로 미용실 손님들의 대기 의자인 장의자에 고소인을 눕히고 머리를 쓰다듬었습니다.

5. 고소인이 강하게 저항하자 피고소인은 "너 여기서 쫓겨나고 싶어, 다른 곳에 취업 못하게 할 수도 있어. 그러니 가만히 있어"하며 고소인의 입에 피고소인의 입을 맞추며 고소인의 상의를 찢고 가슴을 만지며 간음하였습니다.

6. 피고소인은 인간의 탈을 쓴 파렴치범으로 고소인의 고용인으로서 경제적으로 고소인이 어려운 처지를 약점 삼아 강제로 간음한 자로 현재까지도 아무런 뉘우침이 없어 고소를 제기하오니 법이 적용하는 한 엄벌에 처해 주시기 바랍니다.

입 증 방 법

1. 상해진단서   1부
2. 기타 서류

20○○년   ○월   ○일

위 고소인   ○   ○   ○ (인)

○○경찰서장(또는 ○○지방검찰청 검사장) 귀 중

제출기관	범죄지, 피의자의 주소, 거소 또는 현재지의 경찰서, 검찰청	공소시효	O년(☞공소시효일람표)
고소권자	피해자(형사소송법 223조) (※ 아래(1)참조)	소추요건	
제출부수	고소장 1부	관련법규	형법 제303조
범죄성립 요 건	업무, 고용 기타 관계로 인하여 자기의 보호 또는 감독을 받는 사람에 대하여 위계 또는 위력으로써 간음한 때		
형 량	· 5년 이하의 징역 · 1,500만원 이하의 벌금		
불기소처분등 에대한 불복절차 및 기간	(항고) · 근거 : 검찰청법 10조 · 기간 : 처분결과의 통지를 받은 날부터 30일(검찰청법 10조4항) (재정신청) · 근거 : 형사소송법 제260조 · 기간 : 항고기각 결정을 통지받은 날 또는 동법 제260조 제2항 각 호의 사유가 발생한 날부터 10일 (형사소송법 제260조 제3항) (헌법소원) · 근거 : 헌법재판소법 68조 · 기간 : 그 사유가 있음을 안 날로부터 90일 이내에, 그 사유가 있은 날로부터 1년 이내에 청구하여야 한다. 다만, 다른 법률에 의한 구제절차를 거친 헌법소원의 심판은 그 최종결정을 통지받은 날로부터 30일 이내에 청구(헌법재판소법 69조)		

※ (1) 고소권자

(형사소송법 225조)

1. 피해자가 제한능력자인 경우의 법정대리인
2. 피해자가 사망한 경우의 배우자, 직계친족, 형제, 자매. 단, 피해자의 명시한 의사에 반하여 고소할 수 없음

(형사소송법 224조)

자기 또는 배우자의 직계존속은 고소할 수 없음[단, 성폭력범죄의 처벌 등에 관한 특례법 제18조에서는 "성폭력범죄에 대하여는 형사소송법 제224조(고소의 제한) 및 군사법원법 제266조에 불구하고 자기 또는 배우자의 직계존속을 고소할 수 있다."고 규정함]

[서식 예] 위계에 의한 살인미수죄

고 소 장

고 소 인 : ○ ○ ○ (주민등록번호 :   -   )
　　　　　주소 : ○○시 ○○구 ○○길 ○○
　　　　　직업 :   사무실 주소 :
　　　　　전화번호 : (휴대폰:) (자택:) (사무실:)
　　　　　이메일 :
피고소인 : △ △ △ (주민등록번호 :   -   )
　　　　　주소 : ○○시 ○○구 ○○길 ○○
　　　　　직업 :   사무실 주소 :
　　　　　전화번호 : (휴대폰:) (자택:) (사무실:)
　　　　　이메일 :

고 소 사 실

1. 고소인은 피고소인과 ○년간 사귀어 오면서 결혼까지 약속한 사이
   입니다.
2. 피고소인은 대학에 다니며 고학을 하였는데, 고소인이 직장생활을
   하면서 받은 월급으로 피고소인의 하숙비와 책값, 등록비 등을 대
   주었습니다.
3. 피고소인은 작년에 대학을 졸업하고 ○○물산에 취직을 하였는데 작
   년 가을부터는 왠지 모르게 저를 만나는 것을 꺼리며 무언가 고민하
   고 있는 것 같아 왜 그러냐고 하였더니 피고소인의 부모님들이 우리
   의 만남을 반대하시면서 집안끼리 혼담이 오고간 상대편 처녀를 몇
   번 만나보았다는 것이었습니다.
4. 저는 그에게 부모님들이 반대하시더라도 뱃속에 있는 아이를 위해
   서는 우리 끼리라도 보금자리를 마련해야 하지 않겠느냐며 살림을
   차리자고 졸랐었는데 지난 20○○. ○. ○. 늦은 밤에 피고소인은
   지방에 잠시 내려가 바람이나 쐬고 오자하여 그를 따라 나섰었는
   데 그는 ○○ 온천으로 내려가 여관을 잡고 들어간 후 맥주를 시
   켜 연거푸 마시더니 "우리의 사랑을 이룰 수 없는 이 세상 더 살고
   싶지 않다. 우리 함께 죽고 저 세상에 가서 우리의 사랑을 계속하자"

며 울음 섞인 목소리로 하소연하는 것이었습니다.
5. 이에 저도 감정이 복받쳐 먹지 못하는 술을 함께 마시고 그의 말에 동의하여 그와 함께 그가 준비해온 박카스 병의 극약을 마셨습니다.
6. 저는 다음날인ㅇ.ㅇ. 여관 종업원들에 의해 병원으로 옮겨져 위를 세척해 겨우 목숨을 건졌는데 저는 피고소인이 걱정되어 그 상태를 물어보았더니 그는 제가 사경을 헤매던ㅇ.ㅇ. ㅇㅇ:ㅇㅇ경 여관을 빠져나갔다는 것입니다.
7. 결국 제가 싫어진 피고소인이 동반자살하자고 속여 자신은 박카스를 마시고 저에게는 극약을 먹여 자살로 위장시키려 했던 것이었습니다.
8. ㅇ년 동안 몸과 마음을 다해 뒷바라지하여 어엿한 사회인으로 키워 놨더니 위와 같이 간교한 방법으로 저의 목숨을 빼앗으려 했던 파렴치한 피고소인을 엄벌에 처해 주길 바라며 본 건 고소에 이른 것입니다.

입 증 방 법

1. 피고소인과 함께 마신 박카스 병 2개
2. 기타 추후 제출하겠습니다

20ㅇㅇ년 ㅇ월 ㅇ일
위 고 소 인   ㅇㅇㅇ (인)

ㅇㅇ경찰서장(또는 ㅇㅇ지방검찰청 검사장) 귀 중

제출기관	범죄지, 피의자의 주소, 거소 또는 현재지의 경찰서, 검찰청	공소시효	○년 (☞공소시효일람표)
고소권자	피해자(형사소송법 223조) (※ 아래(1)참조)	소추요건	
제출부수	고소장 1부	관련법규	형법 253, 254조
범죄성립 요 건	사람을 살해하려고 실행에 착수한 때		
형 량	· 사형, 무기, 또는 5년 이상의 징역 · 미수범의 형은 기수범 보다 감경할 수 있음(형법 25조2항)		
불기소처 분등에대 한 불복절차 및 기간	(항고) · 근거 : 검찰청법 10조 · 기간 : 처분결과의 통지를 받은 날부터 30일(검찰청법 10조4항) (재정신청) · 근거 : 형사소송법 제260조 · 기간 : 항고기각 결정을 통지받은 날 또는 동법 제260 조 제2항 각 호의 사유가 발생한 날부터 10일(형사소송법 제260조 제3항) (헌법소원) · 근거 : 헌법재판소법 68조 · 기간 : 그 사유가 있음을 안 날로부터 90일 이내에, 그 사유가 있은 날로부터 1년 이내에 청구하여야 한다. 다만, 다른 법률에 의한 구제절차를 거친 헌법소원의 심판은 그 최종결정을 통지받은 날로부터 30일 이내에 청구(헌법재판소법 69조)		

※ (1) 고소권자
(형사소송법 225조)
1. 피해자가 제한능력자인 경우의 법정대리인
2. 피해자가 사망한 경우의 배우자, 직계친족, 형제, 자매. 단, 피해자의 명시한 의사에 반하여 고소할 수 없음
(형사소송법 224조)
자기 또는 배우자의 직계존속은 고소할 수 없음[단, 성폭력범죄의 처벌 등에 관한 특례법 제18조에서는 "성폭력범죄에 대하여는 형사소송법 제224조(고소의 제한) 및 군사법원법 제266조에 불구하고 자기 또는 배우자의 직계존속을 고소할 수 있다."고 규정함]

[서식 예] 위증죄

고 소 장

고 소 인 : ○ ○ ○ (주민등록번호 :   -   )
       주소 : ○○시 ○○구 ○○길 ○○
       직업 :   사무실 주소 :
       전화번호 : (휴대폰:) (자택:) (사무실:)
       이메일 :
피고소인 : △ △ △ (주민등록번호 :   -   )
       주소 : ○○시 ○○구 ○○길 ○○
       직업 :   사무실 주소 :
       전화번호 : (휴대폰:) (자택:) (사무실:)
       이메일 :

고 소 사 실

1. 피고소인 김△△은 ○○시 ○○구 ○○길 ○○번지 ○○맥주홀을 경영하는 ㅁㅁㅁ의 내연의 처인 바, 당시 ○○형사지방 법원에 계속중인 위 ㅁㅁㅁ에 대한 강도피고사건에 있어서 같은 동에 사는 이△△가 증인으로 소환된 것을 알고 위 ㅁㅁㅁ를 위하여 유리한 허위진술을 시키기로 작정하고 ○○년 ○월 ○일 위 이△△를 ㅁㅁㅁ 집으로 불러 피고소인 김△△이 주식을 권하면서 ㅁㅁㅁ에 대하여 강도사건으로 증인 심문을 받게 될 때에는 자기가 동년 ○월 ○일 오후 8:30경 위 ○○맥주홀에 갔을 때 ㅁㅁㅁ는 사무실에서 자기부인과 돈 때문에 이야기를 하고 있더라고 허위진술을 시켜서 위증을 교사하였고,

2. 피고소인 이△△는 위와 같은 부탁을 받자 위 사실이 전혀 허위인 줄 알면서 이를 수락하고 같은 달 ○월 ○일 위 ㅁㅁㅁ에 대한 강도피고 사건에 있어서 ○○지방법원 형사2단독 재판장 ㅁㅁㅁ 앞에서 동 사건의 증인으로 선서한 후 재판장으로부터 심문을 받을 때 위와 같이 의뢰 받은 사실과 동 취지의 허위진술을 하여서 위증을 하였습니다.

20○○년   ○월   ○일

위 고소인   ○ ○ ○ (인)

○○경찰서장(또는 ○○지방검찰청 검사장) 귀 중

제출기관	범죄지, 피의자의 주소, 거소 또는 현재지의 경찰서, 검찰청	공 소 시 효	○년 (☞공소시효일람표)
고소권자	피해자(형사소송법 223조) (※ 아래(1)참조)	소 추 요 건	
제 출 부 수	고소장 1부	관 련 법 규	형법 152조
범죄성립 요 건	법률에 의하여 선서한 증인이 허위의 진술을 한 때		
형 량	· 5년 이하의 징역 · 1,000만원 이하의 벌금		
불기소처분 등에 대한 불복절차 및 기간	(항고) · 근거 : 검찰청법 10조 · 기간 : 처분결과의 통지를 받은 날부터 30일(검찰청법 10조4항) (재정신청) · 근거 : 형사소송법 제260조 · 기간 : 항고기각 결정을 통지받은 날 또는 동법 제260조 제2항 각 호의 사유가 발생한 날부터 10일(형사소송법 제260조 제3항) (헌법소원) · 근거 : 헌법재판소법 68조 · 기간 : 그 사유가 있음을 안 날로부터 90일 이내에, 그 사유가 있은 날로부터 1년 이내에 청구하여야 한다. 다만, 다른 법률에 의한 구제절차를 거친 헌법소원의 심판은 그 최종결정을 통지받은 날로부터 30일 이내에 청구(헌법재판소법 69조)		

※ (1) 고소권자

(형사소송법 225조)

1. 피해자가 제한능력자인 경우의 법정대리인
2. 피해자가 사망한 경우의 배우자, 직계친족, 형제, 자매. 단, 피해자의 명시한 의사에 반하여 고소할 수 없음

(형사소송법 224조)

자기 또는 배우자의 직계존속은 고소할 수 없음[단, 성폭력범죄의 처벌 등에 관한 특례법 제18조에서는 "성폭력범죄에 대하여는 형사소송법 제224조(고소의 제한) 및 군사법원법 제266조에 불구하고 자기 또는 배우자의 직계존속을 고소할 수 있다."고 규정함]

고 소 장

고 소 인 : ○ ○ ○ (주민등록번호 :   -   )
　　　　　주소 : ○○시 ○○구 ○○길 ○○
　　　　　직업 :   사무실 주소 :
　　　　　전화번호 : (휴대폰:) (자택:) (사무실:)
　　　　　이메일 :
피고소인 : △ △ △ (주민등록번호 :   -   )
　　　　　주소 : ○○시 ○○구 ○○길 ○○
　　　　　직업 :   사무실 주소 :
　　　　　전화번호 : (휴대폰:) (자택:) (사무실:)
　　　　　이메일 :

고 소 사 실

1. 고소인은 ○○세의 노령으로 보호자의 부양없이는 하루도 생활하기 힘들고 피고소인과는 모자관계에 있습니다. 고소인은 망 □□□의 배우자로서 □□□의 사망으로 인해 수억원의 재산을 상속받게 되었습니다.

2. 피고소인은 20○○.○.○.부터 고소외 □□□을 사귀게 되었고 혼인을 약속하게 되면서 고소인 및 고소외 □□□이 여타 가족이 없는 관계로 모두 함께 고소인의 집에서 고소인을 부양하면서 살게 되었습니다.

3. 하지만 심한 의견충돌로 인하여 고소인과 위 △△△가 자주 말다툼을 하는일이 있었는데, 급기야 20○○.○.경 위 △△△이 망년회를 하고 만취하여 들어온 것을 고소인이 나무라자 말대꾸를 하며 고소인에게 폭언을 한 사실이 있습니다.

4. 20○○.○. 설날 명절을 기회로 피고소인과 고소외 □□□은 그동안 자신들의 행동을 반성한다며 다함께 제주도 관광을 요청했습니다. 이에 고소인은 휠체어에 몸을 의지하는 관계로 여행을 거부했지만 피고소인의 완강한 요청으로 할 수 없이 여행에 동참하게 되었습니

다.
5. 200ㅇ.ㅇ.ㅇ. 제주도에 도착하자마자 ㅇㅇ호텔에 여장을 풀고 하루를 보내게 되었습니다. 그런데 다음날 아침 피고소인이 회사에 급한 일이 생겼다며 먼저 상경해야 할 것 같다고 하면서 떠났고 고소외 ㅁㅁㅁ과 고소인 두명이 남게 되었습니다.
6. 하지만 위 고소외 ㅁㅁㅁ도 다음 날 쇼핑을 갔다오겠다고 하며 나갔다가 하루가 지나도록 돌아오질 않았습니다. 계속되는 전화연락에도 피고소인과 고소외 ㅁㅁㅁ은 연락이 없어 할 수 없이 고소인은 현지 경찰관의 도움으로 상경하여 고소인의 집으로 되돌아 왔습니다.
7. 그러나 고소인이 집에 도착하자마자 고소인의 모든 물건들은 없어지고 엉뚱하게 제3자인 고소외 ■■■가 어제 이 집을 피고소인으로부터 매수하였다고 하며 실내공사를 하고 있었습니다.
8. 피고소인은 고소외 ㅁㅁㅁ과 결탁하여 고소인의 모든 재산을 가지고 어디론지 사라져 버렸습니다. 비록 친자식인 피고소인에게 버림을 받았다는 사실이 너무나 황당하고 어이가 없지만 거동이 불편한 몸으로 어디에 의지할 곳도 없는 고소인의 현실이 너무 막막하고 피고소인의 파렴치한 행동에 대한 처벌을 구하고자 하오니 피고소인을 의법 조치하여 주시기 바랍니다.

200ㅇ년 ㅇ월 ㅇ일

위 고소인 ㅇ ㅇ ㅇ (인)

ㅇㅇ경찰서장(또는 ㅇㅇ지방검찰청 검사장) 귀 중

제출기관	범죄지, 피의자의 주소, 거소 또는 현재지의 경찰서, 검찰청	공소시효	0년 (☞공소시효일람표)
고소권자	피해자(형사소송법 223조) (※ 아래(1)참조)	소추요건	
제출부수	고소장 1부	관련법규	형법 271조 제2항
범죄성립 요 건	자기 또는 배우자의 직계존속에 대하여 노유, 질병 기타의 사유로 보호할 의무가 있는데도 유기한 때		
형 량	· 10년 이하의 징역 · 1,500만원 이하의 벌금		
불기소처 분등에대 한 불복절차 및 기간	(항고) · 근거 : 검찰청법 10조 · 기간 : 처분결과의 통지를 받은 날부터 30일(검찰청법 10조4항) (재정신청) · 근거 : 형사소송법 제260조 · 기간 : 항고기각 결정을 통지받은 날 또는 동법 제260조 제2항 각 호의 사유가 발생한 날부터 10일(형사소송법 제260조 제3항) (헌법소원) · 근거 : 헌법재판소법 68조 · 기간 : 그 사유가 있음을 안 날로부터 90일 이내에, 그 사유가 있은 날로부터 1년 이내에 청구하여야 한다. 다만, 다른 법률에 의한 구제절차를 거친 헌법소원의 심판은 그 최종결정을 통지받은 날로부터 30일 이내에 청구(헌법재판소법 69조)		

※ (1) 고소권자
　　(형사소송법 225조)
　　1. 피해자가 제한능력자인 경우의 법정대리인
　　2. 피해자가 사망한 경우의 배우자, 직계친족, 형제, 자매. 단, 피해자의 명시한 의사에 반하여 고소할 수 없음
　　(형사소송법 224조)
　　자기 또는 배우자의 직계존속은 고소할 수 없음[단, 성폭력범죄의 처벌 등에 관한 특례법 제18조에서는 "성폭력범죄에 대하여는 형사소송법 제224조(고소의 제한) 및 군사법원법 제266조에 불구하고 자기 또는 배우자의 직계존속을 고소할 수 있다."고 규정함]

고 소 장

고 소 인 : ○ ○ ○ (주민등록번호 :   -   )
　　　　　주소 : ○○시 ○○구 ○○길 ○○
　　　　　직업 :   사무실 주소 :
　　　　　전화번호 : (휴대폰:) (자택:) (사무실:)
　　　　　이메일 :
피고소인 : △ △ △ (주민등록번호 :   -   )
　　　　　주소 : ○○시 ○○구 ○○길 ○○
　　　　　직업 :   사무실 주소 :
　　　　　전화번호 : (휴대폰:) (자택:) (사무실:)
　　　　　이메일 :

고 소 취 지

피고소인은 고소인을 유사강간한 사실이 있습니다.

고 소 사 실

1. 피고소인은 ○○시 ○○구 ○○길 ○○번지에 사는 자인데 고소인의
   친구인 ○○○의 소개 몇 번 만난 사이인데 ○○시 ○○구 ○○길
   ○○건물 주차장 앞에 세워둔 피고소인 소유의 그랜져XG ○○○ 차
   안에서 강제로 고소인의 구강에 피고소인의 성기를 넣는 행위를 하였
   습니다.
2. 당시 피고소인은 일상적인 대화를 하던 중 고소인의 손목을 잡고 피
   고소인의 중요부위에 손을 갖다 대어 고소인이 당황한 나머지 뿌리
   쳤더니 피고소인이 갑자기 돌변하면서 내가 하라는 대로 하지 않으면
   죽여 버리겠다고 협박하고 주먹으로 고소인의 얼굴을 ○회 가격하며
   폭행하면서 반항을 현저히 곤란하게 한 후 성기를 꺼내어 고소인의
   구강에 억지로 삽입하여 고소인을 유사강간한 것입니다.
3. 위와 같은 사실을 들어 고소하오니 조사하여 엄벌하여 주시기 바랍니
   다.

소 명 방 법

1. 진단서
2. 세부적인 자료는 추후 제출하겠음.

20○○년 ○월 ○일

위 고소인 ○○○ (인)

○○경찰서장(또는 ○○지방검찰청 검사장) 귀 중

제출기관	범죄지, 피의자의 주소, 거소 또는 현재지의 경찰서, 검찰청	공소시효	○년 (☞공소시효일람표)
고소권자	피해자(형사소송법 223조) (※ 아래(1)참조)	소추요건	
제출부수	고소장 1부	관련법규	형법 제297조의 2
범죄성립 요 건	폭행 또는 협박으로 구강, 항문 등 신체(성기는 제외한다)의 내부에 성기를 넣거나 성기, 항문에 손가락 등 신체(성기는 제외한다)의 일부 또는 도구를 넣는 행위를 하여 사람을 유사강간한 때		
형 량	· 2년 이상의 유기징역		
불기소처 분등에대 한 불복절차 및 기간	(항고) · 근거 : 검찰청법 10조 · 기간 : 처분결과의 통지를 받은 날부터 30일(검찰청법 10조4항) (재정신청) · 근거 : 형사소송법 제260조 · 기간 : 항고기각 결정을 통지받은 날 또는 동법 제260조 제2항 각 호의 사유가 발생한 날부터 10일(형사소송법 제260조 제3항) (헌법소원) · 근거 : 헌법재판소법 68조 · 기간 : 그 사유가 있음을 안 날로부터 90일 이내에, 그 사유가 있은 날로부터 1년 이내에 청구하여야 한다. 다만, 다른 법률에 의한 구제절차를 거친 헌법소원의 심판은 그 최종결정을 통지받은 날로부터 30일 이내에 청구(헌법재판소법 69조)		

※ (1) 고소권자

(형사소송법 225조)

1. 피해자가 제한능력자인 경우의 법정대리인
2. 피해자가 사망한 경우의 배우자, 직계친족, 형제, 자매. 단, 피해자의 명시한 의사에 반하여 고소할 수 없음

(형사소송법 224조)

자기 또는 배우자의 직계존속은 고소할 수 없음[단, 성폭력범죄의 처벌 등에 관한 특례법 제18조에서는 "성폭력범죄에 대하여는 형사소송법 제224조(고소의 제한) 및 군사법원법 제266조에 불구하고 자기 또는 배우자의 직계존속을 고소할 수 있다."고 규정함]

[서식 예] 유인죄

고 소 장

고 소 인 : ○ ○ ○ (주민등록번호 :   -   )
　　　　　주소 : ○○시 ○○구 ○○길 ○○
　　　　　직업 :   사무실 주소 :
　　　　　전화번호 : (휴대폰:) (자택:) (사무실:)
　　　　　이메일 :
피고소인 : △ △ △ (주민등록번호 :   -   )
　　　　　주소 : ○○시 ○○구 ○○길 ○○
　　　　　직업 :   사무실 주소 :
　　　　　전화번호 : (휴대폰:) (자택:) (사무실:)
　　　　　이메일 :

고 소 취 지

피고소인은 고소인의 아들인 미성년자 고소외 □□□(만 ○세)을 유인한 사실이 있습니다.

고 소 사 실

피고소인은 ○○시 ○○구 ○○길 ○○번지에 거주하는 자인데 200○.○.○. ○○:○○경 ○○시 ○○구 ○○길 ○○ 고소인의 집 앞 놀이터에서 친구들과 놀고 있던 고소인의 아들인 미성년자 고소외 □□□(만 ○세)에게 접근하여 "아주머니가 맛있는 과자를 사줄테니 아주머니랑 같이 가자"라고 말하여 위 □□□를 유혹하여 ○○시 ○○구 ○○길 소재 ○○도 한강둔치공원에 데리고 가서 같은 날○○:○○경까지 위 □□□를 보호자인 고소인의 보호상태에서 이탈케 한 후 피고소인의 실력적 지배하에 둔 것이다.

위와 같은 사실을 들어 고소하오니 조사하여 엄벌하여 주시기 바랍니다.

소 명 방 법

1. 사실확인서
2. 세부적인 자료는 추후 제출하겠음

　　　　　　200○년 ○월 ○일

위 고소인   ㅇ ㅇ ㅇ (인)
ㅇㅇ경찰서장(또는 ㅇㅇ지방검찰청 검사장) 귀 중

제출기관	범죄지, 피의자의 주소, 거소 또는 현재지의 경찰서, 검찰청	공소시효	ㅇ년 (☞공소시효일람표)
고소권자	피해자(형사소송법 223조) (※ 아래(1)참조)	소추요건	
제출부수	고소장 1부	관련법규	형법 287조
범죄성립 요 건	미성년자를 약취 또는 유인한 때		
형 량	· 10년 이하의 징역		
불기소처분 등에 대한 불복절차 및 기간	(항고) · 근거 : 검찰청법 10조 · 기간 : 처분결과의 통지를 받은 날부터 30일(검찰청법 10조4 항) (재정신청) · 근거 : 형사소송법 제260조 · 기간 : 항고기각 결정을 통지받은 날 또는 동법 제260 조 제2항 각 호의 사유가 발생한 날부터 10일(형 사소송법 제260조 제3항) (헌법소원) · 근거 : 헌법재판소법 68조 · 기간 : 그 사유가 있음을 안 날로부터 90일 이내에, 그 사유가 있은 날로부터 1년 이내에 청구하여야 한 다. 다만, 다른 법률에 의한 구제절차를 거친 헌법 소원의 심판은 그 최종결정을 통지받은 날로부터 30 일 이내에 청구(헌법재판소법 69조)		

※ (1) 고소권자
   (형사소송법 225조)
   1. 피해자가 제한능력자인 경우의 법정대리인
   2. 피해자가 사망한 경우의 배우자, 직계친족, 형제, 자매. 단, 피
      해자의 명시한 의사에 반하여 고소할 수 없음
   (형사소송법 224조)
   자기 또는 배우자의 직계존속은 고소할 수 없음[단, 성폭력범죄의

처벌 등에 관한 특례법 제18조에서는 "성폭력범죄에 대하여는 형사소송법 제224조(고소의 제한) 및 군사법원법 제266조에 불구하고 자기 또는 배우자의 직계존속을 고소할 수 있다."고 규정함]

고 소 장

고 소 인 : ○ ○ ○ (주민등록번호 :   -   )
        주소 : ○○시 ○○구 ○○길 ○○
        직업 :   사무실 주소 :
        전화번호 : (휴대폰:) (자택:) (사무실:)
        이메일 :
피고소인 : △ △ △ (주민등록번호 :   -   )
        주소 : ○○시 ○○구 ○○길 ○○
        직업 :   사무실 주소 :
        전화번호 : (휴대폰:) (자택:) (사무실:)
        이메일 :

고소인은 피고소인을 형법 제288조 제2항 인신매매죄로 형사 고소하니
엄히 처벌하여 주시기 바랍니다.

고 소 원 인

1. 저는 필리핀 국적의 23세 여성입니다.
2. 저는 노래 부르는 것에 재능이 있어 필리핀에서 가수가 되기 위해 다
   방면으로 노력을 하고 있었지만, 가수가 되기 위한 여건이 쉽게 마련
   되지 않았습니다.
3. 그러던 차에 한국에서 가수를 시켜주겠다는 피고소인을 알게 되었습
   니다. 피고소인이 알려준 방법으로 예술흥행비자(E-6)를 받아 한국에
   입국하게 되었습니다.
4. 그런데 피고소인은 고소인이 인천공항에 도착하자마자 고소인의 여권
   과 외국인등록증을 잠시 보관한다는 명목으로 빼앗아버리고, 고소인
   을 가수와는 전혀 상관이 없는 동두천에 있는 한 유흥주점에 돈을
   받고 팔아버렸습니다.
5. 다행히 고소인은 그런 사실을 알고 몰래 유흥주점을 빠져나오긴 했
   지만, 피고소인으로 인해 정신적, 경제적으로 극심한 피해를 입었습니
   다.
6. 이에 고소인은 피고소인을 형법 제289조가 정한 인신매매죄로 고소
   하오니 피고소인을 엄히 처벌하여 주시기 바랍니다.

20○○년 ○월 ○일

위　고　소　인　　○　○　○(인)
　　○○경찰서장(또는　○○지방검찰청 검사장)　귀　중

제출기관	범죄지, 피의자의 주소, 거소 또는 현재지의 경찰서, 검찰청	공소시효	○년 (☞공소시효일람표)
고소권자	피해자(형사소송법 223조) (※ 아래(1)참조)	소추요건	
제출부수	고소장 1부	관련법규	형법 289조
범죄성립 요건	· 사람을 매매한 경우(형법 289조 1항) · 추행, 간음 또는 영리의 목적으로 사람을 매매한 경우(형법 289조 2항) · 노동력 착취, 성매매와 성적 착취, 장기적출을 목적으로 사람을 매매한 경우 및 국외에 이송할 목적으로 사람을 매매하거나 매매된 사람을 국외로 이송한 경우(형법 289조 3항, 4항)		
형　량	· 7년 이하의 유기징역(형법 289조 1항) · 1년 이상 10년 이하의 유기징역(형법 289조 2항) · 2년 이상 15년 이하의 유기징역(형법 289조 3항, 4항)		
불기소처분 등에 대한 불복절차 및 기간	(항고) · 근거 : 검찰청법 10조 · 기간 : 처분결과의 통지를 받은 날부터 30일(검찰청법 10조4항) (재정신청) · 근거 : 형사소송법 제260조 · 기간 : 항고기각 결정을 통지받은 날 또는 동법 제260조 제2항 각 호의 사유가 발생한 날부터 10일 (형사소송법 제260조 제3항) (헌법소원) · 근거 : 헌법재판소법 68조 · 기간 : 그 사유가 있음을 안 날로부터 90일 이내에, 그 사유가 있은 날로부터 1년 이내에 청구하여야 한다. 다만, 다른 법률에 의한 구제절차를 거친 헌법소원의 심판은 그 최종결정을 통지받은 날로부터 30일 이내에 청구(헌법재판소법 69조)		

※ (1) 고소권자
　　　(형사소송법 225조)
　　　1. 피해자가 제한능력자인 경우의 법정대리인
　　　2. 피해자가 사망한 경우의 배우자, 직계친족, 형제, 자매. 단, 피

해자의 명시한 의사에 반하여 고소할 수 없음
(형사소송법 224조)
자기 또는 배우자의 직계존속은 고소할 수 없음[단, 성폭력범죄의
처벌 등에 관한 특례법 제18조에서는 "성폭력범죄에 대하여는 형사
소송법 제224조(고소의 제한) 및 군사법원법 제266조에 불구하고
자기 또는 배우자의 직계존속을 고소할 수 있다."고 규정함]

[서식 예] 인질강요죄

고 소 장

고 소 인 : ○ ○ ○ (주민등록번호 :   -   )
　　　주소 : ○○시 ○○구 ○○길 ○○
　　　직업 :   사무실 주소 :
　　　전화번호 : (휴대폰:) (자택:) (사무실:)
　　　이메일 :
피고소인 : △ △ △ (주민등록번호 :   -   )
　　　주소 : ○○시 ○○구 ○○길 ○○
　　　직업 :   사무실 주소 :
　　　전화번호 : (휴대폰:) (자택:) (사무실:)
　　　이메일 :

고 소 취 지

고소인들은 피고소인들을 형법 제324조의2 인질강요죄로 형사 고소하니 엄히 처벌하여 주시기 바랍니다.

고 소 원 인

고소인들은 위 주소지에서 조그마한 슈퍼를 경영하면서 무남 독녀인 여고 2년생을 슬하에 두고 오로지 딸자식이 잘되기만을 생각하며 열심히 교육도 시키며 단란하고 행복한 가정생활을 하였습니다.

그런데 어느 날 딸의 귀가 시간이 평소와는 달리 많이 늦어 걱정이 된 나머지 대문 밖에서 기다렸으나 결국 자정이 넘도록 집에 돌아오지 않아 노심초사 방에서 기다리고 있던 중, 거친 남자 목소리의 전화가 와 "딸을 잘 보호하고 있으니 현금 3,000만원을 준비하라 그렇지 아니하면 앞으로 딸을 만날 수 없을지도 모른다. 그리고 경찰서에 알리면 가족들을 모두 죽이겠다."고 협박하여 고소인들은 딸을 살릴 목적으로 어쩔 수 없이 돈 3,000만원을 준비하여 피고소인들이 지정한 약속장소에 나가 현금 3,000만원을 건네 주고 감금된 딸을 돌려보내 줄 것을 요구하

자 현금 2,000만원을 더 요구하여 더 이상 돈이 없다고 하자 피고소인
중 또 다른 1명이 그렇다면 2,000만원을 지불하겠다는 각서라도 작성하
라 하여 고소인들은 겁에 질려 고소인들이 원하는 대로 지불각서에 내
용을 기재하고 무인까지 날인하여 주었습니다.

딸은 부모의 품안에 돌아 왔으나 고소인들은 위 금 2,000만원을 달라는
협박에 잠도 못 이루고 결국 정신병까지 생겨 현재 병원에 입원까지 하
고 있으니 고소인들은 위와 같은 사실을 들어 피고소인들을 인질 강요
죄로 형사 고소하니 법률이 허용하는 범위내에서 엄벌하여 주시기 바랍
니다.

20○○년   ○월   ○일

위   고 소 인   김 ○ ○ (인)
이 ○ ○ (인)

○○경찰서장(또는 ○○지방검찰청 검사장) 귀 중

제출기관	범죄지, 피의자의 주소, 거소 또는 현재지의 경찰서, 검찰청	공 소 시 효	○년(☞공소시효일람표)
고소권자	피해자(형사소송법 223조) (※ 아래(1)참조)	소추요건	
제출부수	고소장 1부	관련법규	형법 324조2
범죄성립 요 건	사람을 체포·감금·약취 또는 유인하여 이를 인질로 삼아 제3자에 대하여 권리행사를 방해하거나 의무 없는 일을 하게 한 때		
형 량	· 3년 이상의 유기징역		
불기소처분 등에 대한 불복절차 및 기간	(항고) · 근거 : 검찰청법 10조 · 기간 : 처분결과의 통지를 받은 날부터 30일(검찰청법 10조4항) (재정신청) · 근거 : 형사소송법 제260조 · 기간 : 항고기각 결정을 통지받은 날 또는 동법 제260조 제2항 각 호의 사유가 발생한 날부터 10일		

(형사소송법 제260조 제3항)

(헌법소원)
· 근거 : 헌법재판소법 68조
· 기간 : 그 사유가 있음을 안 날로부터 90일 이내에, 그 사유가 있은 날로부터 1년 이내에 청구하여야 한다. 다만, 다른 법률에 의한 구제절차를 거친 헌법소원의 심판은 그 최종결정을 통지받은 날로부터 30일 이내에 청구(헌법재판소법 69조)

※ (1) 고소권자
(형사소송법 225조)
1. 피해자가 제한능력자인 경우의 법정대리인
2. 피해자가 사망한 경우의 배우자, 직계친족, 형제, 자매. 단, 피해자의 명시한 의사에 반하여 고소할 수 없음
(형사소송법 224조)
자기 또는 배우자의 직계존속은 고소할 수 없음[단, 성폭력범죄의 처벌 등에 관한 특례법 제18조에서는 "성폭력범죄에 대하여는 형사소송법 제224조(고소의 제한) 및 군사법원법 제266조에 불구하고 자기 또는 배우자의 직계존속을 고소할 수 있다."고 규정함]

고 소 장

고 소 인 : ○ ○ ○ (주민등록번호 :   -   )
　　　　　 주소 : ○○시 ○○구 ○○길 ○○
　　　　　 직업 :　　　 사무실 주소 :
　　　　　 전화번호 : (휴대폰:) (자택:) (사무실:)
　　　　　 이메일 :
피고소인 : △ △ △ (주민등록번호 :   -   )
　　　　　 주소 : ○○시 ○○구 ○○길 ○○
　　　　　 직업 :　　　 사무실 주소 :
　　　　　 전화번호 : (휴대폰:) (자택:) (사무실:)
　　　　　 이메일 :

고 소 사 실

1. 피고소인은 200○.○.○. ○○도 ○○시 ○○면 ○○리 산 ○의 ○
   에 있는 도로 양측에 차량등 통행을 막기 위하여 말뚝 10개를 설치
   하고 통행금지 표지 석을 세웠습니다.
2. 그러나 이 도로는 ○년 전에 마을주민들이 상의하여 폭을 넓혀 ○톤
   트럭 및 경운기 등이 다닐 수 있는 도로가 되었습니다.
3. 고소인 김○○, 고소인 이○○ 등은 그 인근에 있는 전답을 경작하
   면서 이 사건 도로를 주로 사용하였고, 도로 끝에 거주하고 있는 고
   소인 박○○은 출입을 하면서 포터트럭 및 경운기를 운행하였고, 기
   타 가스배달 등 영업용 차량 등이 필요에 따라 이 사건 도로를 통
   행하며 사용하였습니다.
4. 그런데 피고소인이 위 사실과 같이 차량 등의 통행을 불가능하게 하
   므로, 이에 교통을 방해하는 피고소인을 엄밀히 조사하여 처벌해 주
   시길 바라며 본 건 고소에 이른 것입니다.

입 증 방 법

추후 제출하겠습니다.

20○○년   ○월   ○일

위 고소인   김○○ (인)

이○○ (인)

박○○ (인)

○○경찰서장(또는 ○○지방검찰청 검사장) 귀 중

제출기관	범죄지, 피의자의 주소, 거소 또는 현재지의 경찰서, 검찰청	공 소 시 효	○년(☞공소시효일람표)
고소권자	피해자(형사소송법 223조) (※ 아래(1)참조)	소 추 요 건	
제출부수	고소장 1부	관 련 법 규	형법 185조
범죄성립 요 건	육로, 수로 또는 교량을 손괴 또는 불통하게 하거나 기타 방법으로 교통을 방해한 때		
형 량	· 10년 이하의 징역 · 1,500만원 이하의 벌금		
불기소처분 등에 대한 불복절차 및 기간	(항고) · 근거 : 검찰청법 10조 · 기간 : 처분결과의 통지를 받은 날부터 30일(검찰청법 10조4항) (재정신청) · 근거 : 형사소송법 제260조 · 기간 : 항고기각 결정을 통지받은 날 또는 동법 제260 조 제2항 각 호의 사유가 발생한 날부터 10일 (형사소송법 제260조 제3항) (헌법소원) · 근거 : 헌법재판소법 68조 · 기간 : 그 사유가 있음을 안 날로부터 90일 이내에, 그 사유가 있은 날로부터 1년 이내에 청구하여야 한 다. 다만, 다른 법률에 의한 구제절차를 거친 헌법 소원의 심판은 그 최종결정을 통지받은 날로부터 30일 이내에 청구(헌법재판소법 69조)		

※ (1) 고소권자
　　(형사소송법 225조)
　　1. 피해자가 제한능력자인 경우의 법정대리인
　　2. 피해자가 사망한 경우의 배우자, 직계친족, 형제, 자매. 단, 피
　　　해자의 명시한 의사에 반하여 고소할 수 없음
　　(형사소송법 224조)
　　자기 또는 배우자의 직계존속은 고소할 수 없음[단, 성폭력범죄의
　　처벌 등에 관한 특례법 제18조에서는 "성폭력범죄에 대하여는 형사
　　소송법 제224조(고소의 제한) 및 군사법원법 제266조에 불구하고
　　자기 또는 배우자의 직계존속을 고소할 수 있다."고 규정함]

[서식 예] 자동차등 불법사용죄

고 소 장

고 소 인 : ○ ○ ○ (주민등록번호 :   -   )
　　　　　주소 : ○○시 ○○구 ○○길 ○○
　　　　　직업 :　　　　사무실 주소 :
　　　　　전화번호 : (휴대폰:　　) (자택:　　) (사무실:　　)
　　　　　이메일 :
피고소인 : △ △ △ (주민등록번호 :   -   )
　　　　　주소 : ○○시 ○○구 ○○길 ○○
　　　　　직업 :　　　　사무실 주소 :
　　　　　전화번호 : (휴대폰:　　) (자택:　　) (사무실:　　)
　　　　　이메일 :

고 소 취 지

피고소인은 고소인 소유의 자동차를 불법 사용하였으므로 자세히 조사
하여 의법 처리하여 주시기 바랍니다.

고 소 사 실

1. 고소인은 ○○ 라 ○○○○번 소나타 승용차의 소유자입니다. 20○
   ○.○.○일 차량 엔진에 이상이 있어 평소 이용하던 ○○○카센타에
   수리를 부탁하였습니다. 카센타 주인은 이틀후면 차량을 말끔히 수
   리할 수 있다고 하였기에 약속한 날 차량을 찾으려고 카센타에 갔
   으나 카센타 주인은 정밀검사를 하기 위해 정비소에 보냈다는 것입
   니다. 차량을 운행한지 6개월 정도밖에 지나지 않았기에 중대한 결
   함이 있을리 없어 해당 정비소를 찾아가 확인해 본 결과 카센타 주
   인이 거짓말을 한 것을 알게되었습니다.
2. 카센타 주인에게 자동차의 소재를 추궁해보니 동생인 피고소인이 놀
   러왔다가 여자 친구를 만나러 간다며 차량을 끌고 나갔다는 것입니
   다. 카센타 주인이 말하기를 "평소 피고소인이 종종 형 몰래 차량을
   운행한 적이 있다." 라고 하며 곧 가지고 올테니 걱정하지 말라하였

습니다. 카센타 주인 말대로 그 날 차량반환이 되었다면 그냥 넘어
가려고 했으나 이틀이 지나도록 차량반환이 되지 않았습니다.
3. 비록 피고소인은 차량에 대한 불법영득 의사는 없었다 하더라도 소
유자의 동의 없이 무단 사용하여 고소인에게 피해를 입혔으므로 고
소인은 피고소인을 형법 331조의 2 자동차등 불법사용죄로 고소하고
자 합니다.

첨 부 서 류

1. 진술서   1통

200〇년   〇월   〇일
위 고소인   〇 〇 〇 (인)

〇〇경찰서장(또는 〇〇지방검찰청 검사장) 귀 중

제출기관	범죄지, 피의자의 주소, 거소 또는 현재지의 경찰서, 검찰청	공 소 시 효	〇년(☞공소시효일람표)
고소권자	피해자(형사소송법 223조) (※ 아래(1)참조)	소추요건	※ 아래(2) 참조 형법 344조,328조
제출부수	고소장 1부	관련법규	형법 331조의 2
범죄성립 요 건	권리자의 동의없이 타인의 자동차, 선박, 항공기 또는 원동기장치자전차를 일시 사용한 때		
형 량	· 3년 이하의 징역(유기징역에 처할 경우 10년 이하의 자격정지를 병과할 수 있음 : 형법 345조) · 500만원 이하의 벌금, 구류, 과료		
불기소처분 등에대한 불복절차 및 기간	(항고) · 근거 : 검찰청법 10조 · 기간 : 처분결과의 통지를 받은 날부터 30일(검찰청법 10조4항) (재정신청) · 근거 : 형사소송법 제260조 · 기간 : 항고기각 결정을 통지받은 날 또는 동법 제260조 제2항 각 호의 사유가 발생한 날부터 10일 (형사소송법 제260조 제3항)		

※ (1) 고소권자

(형사소송법 225조)

1. 피해자가 제한능력자인 경우의 법정대리인
2. 피해자가 사망한 경우의 배우자, 직계친족, 형제, 자매. 단, 피해자의 명시한 의사에 반하여 고소할 수 없음

(형사소송법 224조)

자기 또는 배우자의 직계존속은 고소할 수 없음[단, 성폭력범죄의 처벌 등에 관한 특례법 제18조에서는 "성폭력범죄에 대하여는 형사소송법 제224조(고소의 제한) 및 군사법원법 제266조에 불구하고 자기 또는 배우자의 직계존속을 고소할 수 있다."고 규정함]

※ (2) 친족간의 범행과 고소

1. 직계혈족, 배우자, 동거친족, 동거가족 또는 그 배우자간의 제323조의 죄는 형을 면제
2. 제1항 이외의 친족간에 제323조의 죄를 범한 때에는 고소가 있어야 공소를 제기할 수 있음
3. 전2항의 신분관계가 없는 공범에 대하여는 전2항을 적용하지 아니함.

고 소 장

고 소 인 : ○ ○ ○ (주민등록번호 :   -   )
　　　　　 주소 : ○○시 ○○구 ○○길 ○○
　　　　　 직업 :　　　 사무실 주소 :
　　　　　 전화번호 : (휴대폰:　　) (자택:　　) (사무실:　　)
　　　　　 이메일 :
피고소인 : △ △ △ (주민등록번호 :   -   )
　　　　　 주소 : ○○시 ○○구 ○○길 ○○
　　　　　 직업 :　　　 사무실 주소 :
　　　　　 전화번호 : (휴대폰:　　) (자택:　　) (사무실:　　)
　　　　　 이메일 :

고 소 취 지

피고소인은 고소인의 예배를 방해한 사실이 있습니다.

고 소 사 실

1. 고소인은 ○○시 ○○길 ○○번지 소재 ○○교회 담임목사이고, 피고소인은 위 ○○교회의 장로이었던 자입니다. 피고소인은 위 교회의 재정장로로 재직당시 교회의 신축과 관련한 문제로 불화가 있어 재정장로직을 사임하였으나 이후에도 계속적으로 교회의 일에 사사건건 문제를 일으켰습니다.
2. 급기야 피고소인은 200○.○.○. ○○:○○경 일요 예배도중 강단으로 튀어나와 설교중이던 고소인에게 "비리목사는 물러나라"등 소리를 지르고 예배당 마이크를 빼앗아 교회신축과 관련한 문제에 대하여 교인들의 만류를 뿌리치며 일방적으로 얘기를 하는 등 소란을 피워 예배를 방해하였습니다.
3. 따라서 고소인은 피고소인에게 사과를 요구하고 다시는 위와 같은 행위를 중지하도록 엄중히 요청하였으나 피고소인은 막무가내로 대화가 통하지 않고 있습니다. 따라서 이 후에도 계속적인 예배방해

행위가 일어날 소지가 많아 부득이 이렇게 고소에 이르게 된 것입니다.

첨 부 서 류

1. 비디오테이프
1. 목격자진술
1. 현장사진

20○○년 ○월 ○일
고 소 인 ○ ○ ○ (인)

○○경찰서장(또는 ○○지방검찰청 검사장) 귀 중

제출기관	범죄지, 피의자의 주소, 거소 또는 현재지의 경찰서, 검찰청	공소시효	○년(☞공소시효일람표)
고소권자	피해자(형사소송법 223조) (※ 아래(1)참조)	소추요건	
제출부수	고소장 1부	관련법규	형법 158조
범죄성립 요 건	장례식, 제사, 예배 또는 설교를 방해한 때		
형 량	· 3년 이하의 징역 · 500만원 이하의 벌금		
불기소처분 등에대한 불복절차 및 기간	(항고) · 근거 : 검찰청법 10조 · 기간 : 처분결과의 통지를 받은 날부터 30일(검찰청법 10조4항) (재정신청) · 근거 : 형사소송법 제260조 · 기간 : 항고기각 결정을 통지받은 날 또는 동법 제260조 제2항 각 호의 사유가 발생한 날부터 10일 (형사소송법 제260조 제3항) (헌법소원) · 근거 : 헌법재판소법 68조 · 기간 : 그 사유가 있음을 안 날로부터 90일 이내에, 그 사유가 있은 날로부터 1년 이내에 청구하여야 한		

- 268 -

다. 다만, 다른 법률에 의한 구제절차를 거친 헌법
소원의 심판은 그 최종결정을 통지받은 날로부터
30일 이내에 청구(헌법재판소법 69조)

※ (1) 고소권자
(형사소송법 225조)
1. 피해자가 제한능력자인 경우의 법정대리인
2. 피해자가 사망한 경우의 배우자, 직계친족, 형제, 자매. 단, 피
해자의 명시한 의사에 반하여 고소할 수 없음
(형사소송법 224조)
자기 또는 배우자의 직계존속은 고소할 수 없음[단, 성폭력범죄의
처벌 등에 관한 특례법 제18조에서는 "성폭력범죄에 대하여는 형사
소송법 제224조(고소의 제한) 및 군사법원법 제266조에 불구하고
자기 또는 배우자의 직계존속을 고소할 수 있다."고 규정함]

[서식 예] 장물취득죄

고 소 장

고 소 인 : ○ ○ ○ (주민등록번호 :   -   )
　　　　　주소 : ○○시 ○○구 ○○길 ○○
　　　　　직업 :   사무실 주소 :
　　　　　전화번호 : (휴대폰:) (자택:) (사무실:)
　　　　　이메일 :
피고소인 : △ △ △ (주민등록번호 :   -   )
　　　　　주소 : ○○시 ○○구 ○○길 ○○
　　　　　직업 :   사무실 주소 :
　　　　　전화번호 : (휴대폰:) (자택:) (사무실:)
　　　　　이메일 :

고 소 취 지

고소인은 아래 고소내용의 기재와 같은 이유로 피고소인을 고소하오니
법에 의거 처리하여 주시기 바랍니다.

고 소 내 용

1. 고소인은 ○○시 ○○구 ○○길에 소재한 '○○섬유'라는 섬유업체를
   경영하는 사람이고, 피고소인은 ○○시 ○○구 ○○길에서 '○○○'
   라는 봉제공장을 경영하는 자로서 고소인과는 섬유원단의 나염임가
   공 건으로 몇 차례 거래를 하여 면식이 있는 사람이며, 고소외 김ㅁ
   ㅁ는 고소인이 경영하는 위 섬유공장의 나염처리기사로 근무했던 사
   람입니다.
2. 그런데 위 김ㅁㅁ는 200○.○.○. ○○:○○경 그 일행들인 성명 불
   상자들과 합동하여, 위 김ㅁㅁ 소유의 승합차를 이용하여 위 고소인
   소유의 섬유공장에서 나염지원단 2,289야드 시가 금 1,900,000원 상
   당을 절취한 것을 비롯하여 고소인소유의 나염지원단은 물론이고, 인
   근에 소재한 섬유공장에서도 동일한 수법으로 수차에 걸쳐 나염지원
   단을 절취한 사실이 있고, 위 범행사실이 발각되어 현재 ○○경찰서

에서 조사를 받고 있는 중에 있습니다.

3. 한편 고소인은 위와 같이 몇 차례에 걸쳐 원단이 도난 당한 후, 관할경찰서에 피해사실을 신고함은 물론, 나름대로 도난당한 원단의 소재를 수소문하던 끝에 우연히 인근에 소재한 고소외 이□□이 경영하는 원단 임가공업체에서 도난 당한 고소인 소유의 원단을 발견하게 되었는바, 위 이□□에게 확인해 본 결과, 다름 아닌 20○○. ○. ○.경 피고소인이 위 업체에 위 고소인 소유의 원단에 대한 임가공을 의뢰하였다는 사실을 알게 되었고, 이에 고소인은 피고소인을 찾아가 원단의 출처를 추궁하게 되었습니다.

4. 이에 대해 피고소인은, 다름 아닌 위 김□□가 20○○.○.○. ○○: ○○경 피고소인의 집으로 찾아와 위와 같이 고소인으로부터 절취한 원단을 매입할 것을 의뢰하였는데 당시 피고소인은 위 원단이 전혀 장물인 점을 알지 못하였으며, 상당한 가액을 지급하고 구입하였다면서 장물취득사실을 부인하고 있습니다.

5. 그러나 위 김□□는 고소인이 경영하는 섬유공장에서 나염처리를 맡고 있었던 기술자에 불과하여, 피고소인으로서도 당시 위 김□□에게 원단을 처분할 수 있는 권한이 없다는 것을 알고 있었던 것으로 보아야 할 것이고, 피고소인이 이 건 원단을 취득한 시기와 장소가 오후 9시경으로 피고소인의 집이며, 이 사건 원단은 거의 정품에 가까운 점에 대하여는 제대로 대답을 하지 못하고 있습니다.

6. 결국 통상적인 원단구입처가 아닌 나염공장 기술자에 불과한 김□□로부터 정품에 가까운 원단을, 야간에 그것도 피고소인의 집에서 시중시세보다 저렴하게 다량 매수한 피고소인의 행위는 도저히 정상적인 거래라 할 수 없는 것으로 보아야 할 것이며, 나아가 원단소지자인 위 김□□의 신분, 원단의 성질, 피고소인이 지급한 원단거래의 대가 기타 상황을 참작할 때 피고소인은 위 원단에 대하여 장물임을 인식하고 매수를 한 것으로 보아야 할 것입니다.

7. 따라서 고소인은 피고소인의 위와 같은 행위에 대하여 그 진상이 정확히 조사·확인되어 법 위반사실이 밝혀질 경우 그에 상응한 책임을 묻고자 이 건 고소에 이르게 된 것입니다.

첨 부 서 류

1. 확인서(이ㅁㅁ)   1통

20ㅇㅇ년   ㅇ월   ㅇ일
고 소 인   ㅇㅇㅇ (인)

ㅇㅇ경찰서장(또는 ㅇㅇ지방검찰청 검사장) 귀 중

제출기관	범죄지, 피의자의 주소, 거소 또는 현재지의 경찰서, 검찰청	공 소 시 효	7년(☞공소시효일람표)
고소권자	피해자(형사소송법 223조) (※ 아래(1)참조)	소추요건	※ 아래(2) 참조 형법 365조,328조
제출부수	고소장 1부	관련법규	형법 362조
범죄성립 요 건	· 장물을 취득, 양도, 운반 또는 보관한 때 · 위 행위를 알선한 때		
형 량	· 7년 이하의 장역 · 1,500만원 이하의 벌금		
불기소처분등 에대한 불복절차 및 기간	(항고) · 근거 : 검찰청법 10조 · 기간 : 처분결과의 통지를 받은 날부터 30일(검찰청법 10조4항) (재정신청) · 근거 : 형사소송법 제260조 · 기간 : 항고기각 결정을 통지받은 날 또는 동법 제260 조 제2항 각 호의 사유가 발생한 날부터 10일 (형사소송법 제260조 제3항) (헌법소원) · 근거 : 헌법재판소법 68조 · 기간 : 그 사유가 있음을 안 날로부터 90일 이내에, 그 사유가 있은 날로부터 1년 이내에 청구하여야 한 다. 다만, 다른 법률에 의한 구제절차를 거친 헌법 소원의 심판은 그 최종결정을 통지받은 날로부터 30일 이내에 청구(헌법재판소법 69조)		

※ (1) 고소권자
(형사소송법 225조)
1. 피해자가 제한능력자인 경우의 법정대리인
2. 피해자가 사망한 경우의 배우자, 직계친족, 형제, 자매. 단, 피해자의 명시한 의사에 반하여 고소할 수 없음
(형사소송법 224조)
자기 또는 배우자의 직계존속은 고소할 수 없음[단, 성폭력범죄의 처벌 등에 관한 특례법 제18조에서는 "성폭력범죄에 대하여는 형사소송법 제224조(고소의 제한) 및 군사법원법 제266조에 불구하고 자기 또는 배우자의 직계존속을 고소할 수 있다."고 규정함]

※ (2) 친족간의 범행과 고소
<장물범과 피해자간에 친족>
1. 직계혈족 ,배우자, 동거친족, 동거가족 또는 그 배우자간의 죄는 형을 면제
2. 제1항이외의 친족간에 제323조의 죄를 범한 때에는 고소가 있어야 공소를 제기할 수 있음
3. 전2항의 신분관계가 없는 공범에 대하여는 전2항을 적용하지 아니함
<장물범과 본범간에 친족>
직계혈족 ,배우자, 동거친족, 동거가족 또는 그 배우자간의 죄는 형을 감경 또는 면제

[서식 예] 절도죄

고 소 장

고 소 인 : ○ ○ ○ (주민등록번호 :   -   )
　　　　　주소 :　○○시 ○○구 ○○길 ○○
　　　　　직업 :　　사무실 주소 :
　　　　　전화번호 : (휴대폰:) (자택:) (사무실:)
　　　　　이메일 :
피고소인 : △ △ △ (주민등록번호 :   -   )
　　　　　주소 :　○○시 ○○구 ○○길 ○○
　　　　　직업 :　　사무실 주소 :
　　　　　전화번호 : (휴대폰:) (자택:) (사무실:)
　　　　　이메일 :

고 소 취 지

고소인(고발인)은 다음과 같이 피고소인(피고발인)을 고소(고발)하오니, 법에 따라 조사하여 처벌하여 주기바랍니다.

고 소 사 실

피고소인은 ○○건설이라는 상호로 건축업에 종사하고 있는 자인바, 타인의 재물을 절취할 것을 마음먹고 20○○.○월 중순경 날자 미상일 ○○:○○경 건외 ㅁㅁㅁ의 건물을 신축하기 위하여 ○○군 ○○면 ○○길 ○○번지 공사현장에 고소인 ○○○가 쌓아놓은 건축 자재를 피고소인 소유의 차량 ○○ ○○고○○○○호 차량에 싣고 가 이를 피고소인이 건축하던 공사 현장에 이를 임의적으로 사용한 사실이 있어 이를 고소하오니 조사하여 엄벌하여 주시기 바랍니다.

입 증 방 법

위와 같은 사실에 대하여 당시의 건축현장에 일용근로자로 고용되어 근로를 제공하던 ㅁㅁㅁ가 절취현장에 있었으므로 이를 참고인으로 조사

하여 주시기 바랍니다.

참고인   □   □   □

주소 : ○○시 ○○구 ○○길 ○○

주민등록번호 : 111111 - 1111111

20○○년   ○월   ○일

고소인   ○   ○   ○   (인)

○○경찰서장(또는 ○○지방검찰청 검사장) 귀 중

제출기관	범죄지, 피의자의 주소, 거소 또는 현재지의 경찰서, 검찰청	공소시효	○년(☞공소시효일람표)
고소권자	피해자(형사소송법 223조) (※ 아래(1)참조)	소추요건	※ 아래(2) 참조 형법 344조,328조
제출부수	고소장 1부	관련법규	형법 329조
범죄성립 요 건	타인의 재물을 절취한 때		
형 량	· 6년 이하의 징역(유기징역에 처할 경우 10년 이하의 자격정지를 병과할 수 있음 : 형법 345조) · 1,000만원 이하의 벌금		
불기소처분 등에대한 불복절차 및 기간	(항고) · 근거 : 검찰청법 10조 · 기간 : 처분결과의 통지를 받은 날부터 30일(검찰청법 10조4항) (재정신청) · 근거 : 형사소송법 제260조 · 기간 : 항고기각 결정을 통지받은 날 또는 동법 제260조 제2항 각 호의 사유가 발생한 날부터 10일(형사소송법 제260조 제3항) (헌법소원) · 근거 : 헌법재판소법 68조 · 기간 : 그 사유가 있음을 안 날로부터 90일 이내에, 그 사유가 있은 날로부터 1년 이내에 청구하여야 한다. 다만, 다른 법률에 의한 구제절차를 거친 헌법		

소원의 심판은 그 최종결정을 통지받은 날로부터 30
일 이내에 청구(헌법재판소법 69조)

※ (1) 고소권자
    (형사소송법 225조)
    1. 피해자가 제한능력자인 경우의 법정대리인
    2. 피해자가 사망한 경우의 배우자, 직계친족, 형제, 자매. 단, 피
       해자의 명시한 의사에 반하여 고소할 수 없음
    (형사소송법 224조)
    자기 또는 배우자의 직계존속은 고소할 수 없음(단, 성폭력범죄의
    처벌등에관한특례법 제18조에서는 "성폭력범죄에 대하여는 「형사소
    송법」 제224조(고소의 제한) 및 「군사법원법」 제266조에도 불구하
    고 자기 또는 배우자의 직계존속을 고소할 수 있다."고 규정함)

※ (2) 친족간의 범행과 고소
    1. 직계혈족, 배우자, 동거친족, 동거가족 또는 그 배우자간의 제
       323조의 죄는 형을 면제
    2. 제1항 이외의 친족간에 제323조의 죄를 범한 때에는 고소가 있
       어야 공소를 제기할 수 있음
    3. 전2항의 신분관계가 없는 공범에 대하여는 전2항을 적용하지 아
       니함.

[서식 예] 점유강취죄

고 소 장

고 소 인 : ○ ○ ○ (주민등록번호 :   -   )
　　　　　주소 : ○○시 ○○구 ○○길 ○○
　　　　　직업 :　　　　사무실 주소 :
　　　　　전화번호 : (휴대폰:) (자택:) (사무실:)
　　　　　이메일 :
피고소인 : △ △ △ (주민등록번호 :   -   )
　　　　　주소 : ○○시 ○○구 ○○길 ○○
　　　　　직업 :　　　　사무실 주소 :
　　　　　전화번호 : (휴대폰:) (자택:) (사무실:)
　　　　　이메일 :

고 소 사 실

1. 고소인과 피고소인은 동네 친구사이인바, 피고소인은 20○○.○.경 금 3,000,000원을 이자 월2푼으로 정하여 고소인으로부터 차용하면서, 대여금의 지급을 담보하기 위하여 피고소인 소유의 무쏘 승용차를 고소인이 사용할 수 있도록 점유를 이전하고 그 용법에 따라 사용하도록 허락한 사실이 있습니다. 이와 같은 사실을 증명하기 위하여 피고소인은 고소인에게 이와 같은 사실을 기재한 차용증을 작성하여 주었습니다.

2. 그런데 피고소인은 20○○.○.○. 밤 ○○:○○경 부인과 딸과 함께 평온하게 잠을 자고 있는 고소인의 집에 찾아와 "내가 이번에 딸기 다방에 티코맨(배달원)으로 취직되었는데, 네가 가지고 있는 내 차가 급히 필요하다. 그러니 그 차를 나에게 돌려다오" 라고 하며 고소인에게 협박을 하였는데, 고소인은 지금까지 원금은커녕 이자한푼도 지급치 아니한 피고소인에게 돌려줄 수 없다고 거절하자, 이에 격분한 피고소인은 주머니 속의 칼을 들여대며 고소인을 항거불능의 상태에 빠뜨려 고소인의 집 책상 위에 놓인 위 승용차 열쇠를 빼앗아 승용차를 몰고 가 아직까지 돌려주지 않고 있습니다.

3. 이에 고소인은 위와 같은 사실로 피고소인을 고소하오니 철저히 조
   사하여 법에 따라서 처벌하여 주시기 바랍니다.

입 증 서 류

1. 계약서   1부
1. 사실확인서   1부

20○○년   ○월   ○일

위 고소인   ○ ○ ○ (인)

○○경찰서장(또는 ○○지방검찰청 검사장) 귀 중

제출기관	범죄지, 피의자의 주소, 거소 또는 현재지의 경찰서, 검찰청	공 소 시 효	○년(☞공소시효일람표)
고소권자	피해자(형사소송법 223조) (※ 아래(1)참조)	소 추 요 건	
제출부수	고소장 1부	관 련 법 규	형법 325조
범죄성립 요 건	· 폭행 또는 협박으로 타인의 점유에 속하는 자기의 물건을 강취한 때 · 타인의 점유에 속하는 자기의 물건을 취거함에 당하여 그 탈환을 항거하거나 체포를 면탈하거나 죄적을 인멸할 목적으로 폭행 또는 협박을 가한 때		
형 량	· 7년 이하의 징역 · 10년 이하의 자격정지		
불기소처분 등에 대한 불복절차 및 기간	(항고) · 근거 : 검찰청법 10조 · 기간 : 처분결과의 통지를 받은 날부터 30일(검찰청법 10조4항) (재정신청) · 근거 : 형사소송법 제260조 · 기간 : 항고기각 결정을 통지받은 날 또는 동법 제260조 제2항 각 호의 사유가 발생한 날부터 10일(형사소송법 제260조 제3항) (헌법소원)		

| | · 근거 : 헌법재판소법 68조 |
| | · 기간 : 그 사유가 있음을 안 날로부터 90일 이내에, 그 사유가 있은 날로부터 1년 이내에 청구하여야 한다. 다만, 다른 법률에 의한 구제절차를 거친 헌법소원의 심판은 그 최종결정을 통지받은 날로부터 30일 이내에 청구(헌법재판소법 69조) |

※ (1) 고소권자

(형사소송법 225조)

1. 피해자가 제한능력자인 경우의 법정대리인

2. 피해자가 사망한 경우의 배우자, 직계친족, 형제, 자매. 단, 피해자의 명시한 의사에 반하여 고소할 수 없음

(형사소송법 224조)

자기 또는 배우자의 직계존속은 고소할 수 없음(단, 성폭력범죄의 처벌등에관한특례법 제18조에서는 "성폭력범죄에 대하여는 「형사소송법」 제224조(고소의 제한) 및 「군사법원법」 제266조에도 불구하고 자기 또는 배우자의 직계존속을 고소할 수 있다."고 규정함)

부록

가정폭력범죄의 처벌 등에 관한 특례법
(약칭: 가정폭력처벌법)

가정폭력범죄의 처벌 등에 관한 특례법

(약칭: 가정폭력처벌법)

[시행 2021.1.21] [법률 제17499호, 2020.10.20, 일부개정]

제1장 총칙

<개정 2011.4.12.>

제1조(목적)

이 법은 가정폭력범죄의 형사처벌 절차에 관한 특례를 정하고 가정폭력범죄를 범한 사람에 대하여 환경의 조정과 성행(性行)의 교정을 위한 보호처분을 함으로써 가정폭력범죄로 파괴된 가정의 평화와 안정을 회복하고 건강한 가정을 가꾸며 피해자와 가족구성원의 인권을 보호함을 목적으로 한다.
[전문개정 2011.4.12.]

제2조(정의)

이 법에서 사용하는 용어의 뜻은 다음과 같다. <개정 2011.7.25., 2011.8.4., 2012.1.17., 2014.12.30., 2016.1.6., 2020.10.20.>

1. "가정폭력"이란 가정구성원 사이의 신체적, 정신적 또는 재산상 피해를 수반하는 행위를 말한다.
2. "가정구성원"이란 다음 각 목의 어느 하나에 해당하는 사람을 말한다.
   가. 배우자(사실상 혼인관계에 있는 사람을 포함한다. 이하 같다) 또는 배우자였던 사람
   나. 자기 또는 배우자와 직계존비속관계(사실상의 양친자관계를 포함한다. 이하 같다)에 있거나 있었던 사람
   다. 계부모와 자녀의 관계 또는 적모(嫡母)와 서자(庶子)의 관계에 있거나 있었던 사람
   라. 동거하는 친족
3. "가정폭력범죄"란 가정폭력으로서 다음 각 목의 어느 하나에 해

당하는 죄를 말한다.

가. 「형법」 제2편제25장 상해와 폭행의 죄 중 제257조(상해, 존속상해), 제258조(중상해, 존속중상해), 제258조의2(특수상해), 제260조(폭행, 존속폭행)제1항·제2항, 제261조(특수폭행) 및 제264조(상습범)의 죄

나. 「형법」 제2편제28장 유기와 학대의 죄 중 제271조(유기, 존속유기)제1항·제2항, 제272조(영아유기), 제273조(학대, 존속학대) 및 제274조(아동혹사)의 죄

다. 「형법」 제2편제29장 체포와 감금의 죄 중 제276조(체포, 감금, 존속체포, 존속감금), 제277조(중체포, 중감금, 존속중체포, 존속중감금), 제278조(특수체포, 특수감금), 제279조(상습범) 및 제280조(미수범)의 죄

라. 「형법」 제2편제30장 협박의 죄 중 제283조(협박, 존속협박)제1항·제2항, 제284조(특수협박), 제285조(상습범)(제283조의 죄에만 해당한다) 및 제286조(미수범)의 죄

마. 「형법」 제2편제32장 강간과 추행의 죄 중 제297조(강간), 제297조의2(유사강간), 제298조(강제추행), 제299조(준강간, 준강제추행), 제300조(미수범), 제301조(강간등 상해·치상), 제301조의2(강간등 살인·치사), 제302조(미성년자등에 대한 간음), 제305조(미성년자에 대한 간음, 추행), 제305조의2(상습범)(제297조, 제297조의2, 제298조부터 제300조까지의 죄에 한한다)의 죄

바. 「형법」 제2편제33장 명예에 관한 죄 중 제307조(명예훼손), 제308조(사자의 명예훼손), 제309조(출판물등에 의한 명예훼손) 및 제311조(모욕)의 죄

사. 「형법」 제2편제36장 주거침입의 죄

아. 「형법」 제2편제37장 권리행사를 방해하는 죄 중 제324조(강요) 및 제324조의5(미수범)(제324조의 죄에만 해당한다)의 죄

자. 「형법」 제2편제39장 사기와 공갈의 죄 중 제350조(공갈), 제350조의2(특수공갈) 및 제352조(미수범)(제350조, 제350조의2의 죄에만 해당한다)의 죄

차. 「형법」 제2편제42장 손괴의 죄 중 제366조(재물손괴등)
및 제369조(특수손괴)제1항의 죄

카. 「성폭력범죄의 처벌 등에 관한 특례법」 제14조(카메라
등을 이용한 촬영) 및 제15조(미수범)(제14조의 죄에만
해당한다)의 죄

타. 「정보통신망 이용촉진 및 정보보호 등에 관한 법률」 제
74조제1항제3호의 죄

파. 가목부터 타목까지의 죄로서 다른 법률에 따라 가중처벌되
는 죄

4. "가정폭력행위자"란 가정폭력범죄를 범한 사람 및 가정구성원인
공범을 말한다.

5. "피해자"란 가정폭력범죄로 인하여 직접적으로 피해를 입은 사
람을 말한다.

6. "가정보호사건"이란 가정폭력범죄로 인하여 이 법에 따른 보호
처분의 대상이 되는 사건을 말한다.

7. "보호처분"이란 법원이 가정보호사건에 대하여 심리를 거쳐 가
정폭력행위자에게 하는 제40조에 따른 처분을 말한다.

7의2. "피해자보호명령사건"이란 가정폭력범죄로 인하여 제55조의
2에 따른 피해자보호명령의 대상이 되는 사건을 말한다.

8. "아동"이란 「아동복지법」 제3조제1호에 따른 아동을 말한다.

[전문개정 2011.4.12.]

제3조(다른 법률과의 관계)

가정폭력범죄에 대하여는 이 법을 우선 적용한다. 다만, 아동학대범
죄에 대하여는 「아동학대범죄의 처벌 등에 관한 특례법」을 우선
적용한다. <개정 2014.1.28.>

[전문개정 2011.4.12.]

제3조의2(형벌과 수강명령 등의 병과)

① 법원은 가정폭력행위자에 대하여 유죄판결(선고유예는 제외한다)
을 선고하거나 약식명령을 고지하는 경우에는 200시간의 범위에
서 재범예방에 필요한 수강명령(「보호관찰 등에 관한 법률」에
따른 수강명령을 말한다. 이하 같다) 또는 가정폭력 치료프로그

램의 이수명령(이하 "이수명령"이라 한다)을 병과할 수 있다.

② 가정폭력행위자에 대하여 제1항의 수강명령은 형의 집행을 유예할 경우에 그 집행유예기간 내에서 병과하고, 이수명령은 징역형의 실형 또는 벌금형을 선고하거나 약식명령을 고지할 경우에 병과한다.

③ 법원이 가정폭력행위자에 대하여 형의 집행을 유예하는 경우에는 제1항에 따른 수강명령 외에 그 집행유예기간 내에서 보호관찰 또는 사회봉사 중 하나 이상의 처분을 병과할 수 있다.

④ 제1항에 따른 수강명령 또는 이수명령은 형의 집행을 유예할 경우에는 그 집행유예기간 내에, 징역형의 실형을 선고할 경우에는 형기 내에, 벌금형을 선고하거나 약식명령을 고지할 경우에는 형 확정일부터 6개월 이내에 각각 집행한다.

⑤ 제1항에 따른 수강명령 또는 이수명령이 형의 집행유예 또는 벌금형과 병과된 경우에는 보호관찰소의 장이 집행하고, 징역형의 실형과 병과된 경우에는 교정시설의 장이 집행한다. 다만, 징역형의 실형과 병과된 이수명령을 모두 이행하기 전에 석방 또는 가석방되거나 미결구금일수 산입 등의 사유로 형을 집행할 수 없게 된 경우에는 보호관찰소의 장이 남은 이수명령을 집행한다.

⑥ 제1항에 따른 수강명령 또는 이수명령은 다음 각 호의 내용으로 한다.

1. 가정폭력 행동의 진단·상담
2. 가정구성원으로서의 기본 소양을 갖추게 하기 위한 교육
3. 그 밖에 가정폭력행위자의 재범예방을 위하여 필요한 사항

⑦ 형벌과 병과하는 보호관찰, 사회봉사, 수강명령 및 이수명령에 관하여 이 법에서 규정한 사항 외에는 「보호관찰 등에 관한 법률」을 준용한다.

[본조신설 2020.10.20.]

제2장 가정보호사건

<개정 2011.4.12.>

제1절 통칙

제4조(신고의무 등)

① 누구든지 가정폭력범죄를 알게 된 경우에는 수기관에 신고할 수 있다.

② 다음 각 호의 어느 하나에 해당하는 사람이 직무를 수행하면서 가정폭력범죄를 알게 된 경우에는 정당한 사유가 없으면 즉시 수사기관에 신고하여야 한다. <개정 2012.1.17., 2014.12.30.>

1. 아동의 교육과 보호를 담당하는 기관의 종사자와 그 기관장
2. 아동, 60세 이상의 노인, 그 밖에 정상적인 판단 능력이 결여된 사람의 치료 등을 담당하는 의료인 및 의료기관의 장
3. 「노인복지법」에 따른 노인복지시설, 「아동복지법」에 따른 아동복지시설, 「장애인복지법」에 따른 장애인복지시설의 종사자와 그 기관장
4. 「다문화가족지원법」에 따른 다문화가족지원센터의 전문인력과 그 장
5. 「결혼중개업의 관리에 관한 법률」에 따른 국제결혼중개업자와 그 종사자
6. 「소방기본법」에 따른 구조대·구급대의 대원
7. 「사회복지사업법」에 따른 사회복지 전담공무원
8. 「건강가정기본법」에 따른 건강가정지원센터의 종사자와 그 센터의 장

③ 「아동복지법」에 따른 아동상담소, 「가정폭력방지 및 피해자보호 등에 관한 법률」에 따른 가정폭력 관련 상담소 및 보호시설, 「성폭력방지 및 피해자보호 등에 관한 법률」에 따른 성폭력피해상담소 및 보호시설(이하 "상담소등"이라 한다)에 근무하는 상담원과 그 기관장은 피해자 또는 피해자의 법정대리인 등과의 상

담을 통하여 가정폭력범죄를 알게 된 경우에는 가정폭력피해자의 명시적인 반대의견이 없으면 즉시 신고하여야 한다. <개정 2012.1.17., 2017.10.31.>

④ 누구든지 제1항부터 제3항까지의 규정에 따라 가정폭력범죄를 신고한 사람(이하 "신고자"라 한다)에게 그 신고행위를 이유로 불이익을 주어서는 아니 된다.

[전문개정 2011.4.12.]

제5조(가정폭력범죄에 대한 응급조치)

진행 중인 가정폭력범죄에 대하여 신고를 받은 사법경찰관리는 즉시 현장에 나가서 다음 각 호의 조치를 하여야 한다. <개정 2020.10.20.>

1. 폭력행위의 제지, 가정폭력행위자·피해자의 분리
1의2. 「형사소송법」 제212조에 따른 현행범인의 체포 등 범죄수사
2. 피해자를 가정폭력 관련 상담소 또는 보호시설로 인도(피해자가 동의한 경우만 해당한다)
3. 긴급치료가 필요한 피해자를 의료기관으로 인도
4. 폭력행위 재발 시 제8조에 따라 임시조치를 신청할 수 있음을 통보
5. 제55조의2에 따른 피해자보호명령 또는 신변안전조치를 청구할 수 있음을 고지

[전문개정 2011.4.12.]

제6조(고소에 관한 특례)

① 피해자 또는 그 법정대리인은 가정폭력행위자를 고소할 수 있다. 피해자의 법정대리인이 가정폭력행위자인 경우 또는 가정폭력행위자와 공동으로 가정폭력범죄를 범한 경우에는 피해자의 친족이 고소할 수 있다.

② 피해자는 「형사소송법」 제224조에도 불구하고 가정폭력행위자가 자기 또는 배우자의 직계존속인 경우에도 고소할 수 있다. 법정대리인이 고소하는 경우에도 또한 같다.

③ 피해자에게 고소할 법정대리인이나 친족이 없는 경우에 이해관계인이 신청하면 검사는 10일 이내에 고소할 수 있는 사람을 지정

하여야 한다.
[전문개정 2011.4.12.]

제7조(사법경찰관의 사건 송치)

사법경찰관은 가정폭력범죄를 신속히 수사하여 사건을 검사에게 송치하여야 한다. 이 경우 사법경찰관은 해당 사건을 가정보호사건으로 처리하는 것이 적절한지에 관한 의견을 제시할 수 있다.
[전문개정 2011.4.12.]

제8조(임시조치의 청구 등)

① 검사는 가정폭력범죄가 재발될 우려가 있다고 인정하는 경우에는 직권으로 또는 사법경찰관의 신청에 의하여 법원에 제29조제1항 제1호·제2호 또는 제3호의 임시조치를 청구할 수 있다.

② 검사는 가정폭력행위자가 제1항의 청구에 의하여 결정된 임시조치를 위반하여 가정폭력범죄가 재발될 우려가 있다고 인정하는 경우에는 직권으로 또는 사법경찰관의 신청에 의하여 법원에 제29조제1항제5호의 임시조치를 청구할 수 있다.

③ 제1항 및 제2항의 경우 피해자 또는 그 법정대리인은 검사 또는 사법경찰관에게 제1항 및 제2항에 따른 임시조치의 청구 또는 그 신청을 요청하거나 이에 관하여 의견을 진술할 수 있다.

④ 제3항에 따른 요청을 받은 사법경찰관은 제1항 및 제2항에 따른 임시조치를 신청하지 아니하는 경우에는 검사에게 그 사유를 보고하여야 한다.
[전문개정 2011.4.12.]

제8조의2(긴급임시조치)

① 사법경찰관은 제5조에 따른 응급조치에도 불구하고 가정폭력범죄가 재발될 우려가 있고, 긴급을 요하여 법원의 임시조치 결정을 받을 수 없을 때에는 직권 또는 피해자나 그 법정대리인의 신청에 의하여 제29조제1항제1호부터 제3호까지의 어느 하나에 해당하는 조치(이하 "긴급임시조치"라 한다)를 할 수 있다.

② 사법경찰관은 제1항에 따라 긴급임시조치를 한 경우에는 즉시 긴급임시조치결정서를 작성하여야 한다.

③ 제2항에 따른 긴급임시조치결정서에는 범죄사실의 요지, 긴급임시조치가 필요한 사유 등을 기재하여야 한다.

[본조신설 2011.7.25.]

제8조의3(긴급임시조치와 임시조치의 청구)

① 사법경찰관이 제8조의2제1항에 따라 긴급임시조치를 한 때에는 지체 없이 검사에게 제8조에 따른 임시조치를 신청하고, 신청받은 검사는 법원에 임시조치를 청구하여야 한다. 이 경우 임시조치의 청구는 긴급임시조치를 한 때부터 48시간 이내에 청구하여야 하며, 제8조의2제2항에 따른 긴급임시조치결정서를 첨부하여야 한다.

② 제1항에 따라 임시조치를 청구하지 아니하거나 법원이 임시조치의 결정을 하지 아니한 때에는 즉시 긴급임시조치를 취소하여야 한다.

[본조신설 2011.7.25.]

제9조(가정보호사건의 처리)

① 검사는 가정폭력범죄로서 사건의 성질·동기 및 결과, 가정폭력행위자의 성행 등을 고려하여 이 법에 따른 보호처분을 하는 것이 적절하다고 인정하는 경우에는 가정보호사건으로 처리할 수 있다. 이 경우 검사는 피해자의 의사를 존중하여야 한다.

② 다음 각 호의 경우에는 제1항을 적용할 수 있다.

1. 피해자의 고소가 있어야 공소를 제기할 수 있는 가정폭력범죄에서 고소가 없거나 취소된 경우
2. 피해자의 명시적인 의사에 반하여 공소를 제기할 수 없는 가정폭력범죄에서 피해자가 처벌을 희망하지 아니한다는 명시적 의사표시를 하였거나 처벌을 희망하는 의사표시를 철회한 경우

[전문개정 2011.4.12.]

제9조의2(상담조건부 기소유예)

검사는 가정폭력사건을 수사한 결과 가정폭력행위자의 성행 교정을 위하여 필요하다고 인정하는 경우에는 상담조건부 기소유예를 할 수 있다.

[전문개정 2011.4.12.]

제10조(관할)

① 가정보호사건의 관할은 가정폭력행위자의 행위지, 거주지 또는 현재지를 관할하는 가정법원으로 한다. 다만, 가정법원이 설치되지 아니한 지역에서는 해당 지역의 지방법원(지원을 포함한다. 이하 같다)으로 한다.

② 가정보호사건의 심리와 결정은 단독판사(이하 "판사"라 한다)가 한다.

[전문개정 2011.4.12.]

제11조(검사의 송치)

① 검사는 제9조에 따라 가정보호사건으로 처리하는 경우에는 그 사건을 관할 가정법원 또는 지방법원(이하 "법원"이라 한다)에 송치하여야 한다.

② 검사는 가정폭력범죄와 그 외의 범죄가 경합(競合)하는 경우에는 가정폭력범죄에 대한 사건만을 분리하여 관할 법원에 송치할 수 있다.

[전문개정 2011.4.12.]

제12조(법원의 송치)

법원은 가정폭력행위자에 대한 피고사건을 심리한 결과 이 법에 따른 보호처분을 하는 것이 적절하다고 인정하는 경우에는 결정으로 사건을 가정보호사건의 관할 법원에 송치할 수 있다. 이 경우 법원은 피해자의 의사를 존중하여야 한다.

[전문개정 2011.4.12.]

제13조(송치 시의 가정폭력행위자 처리)

① 제11조제1항 또는 제12조에 따른 송치결정이 있는 경우 가정폭력행위자를 구금하고 있는 시설의 장은 검사의 이송지휘를 받은 때부터 제10조에 따른 관할 법원이 있는 시(특별시, 광역시 및 「제주특별자치도 설치 및 국제자유도시 조성을 위한 특별법」 제10조제2항에 따른 행정시를 포함한다. 이하 같다)·군에서는 24시간 이내에, 그 밖의 시·군에서는 48시간 이내에 가정폭력

행위자를 관할 법원에 인도하여야 한다. 이 경우 법원은 가정폭력행위자에 대하여 제29조에 따른 임시조치 여부를 결정하여야 한다. <개정 2015.7.24.>

② 제1항에 따른 인도와 결정은 「형사소송법」 제92조, 제203조 또는 제205조의 구속기간 내에 이루어져야 한다.

③ 구속영장의 효력은 제1항 후단에 따라 임시조치 여부를 결정한 때에 상실된 것으로 본다.

[전문개정 2011.4.12.]

제14조(송치서)

① 제11조 및 제12조에 따라 사건을 가정보호사건으로 송치하는 경우에는 송치서를 보내야 한다.

② 제1항의 송치서에는 가정폭력행위자의 성명, 주소, 생년월일, 직업, 피해자와의 관계 및 행위의 개요와 가정 상황을 적고 그 밖의 참고자료를 첨부하여야 한다.

[전문개정 2011.4.12.]

제15조(이송)

① 가정보호사건을 송치받은 법원은 사건이 그 관할에 속하지 아니하거나 적정한 조사·심리를 위하여 필요하다고 인정하는 경우에는 결정으로 그 사건을 즉시 다른 관할 법원에 이송하여야 한다.

② 법원은 제1항에 따른 이송결정을 한 경우에는 지체 없이 그 사유를 첨부하여 가정폭력행위자와 피해자 및 검사에게 통지하여야 한다.

[전문개정 2011.4.12.]

제16조(보호처분의 효력)

제40조에 따른 보호처분이 확정된 경우에는 그 가정폭력행위자에 대하여 같은 범죄사실로 다시 공소를 제기할 수 없다. 다만, 제46조에 따라 송치된 경우에는 그러하지 아니하다.

[전문개정 2011.4.12.]

제17조(공소시효의 정지와 효력)

① 가정폭력범죄에 대한 공소시효는 해당 가정보호사건이 법원에 송

치된 때부터 시효 진행이 정지된다. 다만, 다음 각 호의 어느 하나에 해당하는 경우에는 그 때부터 진행된다.

1. 해당 가정보호사건에 대한 제37조제1항의 처분을 하지 아니한다는 결정(제1호의 사유에 따른 결정만 해당한다)이 확정된 때
2. 해당 가정보호사건이 제27조제2항, 제37조제2항 및 제46조에 따라 송치된 때

② 공범 중 1명에 대한 제1항의 시효정지는 다른 공범자에게도 효력을 미친다.

[전문개정 2011.4.12.]

제18조(비밀엄수 등의 의무)

① 가정폭력범죄의 수사 또는 가정보호사건의 조사·심리 및 그 집행을 담당하거나 이에 관여하는 공무원, 보조인, 상담소등에 근무하는 상담원과 그 기관장 및 제4조제2항제1호에 규정된 사람(그 직에 있었던 사람을 포함한다)은 그 직무상 알게 된 비밀을 누설하여서는 아니 된다.

② 이 법에 따른 가정보호사건에 대하여는 가정폭력행위자, 피해자, 고소인, 고발인 또는 신고인의 주소, 성명, 나이, 직업, 용모, 그 밖에 이들을 특정하여 파악할 수 있는 인적 사항이나 사진 등을 신문 등 출판물에 싣거나 방송매체를 통하여 방송할 수 없다.

③ 피해자가 보호하고 있는 아동이나 피해자인 아동의 교육 또는 보육을 담당하는 학교의 교직원 또는 보육교직원은 정당한 사유가 없으면 해당 아동의 취학, 진학, 전학 또는 입소(그 변경을 포함한다)의 사실을 가정폭력행위자인 친권자를 포함하여 누구에게든지 누설하여서는 아니 된다. <개정 2011.6.7.>

[전문개정 2011.4.12.]

제18조의2(「형사소송법」의 준용)

이 장에서 따로 정하지 아니한 사항에 대하여는 가정보호사건의 성질에 위배되지 아니하는 범위에서 「형사소송법」을 준용한다.

[전문개정 2011.4.12.]

제2절 조사·심리

<개정 2011.4.12.>

제19조(조사·심리의 방향)

법원은 가정보호사건을 조사·심리할 때에는 의학, 심리학, 사회학, 사회복지학, 그 밖의 전문적인 지식을 활용하여 가정폭력행위자, 피해자, 그 밖의 가정구성원의 성행, 경력, 가정 상황, 가정폭력범죄의 동기·원인 및 실태 등을 밝혀서 이 법의 목적을 달성할 수 있는 적정한 처분이 이루어지도록 노력하여야 한다.

[전문개정 2011.4.12.]

제20조(가정보호사건조사관)

① 가정보호사건을 조사·심리하기 위하여 법원에 가정보호사건조사관을 둔다.

② 가정보호사건조사관의 자격, 임면(任免), 그 밖에 필요한 사항은 대법원규칙으로 정한다.

[전문개정 2011.4.12.]

제21조(조사명령 등)

① 판사는 가정보호사건조사관, 그 법원의 소재지 또는 가정폭력행위자의 주거지를 관할하는 보호관찰소의 장에게 가정폭력행위자, 피해자 및 가정구성원에 대한 심문(審問)이나 그들의 정신·심리상태, 가정폭력범죄의 동기·원인 및 실태 등의 조사를 명하거나 요구할 수 있다.

② 제1항에 따라 판사가 보호관찰소의 장에게 하는 조사요구에 관하여는 「보호관찰 등에 관한 법률」 제19조제2항 및 제3항을 준용한다.

[전문개정 2011.4.12.]

제22조(전문가의 의견 조회)

① 법원은 정신건강의학과의사, 심리학자, 사회학자, 사회복지학자, 그 밖의 관련 전문가에게 가정폭력행위자, 피해자 또는 가정구성원의 정신·심리상태에 대한 진단소견 및 가정폭력범죄의 원인에

관한 의견을 조회할 수 있다. <개정 2011.8.4.>

② 법원은 가정보호사건을 조사·심리할 때 제1항에 따른 의견 조회의 결과를 고려하여야 한다.

[전문개정 2011.4.12.]

제23조(진술거부권의 고지)

판사 또는 가정보호사건조사관은 가정보호사건을 조사할 때에 미리 가정폭력행위자에 대하여 불리한 진술을 거부할 수 있음을 알려야 한다.

[전문개정 2011.4.12.]

제24조(소환 및 동행영장)

① 판사는 조사·심리에 필요하다고 인정하는 경우에는 기일을 지정하여 가정폭력행위자, 피해자, 가정구성원, 그 밖의 참고인을 소환할 수 있다.

② 판사는 가정폭력행위자가 정당한 이유 없이 제1항에 따른 소환에 응하지 아니하는 경우에는 동행영장을 발부할 수 있다.

[전문개정 2011.4.12.]

제25조(긴급동행영장)

판사는 가정폭력행위자가 소환에 응하지 아니할 우려가 있거나 피해자 보호를 위하여 긴급히 필요하다고 인정하는 경우에는 제24조제1항에 따른 소환 없이 동행영장을 발부할 수 있다.

[전문개정 2011.4.12.]

제26조(동행영장의 방식)

동행영장에는 가정폭력행위자의 성명, 생년월일, 주거, 행위의 개요, 인치(引致)하거나 수용할 장소, 유효기간 및 그 기간이 지난 후에는 집행에 착수하지 못하며 영장을 반환하여야 한다는 취지와 발부 연월일을 적고 판사가 서명·날인하여야 한다.

[전문개정 2011.4.12.]

제27조(동행영장의 집행 등)

① 동행영장은 가정보호사건조사관이나 법원의 법원서기관·법원사

무관·법원주사·법원주사보(이하 "법원공무원"이라 한다) 또는 사법경찰관리로 하여금 집행하게 할 수 있다.

② 법원은 가정폭력행위자의 소재가 분명하지 아니하여 1년 이상 동행영장을 집행하지 못한 경우 사건을 관할 법원에 대응하는 검찰청 검사에게 송치할 수 있다.

③ 법원은 동행영장을 집행한 경우에는 그 사실을 즉시 가정폭력행위자의 법정대리인 또는 보조인에게 통지하여야 한다.

[전문개정 2011.4.12.]

제28조(보조인)

① 가정폭력행위자는 자신의 가정보호사건에 대하여 보조인을 선임(選任)할 수 있다.

② 변호사, 가정폭력행위자의 법정대리인·배우자·직계친족·형제자매, 상담소등의 상담원과 그 기관장은 보조인이 될 수 있다. 다만, 변호사가 아닌 사람을 보조인으로 선임하려면 법원의 허가를 받아야 한다.

③ 제2항에 따라 선임된 변호사가 아닌 보조인은 금품, 향응, 그 밖의 이익을 받거나 받을 것을 약속하거나 제3자에게 이를 제공하게 하거나 제공하게 할 것을 약속하여서는 아니 된다.

④ 법원은 가정폭력행위자가 「형사소송법」 제33조제1항 각 호의 어느 하나에 해당하는 경우에는 직권으로 변호사를 가정폭력행위자의 보조인으로 선임할 수 있다.

⑤ 제4항에 따라 선임된 보조인에게 지급하는 비용에 대하여는 「형사소송비용 등에 관한 법률」을 준용한다.

[전문개정 2011.4.12.]

제29조(임시조치)

① 판사는 가정보호사건의 원활한 조사·심리 또는 피해자 보호를 위하여 필요하다고 인정하는 경우에는 결정으로 가정폭력행위자에게 다음 각 호의 어느 하나에 해당하는 임시조치를 할 수 있다. <개정 2020.10.20.>

1. 피해자 또는 가정구성원의 주거 또는 점유하는 방실(房室)로부터의 퇴거 등 격리

2. 피해자 또는 가정구성원이나 그 주거·직장 등에서 100미터 이
내의 접근 금지

3. 피해자 또는 가정구성원에 대한 「전기통신기본법」 제2조제1
호의 전기통신을 이용한 접근 금지

4. 의료기관이나 그 밖의 요양소에의 위탁

5. 국가경찰관서의 유치장 또는 구치소에의 유치

6. 상담소등에의 상담위탁

② 동행영장에 의하여 동행한 가정폭력행위자 또는 제13조에 따라
인도된 가정폭력행위자에 대하여는 가정폭력행위자가 법원에 인
치된 때부터 24시간 이내에 제1항의 조치 여부를 결정하여야 한
다.

③ 법원은 제1항에 따른 조치를 결정한 경우에는 검사와 피해자에게
통지하여야 한다.

④ 법원은 제1항제4호 또는 제5호의 조치를 한 경우에는 그 사실을
가정폭력행위자의 보조인이 있는 경우에는 보조인에게, 보조인이
없는 경우에는 법정대리인 또는 가정폭력행위자가 지정한 사람에
게 통지하여야 한다. 이 경우 제1항제5호의 조치를 하였을 때에
는 가정폭력행위자에게 변호사 등 보조인을 선임할 수 있으며 제
49조제1항의 항고를 제기할 수 있음을 고지하여야 한다.

⑤ 제1항제1호부터 제3호까지의 임시조치기간은 2개월, 같은 항 제4
호부터 제6호까지의 임시조치기간은 1개월을 초과할 수 없다. 다
만, 피해자의 보호를 위하여 그 기간을 연장할 필요가 있다고 인
정하는 경우에는 결정으로 제1항제1호부터 제3호까지의 임시조
치는 두 차례만, 같은 항 제4호부터 제6호까지의 임시조치는 한
차례만 각 기간의 범위에서 연장할 수 있다. <개정 2020.10.20.>

⑥ 제1항제4호의 위탁을 하는 경우에는 의료기관 등의 장에게 가정
폭력행위자를 보호하는 데에 필요한 사항을 부과할 수 있다.

⑦ 민간이 운영하는 의료기관 등에 위탁하려는 경우에는 제6항에 따
라 부과할 사항을 그 의료기관 등의 장에게 미리 고지하고 동의
를 받아야 한다.

⑧ 제1항제6호에 따른 상담을 한 상담소등의 장은 그 결과보고서를
판사와 검사에게 제출하여야 한다. <신설 2020. 10. 20.>

⑨ 판사는 제1항 각 호에 규정된 임시조치의 결정을 한 경우에는 가
정보호사건조사관, 법원공무원, 사법경찰관리 또는 구치소 소속
교정직공무원으로 하여금 집행하게 할 수 있다. <개정 2020.10.20.>

⑩ 가정폭력행위자, 그 법정대리인이나 보조인은 제1항에 따른 임시
조치 결정의 취소 또는 그 종류의 변경을 신청할 수 있다. <개
정 2020.10.20.>

⑪ 판사는 직권으로 또는 제10항에 따른 신청에 정당한 이유가 있다
고 인정하는 경우에는 결정으로 해당 임시조치를 취소하거나 그
종류를 변경할 수 있다. <개정 2020.10.20.>

⑫ 제1항제4호 및 제6호의 위탁의 대상이 되는 의료기관, 요양소 및
상담소등의 기준과 그 밖에 필요한 사항은 대법원규칙으로 정한
다. <개정 2020.10.20.>

[전문개정 2011.4.12.]

제29조의2(임시조치의 집행 등)

① 제29조제9항에 따라 임시조치 결정을 집행하는 사람은 가정폭력
행위자에게 임시조치의 내용, 불복방법 등을 고지하여야 한다.
<개정 2020.10.20.>

② 피해자 또는 가정구성원은 제29조제1항제1호 및 제2호의 임시조
치 후 주거나 직장 등을 옮긴 경우에는 관할 법원에 임시조치 결
정의 변경을 신청할 수 있다.

[전문개정 2011.4.12.]

제30조(심리기일의 지정)

① 판사는 심리기일을 지정하고 가정폭력행위자를 소환하여야 한다.
이 경우 판사는 가정보호사건의 요지 및 보조인을 선임할 수 있
다는 취지를 미리 고지하여야 한다.

② 제1항의 심리기일은 보조인과 피해자에게 통지하여야 한다.

[전문개정 2011.4.12.]

제31조(심리기일의 변경)

판사는 직권으로 또는 가정폭력행위자나 보조인의 청구에 의하여 심
리기일을 변경할 수 있다. 이 경우 변경된 기일을 가정폭력행위자,

피해자 및 보조인에게 통지하여야 한다.
[전문개정 2011.4.12.]

제32조(심리의 비공개)

① 판사는 가정보호사건을 심리할 때 사생활 보호나 가정의 평화와 안정을 위하여 필요하거나 선량한 풍속을 해칠 우려가 있다고 인정하는 경우에는 결정으로 심리를 공개하지 아니할 수 있다.

② 증인으로 소환된 피해자 또는 가정구성원은 사생활 보호나 가정의 평화와 안정의 회복을 이유로 하여 판사에게 증인신문(證人訊問)의 비공개를 신청할 수 있다. 이 경우 판사는 그 허가 여부와 공개법정 외의 장소에서의 신문 등 증인신문의 방식 및 장소에 관하여 결정을 할 수 있다.

[전문개정 2011.4.12.]

제33조(피해자의 진술권 등)

① 법원은 피해자가 신청하는 경우에는 그 피해자를 증인으로 신문하여야 한다. 다만, 다음 각 호의 어느 하나에 해당하는 경우에는 그러하지 아니하다.

 1. 신청인이 이미 심리 절차에서 충분히 진술하여 다시 진술할 필요가 없다고 인정되는 경우

 2. 신청인의 진술로 인하여 심리 절차가 현저하게 지연될 우려가 있는 경우

② 법원은 제1항에 따라 피해자를 신문하는 경우에는 해당 가정보호사건에 관한 의견을 진술할 기회를 주어야 한다.

③ 법원은 심리를 할 때에 필요하다고 인정하는 경우에는 피해자 또는 가정보호사건조사관에게 의견 진술 또는 자료 제출을 요구할 수 있다. 이 경우 판사는 공정한 의견 진술 등을 위하여 필요하다고 인정할 때에는 가정폭력행위자의 퇴장을 명할 수 있다.

④ 제1항부터 제3항까지의 경우 피해자는 변호사, 법정대리인, 배우자, 직계친족, 형제자매, 상담소등의 상담원 또는 그 기관장으로 하여금 대리하여 의견을 진술하게 할 수 있다.

⑤ 제1항에 따른 신청인이 소환을 받고도 정당한 이유 없이 출석하지 아니한 경우에는 그 신청을 철회한 것으로 본다.

제34조(증인신문 · 감정 · 통역 · 번역)

① 법원은 증인을 신문하고 감정(鑑定)을 명하며 통역 또는 번역을 하게 할 수 있다.

② 제1항의 경우에는 가정보호사건의 성질에 위배되지 아니하는 범위에서 「형사소송법」 중 법원의 증인신문과 감정, 통역 및 번역에 관한 규정을 준용한다.

③ 증인, 감정인, 통역인, 번역인에게 지급하는 비용, 숙박료, 그 밖의 비용에 대하여는 「형사소송법」 중 비용에 관한 규정 및 「형사소송비용 등에 관한 법률」을 준용한다.

[전문개정 2011.4.12.]

제35조(검증, 압수 및 수색)

① 법원은 검증, 압수 및 수색을 할 수 있다.

② 제1항의 경우에는 가정보호사건의 성질에 위배되지 아니하는 범위에서 「형사소송법」 중 법원의 검증, 압수 및 수색에 관한 규정을 준용한다.

[전문개정 2011.4.12.]

제36조(협조와 원조)

① 법원은 가정보호사건의 조사 · 심리에 필요한 경우 관계 행정기관, 상담소등 또는 의료기관, 그 밖의 단체에 협조와 원조를 요청할 수 있다.

② 제1항의 요청을 받은 관계 행정기관, 상담소등 또는 의료기관, 그 밖의 단체가 그 요청을 거부할 때에는 정당한 이유를 제시하여야 한다.

[전문개정 2011.4.12.]

제37조(처분을 하지 아니한다는 결정)

① 판사는 가정보호사건을 심리한 결과 다음 각 호의 어느 하나에 해당하는 경우에는 처분을 하지 아니한다는 결정을 하여야 한다.

　　1. 보호처분을 할 수 없거나 할 필요가 없다고 인정하는 경우

　　2. 사건의 성질 · 동기 및 결과, 가정폭력행위자의 성행, 습벽(習

癖) 등에 비추어 가정보호사건으로 처리하는 것이 적당하지 아
니하다고 인정하는 경우

② 법원은 제1항제2호의 사유로 처분을 하지 아니한다는 결정을 한
경우에는 다음 각 호의 구분에 따라 처리하여야 한다.

　　1. 제11조에 따라 검사가 송치한 사건인 경우에는 관할 법원에 대
응하는 검찰청의 검사에게 송치

　　2. 제12조에 따라 법원이 송치한 사건인 경우에는 송치한 법원에
이송

③ 제1항에 따른 결정을 한 경우에는 이를 가정폭력행위자, 피해자
및 검사에게 통지하여야 한다.

[전문개정 2011.4.12.]

제38조(처분의 기간 등)

가정보호사건은 다른 쟁송보다 우선하여 신속히 처리하여야 한다.
이 경우 처분의 결정은 특별한 사유가 없으면 송치받은 날부터 3개
월 이내에, 이송받은 경우에는 이송받은 날부터 3개월 이내에 하여
야 한다.

[전문개정 2011.4.12.]

제39조(위임규정)

가정보호사건의 조사·심리에 필요한 사항은 대법원규칙으로 정한다.

[전문개정 2011.4.12.]

제3절 보호처분

<개정 2011.4.12.>

제40조(보호처분의 결정 등)

① 판사는 심리의 결과 보호처분이 필요하다고 인정하는 경우에는
결정으로 다음 각 호의 어느 하나에 해당하는 처분을 할 수 있
다.

　　1. 가정폭력행위자가 피해자 또는 가정구성원에게 접근하는 행위
의 제한

2. 가정폭력행위자가 피해자 또는 가정구성원에게 「전기통신기본
   법」 제2조제1호의 전기통신을 이용하여 접근하는 행위의 제한
3. 가정폭력행위자가 친권자인 경우 피해자에 대한 친권 행사의
   제한
4. 「보호관찰 등에 관한 법률」에 따른 사회봉사·수강명령
5. 「보호관찰 등에 관한 법률」에 따른 보호관찰
6. 「가정폭력방지 및 피해자보호 등에 관한 법률」에서 정하는
   보호시설에의 감호위탁
7. 의료기관에의 치료위탁
8. 상담소등에의 상담위탁

② 제1항 각 호의 처분은 병과(倂科)할 수 있다.

③ 제1항제3호의 처분을 하는 경우에는 피해자를 다른 친권자나 친
   족 또는 적당한 시설로 인도할 수 있다.

④ 법원은 보호처분의 결정을 한 경우에는 지체 없이 그 사실을 검
   사, 가정폭력행위자, 피해자, 보호관찰관 및 보호처분을 위탁받아
   하는 보호시설, 의료기관 또는 상담소등(이하 "수탁기관"이라 한
   다)의 장에게 통지하여야 한다. 다만, 수탁기관이 민간에 의하여
   운영되는 기관인 경우에는 그 기관의 장으로부터 수탁에 대한 동
   의를 받아야 한다.

⑤ 제1항제4호부터 제8호까지의 처분을 한 경우에는 가정폭력행위자
   의 교정에 필요한 참고자료를 보호관찰관 또는 수탁기관의 장에
   게 보내야 한다.

⑥ 제1항제6호의 감호위탁기관은 가정폭력행위자에 대하여 그 성행
   을 교정하기 위한 교육을 하여야 한다.

[전문개정 2011.4.12.]

제41조(보호처분의 기간)

제40조제1항제1호부터 제3호까지 및 제5호부터 제8호까지의 보호처
분의 기간은 6개월을 초과할 수 없으며, 같은 항 제4호의 사회봉사·
수강명령의 시간은 200시간을 각각 초과할 수 없다.

[전문개정 2011.4.12.]

제42조(몰수)

판사는 보호처분을 하는 경우에 결정으로 가정폭력범죄에 제공하거나 제공하려고 한 물건으로서 가정폭력행위자 외의 자의 소유에 속하지 아니하는 물건을 몰수할 수 있다.

[전문개정 2011.4.12.]

제43조(보호처분 결정의 집행)

① 법원은 가정보호사건조사관, 법원공무원, 사법경찰관리, 보호관찰관 또는 수탁기관 소속 직원으로 하여금 보호처분의 결정을 집행하게 할 수 있다.

② 보호처분의 집행에 관하여 이 법에서 정하지 아니한 사항에 대하여는 가정보호사건의 성질에 위배되지 아니하는 범위에서 「형사소송법」, 「보호관찰 등에 관한 법률」 및 「정신건강증진 및 정신질환자 복지서비스 지원에 관한 법률」을 준용한다. <개정 2016.5.29.>

[전문개정 2011.4.12.]

제44조(보고와 의견 제출 등)

법원은 제40조제1항제4호부터 제8호까지의 보호처분을 결정한 경우에는 보호관찰관 또는 수탁기관의 장에게 가정폭력행위자에 관한 보고서 또는 의견서 제출을 요구할 수 있고, 그 집행에 대하여 필요한 지시를 할 수 있다.

[전문개정 2011.4.12.]

제45조(보호처분의 변경)

① 법원은 보호처분이 진행되는 동안 필요하다고 인정하는 경우에는 직권으로 또는 검사, 보호관찰관 또는 수탁기관의 장의 청구에 의하여 결정으로 한 차례만 보호처분의 종류와 기간을 변경할 수 있다.

② 제1항에 따라 보호처분의 종류와 기간을 변경하는 경우 종전의 처분기간을 합산하여 제40조제1항제1호부터 제3호까지 및 제5호부터 제8호까지의 보호처분의 기간은 1년을, 같은 항 제4호의 사회봉사·수강명령의 시간은 400시간을 각각 초과할 수 없다.

③ 제1항의 처분변경 결정을 한 경우에는 지체 없이 그 사실을 검

사, 가정폭력행위자, 법정대리인, 보조인, 피해자, 보호관찰관 및 수탁기관에 통지하여야 한다.
[전문개정 2011.4.12.]

제46조(보호처분의 취소)

법원은 보호처분을 받은 가정폭력행위자가 제40조제1항제4호부터 제8호까지의 보호처분 결정을 이행하지 아니하거나 그 집행에 따르지 아니하면 직권으로 또는 검사, 피해자, 보호관찰관 또는 수탁기관의 장의 청구에 의하여 결정으로 그 보호처분을 취소하고 다음 각 호의 구분에 따라 처리하여야 한다.

1. 제11조에 따라 검사가 송치한 사건인 경우에는 관할 법원에 대응하는 검찰청의 검사에게 송치
2. 제12조에 따라 법원이 송치한 사건인 경우에는 송치한 법원에 이송

[전문개정 2011.4.12.]

제47조(보호처분의 종료)

법원은 가정폭력행위자의 성행이 교정되어 정상적인 가정생활이 유지될 수 있다고 판단되거나 그 밖에 보호처분을 계속할 필요가 없다고 인정하는 경우에는 직권으로 또는 검사, 피해자, 보호관찰관 또는 수탁기관의 장의 청구에 의하여 결정으로 보호처분의 전부 또는 일부를 종료할 수 있다.
[전문개정 2011.4.12.]

제48조(비용의 부담)

① 제29조제1항제4호 및 제6호의 위탁 결정 또는 제40조제1항제7호 및 제8호의 보호처분을 받은 가정폭력행위자는 위탁 또는 보호처분에 필요한 비용을 부담한다. 다만, 가정폭력행위자가 지급할 능력이 없는 경우에는 국가가 부담할 수 있다. <개정 2020.10.20.>
② 판사는 가정폭력행위자에게 제1항 본문에 따른 비용의 예납(豫納)을 명할 수 있다.
③ 제1항에 따라 가정폭력행위자가 부담할 비용의 계산, 청구 및 지급 절차, 그 밖에 필요한 사항은 대법원규칙으로 정한다.
[전문개정 2011.4.12.]

제4절 항고와 재항고

<개정 2011.4.12.>

제49조(항고)

① 제8조 또는 제29조에 따른 임시조치(연장 또는 변경의 결정을 포함한다. 이하 같다), 제40조의 보호처분, 제45조의 보호처분의 변경 및 제46조의 보호처분의 취소에 있어서 그 결정에 영향을 미칠 법령 위반이 있거나 중대한 사실 오인(誤認)이 있는 경우 또는 그 결정이 현저히 부당한 경우에는 검사, 가정폭력행위자, 법정대리인 또는 보조인은 가정법원 본원합의부에 항고할 수 있다. 다만, 가정법원이 설치되지 아니한 지역에서는 지방법원 본원합의부에 하여야 한다.

② 법원이 제37조에 따라 처분을 하지 아니한다는 결정을 한 경우 그 결정이 현저히 부당할 때에는 검사, 피해자 또는 그 법정대리인은 항고할 수 있다. 이 경우 항고법원에 관하여는 제1항을 준용한다.

③ 항고는 그 결정을 고지받은 날부터 7일 이내에 하여야 한다.

[전문개정 2011.4.12.]

제50조(항고장의 제출)

① 항고를 할 때에는 항고장을 원심 법원에 제출하여야 한다.

② 항고장을 받은 법원은 3일 이내에 의견서를 첨부하여 기록을 항고법원에 보내야 한다.

[전문개정 2011.4.12.]

제51조(항고의 재판)

① 항고법원은 항고의 절차가 법률에 위반되거나 항고가 이유 없다고 인정하는 경우에는 결정으로 항고를 기각(棄却)하여야 한다.

② 항고법원은 항고가 이유 있다고 인정하는 경우에는 원결정(原決定)을 취소하고 사건을 원심법원에 환송하거나 다른 관할 법원에 이송하여야 한다. 이 경우 환송 또는 이송하기에 급박하거나 그 밖에 필요하다고 인정할 때에는 원결정을 파기하고 스스로 적절

한 임시조치, 처분을 하지 아니한다는 결정 또는 보호처분의 결정을 할 수 있다.
[전문개정 2011.4.12.]

제52조(재항고)

① 항고의 기각 결정에 대하여는 그 결정이 법령에 위반된 경우에만 대법원에 재항고를 할 수 있다.
② 제1항의 재항고에 관하여는 제49조제3항을 준용한다.
[전문개정 2011.4.12.]

제53조(집행의 부정지)

항고와 재항고는 결정의 집행을 정지하는 효력이 없다.
[전문개정 2011.4.12.]

제54조(종결된 사건 기록 등의 송부)

법원은 가정보호사건이 종결된 경우에는 지체 없이 사건기록과 결정서를 대응하는 검찰청 검사에게 보내야 한다.
[전문개정 2011.4.12.]

제3장 피해자보호명령

<신설 2011.7.25.>

제55조(피해자보호명령사건의 관할)

① 피해자보호명령사건의 관할은 가정폭력행위자의 행위지·거주지 또는 현재지 및 피해자의 거주지 또는 현재지를 관할하는 가정법원으로 한다. 다만, 가정법원이 설치되지 아니하는 지역에 있어서는 해당 지역의 지방법원으로 한다.
② 피해자보호명령사건의 심리와 결정은 판사가 한다.
[본조신설 2011.7.25.]

제55조의2(피해자보호명령 등)

① 판사는 피해자의 보호를 위하여 필요하다고 인정하는 때에는 피

해자, 그 법정대리인 또는 검사의 청구에 따라 결정으로 가정폭력행위자에게 다음 각 호의 어느 하나에 해당하는 피해자보호명령을 할 수 있다. <개정 2020.10.20.>

1. 피해자 또는 가정구성원의 주거 또는 점유하는 방실로부터의 퇴거 등 격리
2. 피해자 또는 가정구성원이나 그 주거·직장 등에서 100미터 이내의 접근금지
3. 피해자 또는 가정구성원에 대한 「전기통신사업법」 제2조제1호의 전기통신을 이용한 접근금지
4. 친권자인 가정폭력행위자의 피해자에 대한 친권행사의 제한
5. 가정폭력행위자의 피해자에 대한 면접교섭권행사의 제한

② 제1항 각 호의 피해자보호명령은 이를 병과할 수 있다.

③ 피해자, 그 법정대리인 또는 검사는 제1항에 따른 피해자보호명령의 취소 또는 그 종류의 변경을 신청할 수 있다. <개정 2020.10.20.>

④ 판사는 직권 또는 제3항에 따른 신청에 상당한 이유가 있다고 인정하는 때에는 결정으로 해당 피해자보호명령을 취소하거나 그 종류를 변경할 수 있다.

⑤ 법원은 피해자의 보호를 위하여 필요하다고 인정하는 경우에는 피해자 또는 그 법정대리인의 청구 또는 직권으로 일정 기간 동안 검사에게 피해자에 대하여 다음 각 호의 어느 하나에 해당하는 신변안전조치를 하도록 요청할 수 있다. 이 경우 검사는 피해자의 주거지 또는 현재지를 관할하는 경찰서장에게 신변안전조치를 하도록 요청할 수 있으며, 해당 경찰서장은 특별한 사유가 없으면 이에 따라야 한다. <신설 2014. 12. 30.>

1. 가정폭력행위자를 상대방 당사자로 하는 가정보호사건, 피해자보호명령사건 및 그 밖의 가사소송절차에 참석하기 위하여 법원에 출석하는 피해자에 대한 신변안전조치
2. 자녀에 대한 면접교섭권을 행사하는 피해자에 대한 신변안전조치
3. 그 밖에 피해자의 신변안전을 위하여 대통령령으로 정하는 조치

⑥ 제5항에 따른 신변안전조치의 집행방법, 기간, 절차, 그 밖에 필요한 사항은 대통령령으로 정한다. <신설 2014.12.30.>

[본조신설 2011.7.25.]

제55조의3(피해자보호명령의 기간)

① 제55조의2제1항 각 호의 피해자보호명령의 기간은 1년을 초과할 수 없다. 다만, 피해자의 보호를 위하여 그 기간의 연장이 필요하다고 인정하는 경우에는 직권이나 피해자, 그 법정대리인 또는 검사의 청구에 따른 결정으로 2개월 단위로 연장할 수 있다. <개정 2020.10.20.>

② 제1항 및 제55조의2제3항에 따라 피해자보호명령의 기간을 연장하거나 그 종류를 변경하는 경우 종전의 처분기간을 합산하여 3년을 초과할 수 없다. <개정 2020.10.20.>

[본조신설 2011.7.25.]

제55조의4(임시보호명령)

① 판사는 제55조의2제1항에 따른 피해자보호명령의 청구가 있는 경우에 피해자의 보호를 위하여 필요하다고 인정하는 경우에는 결정으로 제55조의2제1항 각 호의 어느 하나에 해당하는 임시보호명령을 할 수 있다.

② 임시보호명령의 기간은 피해자보호명령의 결정 시까지로 한다. 다만, 판사는 필요하다고 인정하는 경우에 그 기간을 제한할 수 있다.

③ 임시보호명령의 취소 또는 그 종류의 변경에 대하여는 제55조의2 제3항 및 제4항을 준용한다. 이 경우 "피해자보호명령"은 "임시보호명령"으로 본다.

[본조신설 2011.7.25.]

제55조의5(이행실태의 조사)

① 법원은 가정보호사건조사관, 법원공무원, 사법경찰관리 또는 보호관찰관 등으로 하여금 임시보호명령 및 피해자보호명령의 이행실태에 대하여 수시로 조사하게 하고, 지체 없이 그 결과를 보고하도록 할 수 있다.

② 법원은 임시보호명령 또는 피해자보호명령을 받은 가정폭력행위자가 그 결정을 이행하지 아니하거나 집행에 따르지 아니하는 때

에는 그 사실을 관할법원에 대응하는 검찰청 검사에게 통보할 수 있다.

[본조신설 2011.7.25.]

제55조의6(병합심리)

법원은 다음 각 호의 어느 하나에 해당하는 경우에는 피해자보호명령사건과 가정보호사건을 병합하여 심리할 수 있다.

1. 가정폭력행위자 또는 피해자가 각각 동일인인 경우
2. 그 밖에 사건의 관련성이 인정되어 병합하여 심리할 필요성이 있는 경우

[본조신설 2011.7.25.]

제55조의7(준용)

피해자보호명령의 조사·심리에 관하여는 제19조부터 제22조까지, 제30조부터 제32조까지, 제34조부터 제36조까지의 규정을 준용한다.

[본조신설 2011.7.25.]

제55조의8(항고와 재항고)

① 제55조의2에 따른 피해자보호명령(제55조의3에 따른 연장의 결정을 포함한다) 및 그 취소 또는 종류의 변경, 제55조의4에 따른 임시보호명령 및 그 취소 또는 종류의 변경에 있어서 그 결정에 영향을 미칠 법령위반이 있거나 중대한 사실오인이 있는 때 또는 그 결정이 현저히 부당한 때에는 검사, 피해자, 가정폭력행위자, 법정대리인 또는 보조인은 가정법원본원합의부에 항고할 수 있다. 다만, 가정법원이 설치되지 아니한 지역에서는 지방법원본원합의부에 하여야 한다. <개정 2020.10.20.>

② 판사가 피해자보호명령을 기각한 경우 피해자, 그 법정대리인 또는 검사는 항고할 수 있다. 이 경우 항고법원에 관하여는 제1항을 준용한다. <개정 2020.10.20.>

③ 피해자보호명령 등의 항고 및 재항고에 관하여는 제49조제3항, 제50조부터 제54조까지의 규정을 준용한다.

[본조신설 2011.7.25.]

제55조의9(위임규정)

피해자보호명령사건의 조사·심리에 필요한 사항은 대법원규칙으로 정한다.

[본조신설 2011.7.25.]

제4장 민사처리에 관한 특례

<개정 2011.7.25.>

제56조(배상신청)

① 피해자는 가정보호사건이 계속(繫屬)된 제1심 법원에 제57조의 배상명령을 신청할 수 있다. 이 경우 인지를 붙이지 아니한다.

② 제1항의 경우 「소송촉진 등에 관한 특례법」 제26조제2항부터 제8항까지의 규정을 준용한다.

[전문개정 2011.4.12.]

제57조(배상명령)

① 법원은 제1심의 가정보호사건 심리 절차에서 보호처분을 선고할 경우 직권으로 또는 피해자의 신청에 의하여 다음 각 호의 금전지급이나 배상(이하 "배상"이라 한다)을 명할 수 있다.

1. 피해자 또는 가정구성원의 부양에 필요한 금전의 지급

2. 가정보호사건으로 인하여 발생한 직접적인 물적 피해 및 치료비 손해의 배상

② 법원은 가정보호사건에서 가정폭력행위자와 피해자 사이에 합의된 배상액에 관하여도 제1항에 따라 배상을 명할 수 있다.

③ 제1항의 경우에는 「소송촉진 등에 관한 특례법」 제25조제3항(제2호의 경우는 제외한다)을 준용한다.

[전문개정 2011.4.12.]

제58조(배상명령의 선고)

① 배상명령은 보호처분의 결정과 동시에 하여야 한다.

② 배상명령은 일정액의 금전지급을 명함으로써 하고 배상의 대상과

금액을 보호처분 결정서의 주문(主文)에 표시하여야 한다. 이 경우 배상명령의 이유는 특히 필요하다고 인정되는 경우가 아니면 적지 아니할 수 있다.

③ 배상명령은 가집행할 수 있음을 선고할 수 있다.

④ 제3항의 경우에는 「민사소송법」 제213조제3항, 제215조, 제500조 및 제501조를 준용한다.

⑤ 배상명령을 한 경우에는 보호처분 결정서의 정본(正本)을 가정폭력행위자와 피해자에게 지체 없이 송달하여야 한다.

[전문개정 2011.4.12.]

제59조(신청의 각하)

① 배상신청이 부적법한 경우 또는 그 신청이 이유 없거나 배상명령을 하는 것이 적절하지 아니하다고 인정되는 경우에는 결정으로 각하(却下)하여야 한다.

② 보호처분의 결정과 동시에 제1항의 재판을 할 때에는 이를 보호처분 결정서의 주문에 표시할 수 있다.

③ 신청을 각하하거나 그 일부를 인용(認容)한 재판에 대하여 신청인은 불복을 신청하지 못하며 다시 동일한 배상신청을 할 수 없다.

[전문개정 2011.4.12.]

제60조(불복)

① 보호처분에 대한 항고가 있는 경우에는 배상명령은 가정보호사건과 함께 항고심에 이심(移審)된다. 보호처분에 대한 재항고가 있는 경우에도 또한 같다.

② 항고심에서 제1심 결정을 유지하는 경우에도 배상명령에 대하여는 취소하거나 변경할 수 있다.

③ 가정폭력행위자는 보호처분 결정에 대하여 항고하지 아니하고 배상명령에 대하여만 항고할 수 있다. 이 경우 항고는 7일 이내에 하여야 한다.

④ 제3항에 따른 항고의 기각결정에 대하여는 그 결정이 법령에 위반된 경우에만 대법원에 7일 이내에 재항고할 수 있다. 제1항 전단에 따른 항고심 결정에 대하여 배상명령에 대하여만 재항고하

는 경우에도 또한 같다.

⑤ 제1항, 제3항 및 제4항에 따른 항고와 재항고는 배상명령의 집행을 정지하는 효력이 없다.

[전문개정 2011.4.12.]

제61조(배상명령의 효력과 강제집행)

① 확정된 배상명령 또는 가집행선고가 있는 배상명령이 적혀 있는 보호처분 결정서의 정본은 「민사집행법」에 따른 강제집행에 관하여는 집행력 있는 민사판결 정본과 동일한 효력이 있다.

② 이 법에 따른 배상명령이 확정된 경우에는 그 인용금액의 범위에서 피해자는 다른 절차에 따른 손해배상을 청구할 수 없다.

[전문개정 2011.4.12.]

제62조(다른 법률의 준용)

이 장에서 정하지 아니한 사항에 대하여는 「소송촉진 등에 관한 특례법」과 「민사소송법」의 관련 규정(「민사소송법」 제162조제2항은 제외한다)을 준용한다.

[전문개정 2011.4.12.]

제5장 벌칙

<개정 2011.7.25.>

제63조(보호처분 등의 불이행죄)

① 다음 각 호의 어느 하나에 해당하는 가정폭력행위자는 2년 이하의 징역 또는 2천만원 이하의 벌금 또는 구류(拘留)에 처한다. <개정 2012.1.17.>

   1. 제40조제1항제1호부터 제3호까지의 어느 하나에 해당하는 보호처분이 확정된 후에 이를 이행하지 아니한 가정폭력행위자

   2. 제55조의2에 따른 피해자보호명령 또는 제55조의4에 따른 임시보호명령을 받고 이를 이행하지 아니한 가정폭력행위자

② 정당한 사유 없이 제29조제1항제1호부터 제3호까지의 어느 하나

에 해당하는 임시조치를 이행하지 아니한 가정폭력행위자는 1년 이하의 징역 또는 1천만원 이하의 벌금 또는 구류에 처한다. <신설 2020.10.20.>

③ 상습적으로 제1항 및 제2항의 죄를 범한 가정폭력행위자는 3년 이하의 징역이나 3천만원 이하의 벌금에 처한다. <신설 2012.1.17., 2020.10.20.>

④ 제3조의2제1항에 따라 이수명령을 부과받은 사람이 보호관찰소의 장 또는 교정시설의 장의 이수명령 이행에 관한 지시에 불응하여 「보호관찰 등에 관한 법률」 또는 「형의 집행 및 수용자의 처우에 관한 법률」에 따른 경고를 받은 후 재차 정당한 사유 없이 이수명령 이행에 관한 지시에 불응한 경우 다음 각 호에 따른다. <신설 2020.10.20.>

1. 벌금형과 병과된 경우에는 500만원 이하의 벌금에 처한다.
2. 징역형의 실형과 병과된 경우에는 1년 이하의 징역 또는 1천만원 이하의 벌금에 처한다.

[전문개정 2011.7.25.]

제64조(비밀엄수 등 의무의 위반죄)

① 제18조제1항에 따른 비밀엄수 의무를 위반한 보조인(변호사는 제외한다), 상담소등의 상담원 또는 그 기관장(그 직에 있었던 사람을 포함한다)은 1년 이하의 징역이나 2년 이하의 자격정지 또는 1천만원 이하의 벌금에 처한다.

② 제18조제2항의 보도 금지 의무를 위반한 신문의 편집인·발행인 또는 그 종사자, 방송사의 편집책임자, 그 기관장 또는 종사자, 그 밖의 출판물의 저작자와 발행인은 500만원 이하의 벌금에 처한다.

[전문개정 2011.4.12.]

제65조(과태료)

다음 각 호의 어느 하나에 해당하는 사람에게는 500만원 이하의 과태료를 부과한다. <개정 2011.7.25.>

1. 정당한 사유 없이 제24조제1항에 따른 소환에 응하지 아니한 사람

2. 정당한 사유 없이 제44조에 따른 보고서 또는 의견서 제출 요구에 따르지 아니한 사람
3. 정당한 사유 없이 검사나 법원이 가정보호사건으로 송치한 제9조 또는 제12조에 따른 가정보호사건으로서 제40조제1항제4호부터 제8호까지의 보호처분이 확정된 후 이를 이행하지 아니하거나 집행에 따르지 아니한 사람
4. 삭제 <2020.10.20.>
[전문개정 2011.4.12.]

제66조(과태료)

다음 각 호의 어느 하나에 해당하는 사람에게는 300만원 이하의 과태료를 부과한다.
1. 정당한 사유 없이 제4조제2항 각 호의 어느 하나에 해당하는 사람으로서 그 직무를 수행하면서 가정폭력범죄를 알게 된 경우에도 신고를 하지 아니한 사람
2. 정당한 사유 없이 제8조의2제1항에 따른 긴급임시조치(검사가 제8조의3제1항에 따른 임시조치를 청구하지 아니하거나 법원이 임시조치의 결정을 하지 아니한 때는 제외한다)를 이행하지 아니한 사람
[전문개정 2014.12.30.]

부칙

<제17499호, 2020.10.20.>

제1조(시행일)

이 법은 공포 후 3개월이 경과한 날부터 시행한다.

제2조(적용례)

이 법은 이 법 시행 후 최초로 발생하는 가정폭력범죄부터 적용한다.

제3조(과태료에 관한 경과조치)

이 법 시행 전의 행위에 대하여 과태료를 적용할 때에는 종전의 규정에 따른다.

■ 편저 김 만 기 ■

▌전 서울고등법원 종합민원접수실장
▌전 서울중앙지방법원 민사신청과장(법원서기관)
▌전 서울서부지방법원 은평등기소장
▌전 수원지방법원 시흥등기소장
▌전 인천지방법원 본원 집행관
▌법무사

가정폭력 대응과 고소 이렇게 해결하세요 　정가 24,000원

2021年 3月 05日 인쇄
2021年 3月 10日 발행
　편 저 : 김 만 기
　발행인 : 김 현 호
　발행처 : 법문 북스
　공급처 : 법률미디어

152-050
서울 구로구 경인로 54길4
TEL : 2636-2911~2, FAX : 2636-3012
등록 : 1979년 8월 27일 제5-22호
Home : www.lawb.co.kr

▌ISBN 978-89-7535-930-9(13330)
▌파본은 교환해 드립니다.

최근 각종 매스컴을 보면 가족을 대상으로 한 폭력, 즉 가정폭력이
종종 일어난다는 것을 볼 수가 있습니다.
특히 2020년 10월에 일어난 정인이 사건은 온 국민들을 분노하게
만들었고, 가정폭력의 가해자에 대한 엄벌을 요구하는 목소리가 커지게
되었습니다.

과거에는 이러한 가정폭력이 가장의 권위 때문에 수면 위로 드러나지 않는
경우가 많았습니다. 많은 사람들이 가정폭력을 당하더라도 으레 있는 일로
생각하고 지나가는 경우도 많았습니다.

그러나 지난 박근혜 정부 때에는 가정폭력을 학교폭력, 성폭력,
불량식품과 함께 4대 악으로 규정한 바 있습니다. 그만큼 이제 가정폭력은
사회적으로 근절되어야 할 대상이 된 것입니다.

9 788975 359309
ISBN 978-89-7535-930-9
24,0